Eternal Pearl

Selected Essays of Liu Long

《永恒的赛珍珠》

编写组成员

蔡文俊　纪　东　董晨鹏　刘　沁　徐和平

李　臻　陈大经　裴　伟　丁亚明　米小鸽

序言翻译　赵丽莉

彩页文字翻译　王　姣

目录翻译　周小英　石永浩

英文审校　吴德宏

永恒的赛珍珠

刘龙先生文札选集

刘龙 著

镇江市赛珍珠研究会 编

江苏大学出版社
JIANGSU UNIVERSITY PRESS
镇 江

图书在版编目(CIP)数据

永恒的赛珍珠:刘龙先生文札选集 / 刘龙著;镇江市赛珍珠研究会编. — 镇江 : 江苏大学出版社, 2022.6
ISBN 978-7-5684-1811-9

Ⅰ. ①永… Ⅱ. ①刘… ②镇… Ⅲ. ①赛珍珠(1892—1973)—人物研究—文集 Ⅳ. ①K837.125.6-53

中国版本图书馆 CIP 数据核字(2022)第 088308 号

永恒的赛珍珠: 刘龙先生文札选集
Yongheng de Sai Zhenzhu: Liu Long Xiansheng Wenzha Xuanji

著　　者/刘　龙
编　　者/镇江市赛珍珠研究会
责任编辑/米小鸽
出版发行/江苏大学出版社
地　　址/江苏省镇江市梦溪园巷 30 号(邮编: 212003)
电　　话/0511-84446464(传真)
网　　址/http://press.ujs.edu.cn
排　　版/镇江文苑制版印刷有限责任公司
印　　刷/扬州皓宇图文印刷有限公司
开　　本/710 mm×1 000 mm　1/16
印　　张/16.25　插页 16 面
字　　数/320 千字
版　　次/2022 年 6 月第 1 版
印　　次/2022 年 6 月第 1 次印刷
书　　号/ISBN 978-7-5684-1811-9
定　　价/58.00 元

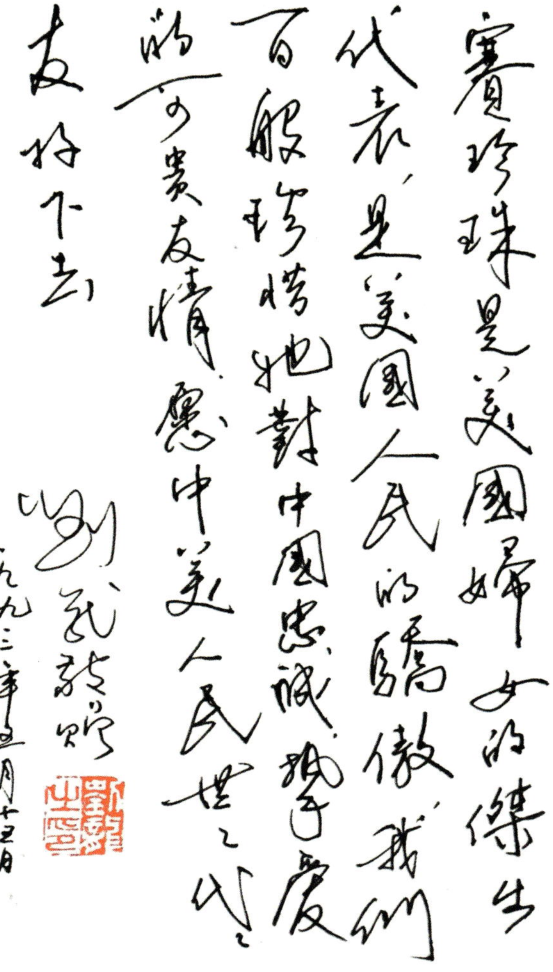
賽珍珠是美國婦女的傑出代表，是美國人民的驕傲，我們百般珍惜她對中國忠誠摯愛的可貴友情，願中美人民世世代代友好下去

劉龍敬贈

一九九三年五月十五日

As an outstanding representative of American women, Pearl S. Buck is the pride of American people. We are deeply appreciated of her loyal and dear friendship to China. May the Chinese and American people continue to be friendly from generation to generation.

Liu Long

May 15, 1993

▲ 1993 年 5 月 15 日刘龙赠书友人并在扉页题词

A book signed and presented to a friend by Liu Long on May 15, 1993

▲ 1984 年暑假刘龙与夫人在乐山大佛景区

Mr. and Mrs. Liu in Leshan Giant Buddha Scenic Spot in the summer of 1984

▲ 1984 年暑假刘龙夫妇在旅游

Mr. and Mrs. Liu travelling in the summer of 1984

▲ 1985 年 11 月底，刘龙在南门外大街采访崇实女子中学 1920 届毕业生尹珍珠老太（1900—1995）

Liu Long interviewed lady Yin Zhenzhu（1900—1995）at Nanmenwai Street, at the end of November 1985, who graduated in 1920 from Chinkiang Girls' School（Chinese name as Chongshi Girl's Middle School）

▶ 1987年春，刘龙、徐和平采访尹珍珠老太

In the spring of 1987, Liu Long and Xu Heping interviewed lady Yin Zhenzhu

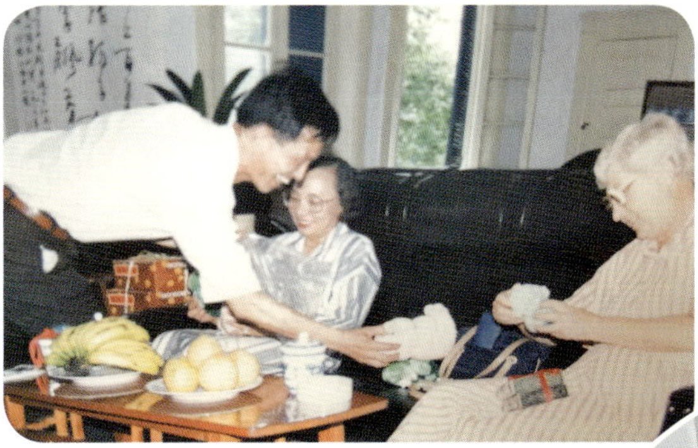

▼ 1988年6月，刘龙、赛珍珠基金会沈志洁理事长在镇江市第二中学

In June 1988, Liu Long and Grace C. K. Sum, CEO of Pearl S. Buck Foundation, were in Zhenjiang No. 2 Middle School

▲ 1988年6月，刘龙、赛珍珠基金会沈志洁理事长、赛珍珠养女珍妮丝在镇江市第二中学

In June 1988, Liu Long, Grace C. K. Sum—CEO of Pearl S. Buck Foundation, and Pearl Buck's adopted daughter Janice were in Zhenjiang No. 2 Middle School

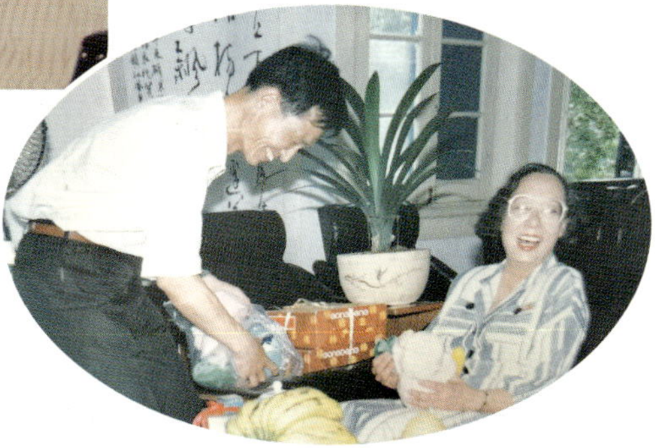

▶ 1991年1月赛珍珠文学创作讨论会会场（镇江金山饭店）

Pearl S. Buck's Literary Creation Seminar, January of 1991 （Zhenjiang Jinshan Hotel）

◀ 1991年8月25日，刘龙与谢和赓先生合影于谢先生北京住所书房

Liu Long and Xie Hegeng in Mr. Xie's study in Beijing on August 25, 1991

▲ 1993年5月1日，刘龙与《镇江日报》摄影记者陈大经合影

Liu Long and Chen Dajing, a photographer from Zhenjiang Daily, on May 1, 1993

▼ 1993年5月1日，刘龙、欣士敬、徐和平在《赛珍珠研究》新书签售活动现场

On May 1, 1993, Liu Long, Xin Shijing and Xu Heping were at the bookmarking event of *Study of Pearl Buck*

▶ 1993年刘龙在江苏省镇江师范学校教研组

In 1993, Liu Long was in the teaching and research group of Zhenjiang Normal School in Jiangsu Province

▲ 1994年7月23日，皖北宿县赛珍珠的原居所前，刘龙与宿县地区医院王成立副院长合影

Liu Long and Wang Chengli, vice director of Suxian Hospital, in front of Pearl S. Buck's Former Residence in Suxian County (now Suzhou City), northern part of Anhui Province, on July 23, 1994

► 1994年7月23日，宿县地区医院门前，右为宿州师专李乐增副教授

On July 23, 1994, in front of Suxian Regional Hospital. The right one is Li Lezeng, associate professor of Suzhou Normal College

◀ 1995 年 8 月 23 日，刘龙与郭英剑合影于镇江赛珍珠故居

Liu Long and Guo Yingjian, in the Former Residence of Pearl S. Buck in Zhenjiang on August 23, 1995

▶ 1995 年 8 月 24 日，刘龙在家中接待河南师范大学外语系副教授郭英剑

Liu Long received Guo Yingjian(associate professor of Foreign Languages Department of Henan Normal University) at home on August 24

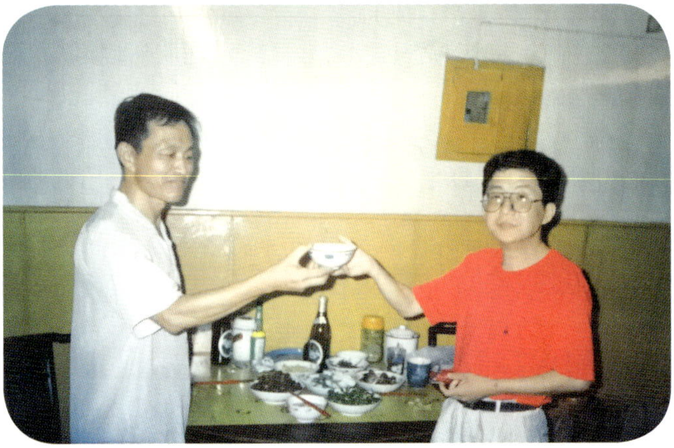

◀ 1995 年 12 月 17 日，刘龙在河南师范大学郭英剑家中

On December 17, 1995, Liu Long was at the home of Guo Yingjian in Henan Normal University

▲ 2001 年 5 月 22 日，刘龙随镇江新华影剧院《庭院里的女人》开映宣传车在登云山上的赛珍珠故居门前（曹乃荣摄）

On May 22, 2001, Liu Long went up to Pearl Buck's old house on top of Dengyunshan Hill along with the publicity car of the Xinhua Film Theater (photographed by Cao Nairong)

▲ 2002 年 10 月 18 日，刘龙与美国赛珍珠国际基金会总裁珍妮特·明泽合影

On October 18, 2002, Liu Long and Janet Minzer, president of Pearl S. Buck International

▲ 2002 年 10 月 18 日，刘龙在中国镇江赛珍珠国际学术研讨会（碧榆园）上作专题发言

On October 18, 2002, Liu Long delivered a keynote speech at Pearl S. Buck International Symposium (Biyuyuan Hotel) in Zhenjiang, China

▲ 2002 年 10 月 18 日，在镇江市第二中学赛珍珠史料陈列展上，刘龙与赛珍珠养女珍妮丝·沃尔什、养子埃德加·沃尔什合影

On October 18, 2002, Liu Long, Pearl S. Buck's adopted daughter Janice Walsh and Pearl's adopted son Edgar Walsh, were at the exhibition of Pearl S. Buck's historical artifacts in Zhenjiang No. 2 Middle School

▲ 2005 年 5 月 26 日，在赛珍珠国际学术研讨会上刘龙与郭英剑、尤英夫合影

Liu Long, Guo Yingjian and You Yingfu at the Pearl S. Buck International Symposium on May 26, 2005

▶ 2005年6月26日，刘龙与镇江市赛珍珠研究会会长许晓霞在赛珍珠国际学术研讨会晚宴上合影

Liu Long and Xu Xiaoxia, President of Zhenjiang Pearl S.Buck Research Association, were at Pearl S.Buck International Symposium dinner on June 26, 2005

◀ 2005年6月26日，刘龙与李格尔（南京大学英语系外籍教师）、刘海平（曾任南京大学外文系主任）合影

On June 26, 2005, a group photo of Liu Long, Bob Riggle (foreign teacher of English Department, Nanjing University) and Liu Haiping (former director of Foreign Language Department of Nanjing University)

▶ 2005年6月26日，毛知砺、刘龙、汪健、陶洁、郭英剑合影

On June 26, 2005, a group photo of Mao Zhili, Liu Long, Wang Jian, Tao Jie and Guo Yingjian

◀ 2006 年 5 月，刘龙在美国青山农场大草坪与徐和平合影

In May 2006, Liu Long was on the Green Hill Farm lawn with Xu Heping

▼ 2006 年 5 月，刘龙在美国青山农场赛珍珠墓前

In May 2006, Liu Long was in front of Pearl S. Buck's tomb on Green Hill Farm

◀ 2008 年 3 月 5 日，在云台山西麓牛皮坡冰仓巷（外国人墓旧址）再访看墓人李长青之子李成林

On March 5, 2008, Liu Long visited Li Chenglin, son of Tomb keeper Li Changqing at Bingcang Lane, Niupipo (the old site of Chinkiang British Cemetery) at the western foot of Yuntaishan Hill

▶ 2008 年夏，刘龙参加镇江市纪念赛珍珠获诺贝尔奖 70 周年活动筹备会

In the summer of 2008, Liu Long attended the preparation meeting of Zhenjiang to commemorate the 70th anniversary of Pearl S. Buck winning the Nobel Prize

▲ 2010 年 5 月 9 日，在镇江赛珍珠纪念馆博爱亭旁，刘龙参加“钟情大地　感恩母亲”新书首发式

On May 9, 2010, Liu Long attended the launching ceremony of “Loving the Earth and Thanking Her Mother” at the Humanity Pavilion of Zhenjiang Pearl S. Buck Museum

▲ 2010 年 5 月 9 日，在首发式上与王逢振（左二）及夏尚澄夫妇（左三和左四）等学者合影

On May 9, 2010, a group photo with Wang Fengzhen （second from the left）and Xia Shangcheng couple （third and fourth from the left）at the launching

◀ 2010 年 5 月 9 日，镇江赛珍珠纪念馆，刘龙、张正欣（1955—2018，江苏大学教师）合影

On May 9, 2010, Zhenjiang Pearl S. Buck Museum, group photo of Liu Long, Zhang Zhengxin （1955-2018, teacher of Jiangsu University）

◀ ▲ 刘龙藏《大地》等原版小说（现藏镇江赛珍珠纪念馆）

The *Good Earth* and other original English novels by Pearl S.Buck in Liu Long's collection (now in Zhenjiang Pearl S. Buck Museum)

▲ 刘龙藏《大地》扉页，钤"刘龙印信"

The title page of the English edition of *The Good Earth* in Liu Long's collection with his seal on it

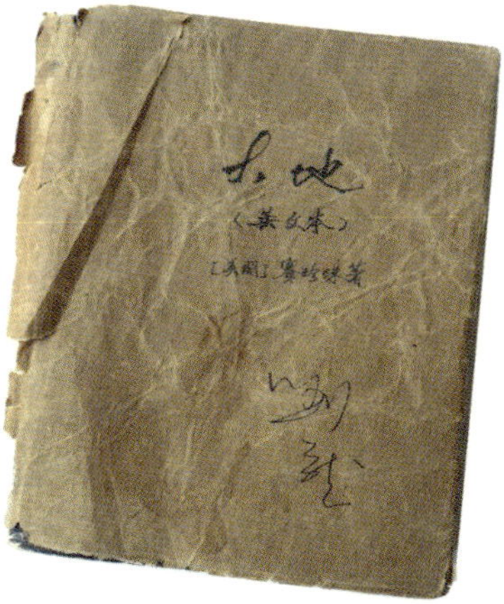

▲ 刘龙藏英文版《大地》，牛皮纸书衣有刘龙签名(现藏镇江赛珍珠纪念馆)

The English edition of *The Good Earth* in Liu Long's collection with his signature on the brown paper jacket (now in Zhenjiang Pearl S. Buck Museum)

▲ 刘龙藏《群芳亭》等原版书（现藏镇江赛珍珠纪念馆）

Pavilion of Women and other English original works in Liu Long's collection (now in Zhenjiang Pearl S. Buck Museum)

▲ 刘龙藏《我眼中的中国》等原版书（现藏镇江赛珍珠纪念馆）

China As I See It of Pearl Buck and other original works by Pearl Buck in Liu Long's collection（now in Zhenjiang Pearl S. Buck Museum）

刘龙师生书画暨赛珍珠研究成果展定于二〇〇八年十月十一日上午九时在镇江市少年宫（双井路20号）一楼展厅展出。

恭请您光临指导！

刘龙

展出时间：二〇〇八年十月十一日至十七日

◀ 刘龙师生书画暨赛珍珠研究成果展请柬

Invitation to the Exhibition of Calligraphy and Paintings by Liu Long and His Students and the Exhibition of Liu Long's Accomplishments in Research on Pearl S. Buck

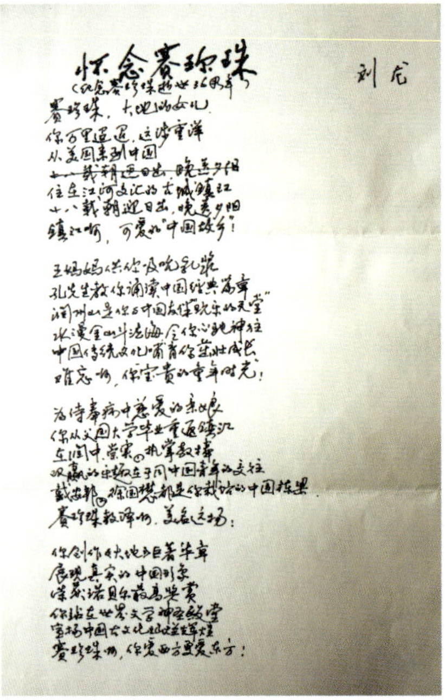

怀念赛珍珠

（纪念赛珍珠逝世36周年）

刘龙

赛珍珠，大地的女儿
你万里迢迢，远涉重洋
从美国来到中国
住在江河交汇的古城镇江
十八载朝迎日出，晚送夕阳
镇江啊，可爱的"中国故乡"！

王妈妈供你吸吮乳浆
孔先生教你诵读中国经典篇章
润州山是你与中国友伴玩乐的天堂
水漫金山斗法海令你心驰神往
中国传统文化哺育你茁壮成长
难忘啊，你宝贵的童年时光！

你创作《大地》巨著华章
展现真实的中国形象
荣获诺贝尔最高奖赏
你站在世界文学神圣殿堂
赛珍珠啊，你爱西方更爱东方！

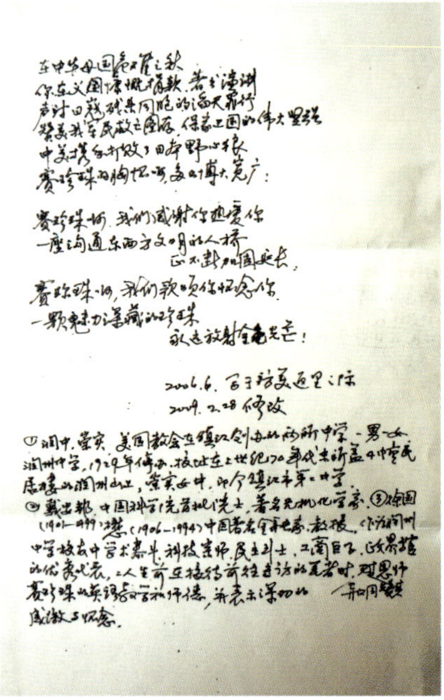

赛珍珠啊，我们感谢你热爱你
一座沟通东西方文明的人桥
正不断加固延长；
赛珍珠啊，我们歌颂你怀念你
一颗魅力蕴藏的珍珠
永远放射金色光芒！

2006.6. 写于访美返里之际
2009.2.28 修改

▲ 刘龙为纪念赛珍珠逝世 36 周年所作诗稿（2006 年 6 月写于访美返里之际，2009 年 2 月 28 日改定）

Handwritten poem by Liu Long in commemoration of the 36th anniversary of Pearl Buck's death （written in June 2006 when he returned from his visit to the United States and revised on February 28, 2009）

[序言]

2022 年 3 月 2 日，裴伟君来信告知今年是赛珍珠诞辰 130 周年，也是刘龙先生主编《赛珍珠研究》出版 30 周年、刘龙先生逝世 11 周年，他奉命并征得刘龙先生家人同意，汇集刘龙有关赛珍珠研究的遗稿成书《永恒的赛珍珠》，以示缅怀并供学界同好研究。从目录上看，它收集了刘龙生前发表在国内报刊上的一些文章和报道，比起他主编的《赛珍珠研究》，《永恒的赛珍珠》在规模上小得多，只能说是鸿爪留痕。然而其中的一篇文章《赛珍珠与中国镇江》（《人民日报（海外版）》1990 年 9 月 29 日）在海外产生了重大影响，接着才开启了赛珍珠家乡和镇江市的文化交流，才有了赛珍珠收养的子女陆续来访问。

《永恒的赛珍珠》的出版在纪念赛珍珠诞辰 130 周年的意义上是一个里程碑。时间飞逝，一代人接着一代人来纪念赛珍珠，这就具有了永恒性。在这里，首先要多亏镇江市政府的大力支持，才有一次次国际文化交流会，才有纪念赛珍珠及对她的作品做越来越深入探讨和研究的学术会议，才有《赛珍珠纪念文集》一辑、二辑、三辑……从而使纪念赛珍珠具有了永恒性。

作为一名普通的教师，刘龙逝世 11 周年，通常很少或没有人对他做如此规格的纪念。可是，作为镇江乃至全国在“文革”后第一个关注、调查赛珍珠在中国生活、学习和工作情况的学者，刘龙走在了大家的前头，因而他的赛珍珠研究事业具有了深远的历史意义，自然地被赋予了永恒性。他的英名与赛珍珠学术研究事业同在。

有一年，我应邀参加镇江举办的赛珍珠学术研讨会。午休期间，刘龙来我入住的宾馆，找我谈心。他谈到他还要介绍和研究赛珍珠的计划。同时，我得知他已经身患癌症。从此我一直给他发送治疗癌症的保健资料，没想到还是没起作用！他在病重中，依然在为纪念赛珍珠诞辰 100 周年的论文集翻译事宜操劳。他始终全身心投入赛珍珠研究事业，费尽心血，直至最后。

他的音容笑貌，言谈举止，永远地留在我的心里。《永恒的赛珍珠》一书是对他这位“文革”后在中国介绍和研究赛珍珠的先驱最好的纪念。

遵裴伟君嘱托，是为序。

南京大学　张子清

2022 年 3 月 3 日

Preface

On March 2, 2022, I was informed in Mr. Pei Wei's letter that this year marks the 130th anniversary of Pearl S. Buck's birth, also the 30th anniversary of the publication of Mr. Liu Long's edited works *Studies of Pearl S. Buck* and the 11th anniversary of his death. Mr. Pei Wei was assigned and obtained the consent of Mr. Liu Long's family to collect all his posthumous manuscripts related with the studies of Pearl S. Buck, and edit a book *Eternal Pearl* in remembrance and as academic reference. This book has collected some articles and reports published in the domestic newspapers and periodicals during Mr. Liu Long's lifetime, which was relatively much smaller in the table of contents in comparison to *Studies of Pearl S. Buck*. However, one of his article "Pearl S. Buck and Zhenjiang" published in *People's Daily* (Overseas Edition, September 29, 1990) had a huge impact abroad and initiated the cultural exchanges between Pearl S. Buck's hometown and Zhenjiang City, only then did Pearl S. Buck's adopted children come to visit China successively.

This book is a milestone in commemorating the 130th anniversary of Pearl S. Buck's birth. Time flies, but the time for generations to commemorate Pearl S. Buck is unlimited . Here, first of all, thanks to the strong support from the Zhenjiang Municipal Government, there can be a range of the international cultural exchange conferences with much profound discussions and researches of Pearl S. Buck and her works, which are compiled in *Collected Papers in Memory of Pearl S. Buck Vol. I, II and III* ..., thus the eternity is shaped in the commemoration of Pearl S. Buck.

Mr. Liu Long was an ordinary teacher in Zhenjiang City. It's seldom or never for people to make such grand commemoration of him on the 11th anniversary of his death. However, he was the forerunner in Zhenjiang City or ever in China as the first scholar who recognized and investigated Pearl S. Buck's life and work as well as previous studies after the "Cultural Revolution", so his research on Pearl S. Buck is of far-reaching historical significance and eternity. His reputation and academic achievements will be remembered forever.

One year, I was invited to attend the Pearl S. Buck's academic conference held in Zhenjiang City, Mr. Liu Long came to see me in the hotel and we had a long talk. He mentioned his future plan of introducing and researching Pearl S. Buck. Meanwhile, I was told that he had suffered a cancer. Since then, I had been sending him much health information to treat cancer, but it still didn't work. He still kept collecting a series of articles on Pearl S. Buck to commemorate the 100th anniversary of her birth during the time of his serious illness. He devoted himself to the research on Pearl S. Buck until the end of his life.

His voice, his face, his smile and his manners are vividly remembered in my mind forever. *Eternal Pearl* is the best memorial to Mr. Liu Long as a pioneer in the introduction to and study of Pearl S. Buck after the "Cultural Revolution" in China.

This is my preface entrusted by Mr. Pei Wei.

Zhang Ziqing, Nanjing University

March 3, 2022

史诗时代的文化自信
——为纪念刘龙先生而作

刘龙先生是我的岳父。

他是一个平凡的人。他也是一个不平庸的人。

时代铸就永恒，伟大来自平凡。因为在一个关键的时代节点上，做了一件正确的事情，一名普普通通的人民教师，却至今仍然值得我们去缅怀和纪念。

1992 年，无论对中国还是对世界来说，都是一个不能忽略的年份。就是在这一年，以年初的邓小平“南方谈话”和 10 月的中共十四大为标志，中国的改革开放和社会主义现代化建设事业，进入了一个新的发展阶段。建立社会主义市场经济体制的决策，不仅直接体现了中国人的道路自信、理论自信、制度自信，也为史诗时代的中国，奠定了文化自信的基础。

一个体现了文化自信的史诗时代的开端，总是不可避免地跟一些标志性作品紧密联系在一起。1992 年，在文学的领域里，面世的除了《白鹿原》《废都》《九月寓言》这些“90 年代最经典的作品”外，还有一部书，就是刘龙主编的《赛珍珠研究》。

对 1992 年在中国文化史上的重要意义，我曾用文字进行过专门的叙述。1992 年年初，邓小平“南方谈话”最终确立“一个中心，两个基本点”的基本路线一百年不动摇，从方法论上基本构筑起了拦阻“左”或右的方向错误的挡火墙，代表着中国主流文化发展方向的中国知识精英阶层，进一步增强了对中国文化的自信。

刘龙主编的《赛珍珠研究》一书，如今已被公认为中国赛珍珠研究的“开山之作”和奠基之作。此书的出版，理所当然地凸显了刘龙个人的文化自信。这种文化自信，在他和我于 1997 年合著的《士的人格理想和儒家文化心态——试析赛珍珠的中国传统文化观》一文中，更是体现得淋漓尽致：“是不是不应该由美国文学史，而是应该由中国文学史来对赛珍珠作出评述，才更为妥当些呢?”

他的这种文化自信，并不是盲目的，而是源于对赛珍珠本人所具有的中国传统文化观的精细分析和概括：

赛珍珠“在文化观念上有一种超越性，具体体现在三个方面：一是对别的民族、国家的文化持有一种平等尊重的态度；二是对本民族和本国的文化在肯定的同时又持有一种自我反省和自我批判的精神，反对文学民族主义；三是在文化交流上，她确立了一条非常值得我们重视的路径——主张关注实际上正是多元共存的文化现状，以和平的方式进行多种文化的交流，反对暴力，反对一种文化传统对另一种文化传统的分割和颠覆”。

欲知大道，必先为史。刘龙对赛珍珠的了解，始于他对镇江第二中学校史的研究。他既是一个探索者，又是一个思辨者。

他跟赛珍珠的结缘，最早可以追溯到赛珍珠去世前的几个月。1972 年的下半年，刘龙奉调镇江市第二中学任教。在学校图书馆里，他跟馆长刘利和一见如故。刘利和如数家珍地跟他介绍完校史上的有名人物后，还找出一本有关江苏的文史资料，指点他看一篇短文。这篇短文明确记载，赛珍珠在崇实女中教英文，获得过诺贝尔文学奖。

赛珍珠当时还被视作“反动文人”。正是这顶“反动文人”的帽子，让刘龙陷入了思考。1992 年 1 月 27 日，他在镇江人民广播电台的《城乡瞭望》节目中，是这样叙述的：“这使我感到新奇有趣，也产生了不少问题：一位在崇实女中任教的美国女作家，既然是反动的，施教之后，教出了多少个洋奴？她获得诺贝尔文学奖，与镇江施教有何关系？获奖之作《大地》到底怎样？是否真的反动？”

他开始搜集有关赛珍珠的资料。结果，“偌大一个镇江，大小图书馆竟无一本赛珍珠的著作，因此，疑窦无法解开，能读到的都是第二手、第三手资料……仅有些结论，而没有多少具有说服力的论据与论证。因此，原来问题未能解决，又平添了一些新问题。自然也更激发了我探索与研究的兴趣”。

转折发生在 1981 年。这一年，《话说长江》（中日合拍）摄制组来二中寻觅赛珍珠遗迹，特别是当时日本歌星佐田雅志大谈赛珍珠的场景，对刘龙的触动很大。不久，英籍华人女作家韩素英来镇江，在走进二中校园时，亦兴致勃勃地谈起了赛珍珠。这两件事，迫使刘龙不得不去反思：“我觉得作为镇江人，特别是受过高等教育的中文教员，对外人讲不清一位美国获奖名作家在镇江的基本情况，有负人民的栽培，于心难安，理应挑起这副研究的担子，搞清楚赛珍珠在镇江生活的历史事实，是我理所当然的责任。”

1984 年，刘龙已经真正意识到，研究赛珍珠，对他来说，不仅是一种历史担当，更是一种历史责任。巧合的是，第二年，学校便安排给他一个任务：采编二中百年校史。

1985 年的春天，刘龙开始全面而系统地搜集崇实女中的历史资料。事实上，新中国成立后出生的人，知道崇实女中的，已寥寥无几。自 1952 年 8 月起，崇实女中已更名为镇江市第二中学。我完全可以想象，崇实女中的校史，如同一部波澜壮阔的史诗，一旦打开了，我的岳父就再也无法合上，面对鲜活生动的历史细节，他只能不由自主地不停阅读下去。访校友、寻故居、搜资料，他的爬梳剔抉的大量工作，正是集中于此一时间段内。

1987 年的 3 月，刘龙独自执笔的《私立崇实女子中学始末》初稿全部完成。该文稿总共十三个部分，其第九部分，即为“赛珍珠”。在当时的时代背景下，能够专门为赛珍珠在校史中辟一完全独立的章节，无疑，彰显了刘龙过人的胆识、绝不随波逐流的思想，以及难能可贵的文化自信。准确地讲，这第九部分，是在他于 1986 年冬天完成的《赛珍珠与镇江》文字稿的基础上，浓缩而成的。1990 年 9 月 29 日，《人民日报（海外版）》刊发了该稿，题目改为“赛珍珠与中国镇江”。

1990 年，赛珍珠在中国文学界，仍然处于被全面否定的位置。《赛珍珠与中国镇江》一文，把赛珍珠在中国的地方语境中，还原成了一个真正具体的有血有肉的人来加以叙述，这在改革开放以后的中国，尚属第一次。这不是赛珍珠叙述的中国故事，这是中国学者叙述的赛珍珠的中国故事。1991 年 7 月，《人物》杂志第 4 期不加删节地刊发了全文，题目叫作“赛珍珠与中国镇江之缘”。

刘龙既是个非常严谨的人，也是个敢字当头、敢作敢为的人。为了尽可能多地掌握第一手资料，他甚至主动给当时美国赛珍珠基金会的执行董事沈志洁去信联系。

在他的努力之下，1986 年的 12 月下旬，中国学者终于首次跟赛珍珠基金会建立起了常态化的交流通道。沈志洁给刘龙的第一封回信，写于 1986 年 12 月 12 日。这封 36 年前的信函，我也是在去年整理岳父的遗物时，方才看到。内容完整翻译如下：

刘龙先生：

收到您11月27日和30日的两封来信，真是一个惊喜！

我们一直希望与赛珍珠早年扎根中国的那些地方的人们建立联系。中国是她的“另一个故乡”，镇江无疑是最突出、最重要的一个地方。

然而，我不好意思解释的一件事，是一件看起来在1981年必定会发生的事情。那一年，赛珍珠基金会原计划召集基金会的一群朋友来中国参观，其中就包括参观赛珍珠度过了大部分时间的地方。

一家旅行社（一家与基金会完全无关的商业公司）负责安排行程、交通、酒店等。原定于1981年10月举行的旅行，并没有实现。

在我们无从知悉，也没有赛珍珠基金会委托的情况下，据说，旅行社的代表去了你们的学校，并向你们提供了错误的信息。在我这周收到您的来信之前，我不知道这些人跟您说了些什么。

其实，赛珍珠并没有火化。根据她非常具体的指示，她被安葬在宾夕法尼亚州她自己庄园的土地上。

该庄园现在属于赛珍珠基金会，其上矗立着国家历史地标赛珍珠故居和基金会的国际总部办公室。

真的很抱歉，这两个旅行社的人这么多年一直在歪曲他们自己，误导您，误导您的学校和市政府。

感谢您告诉我们，赛珍珠与崇实女中的渊源，以及她在你们学校历史上的独特地位。我们希望在校史完成之后，能够得到一份副本。

外国游客为了缅怀赛珍珠而来到贵校，我们也非常高兴。或许，在你们学校立上一块纪念牌，会很适合。请向贵市有关部门转达我们由衷的谢意，感谢他们对赛珍珠的关注。我们非常乐意考虑，有关部门或贵校为纪念赛珍珠在镇江的早年历史而提出的任何建议。

通过赛珍珠的文字，我们了解到她和她的父母住在镇江一个山坡上的房子里。知道这房子的下落吗？如果知道下落，这房子是否还在那里？听到关于赛珍珠的任何消息，我们都很高兴。也许，尹珍珠会回忆起来的。

赛珍珠、她的著作和基金会的工作，在国际上享有盛誉，并在这个国家受到尊重。为了让您更好地了解这些，我附上一份关于基金会工作的简要情况说明书以及一篇刊登在我们当地报纸上的关于这座房子的文章。

就个人而言，您可能有兴趣知道，从出生地讲，我是个中国人。我生在上海，长在香港。虽然到目前为止，我生活在美国的时间要比生活在东方的时间长些。我已在赛珍珠基金会工作了两年多。我很高兴能为东西方的孩子们服务。我希望有一天赛珍珠基金会能为中国的孩子们提供一些服务，不过，那是为了未来。几年前，我对中国进行了一次五个星期的参观访问，非常愉快，收获很大。我期待着再次访问中国，有可能是在 1987 年。

我本来应该用中文来回复您的，只是这么多年我没有用中文写过，我怕写起来会言不达意。但是，请随时用中文给我写信。

向您和您的学校致以最良好的祝愿！并请转达我们对赛珍珠从前的学生尹珍珠的亲切问候和祝福！

赛珍珠基金会执行董事
真诚的沈志洁

抄送：珍妮丝·沃尔什总裁

收到沈志洁的来信后，刘龙做出了一个更加大胆的决定：邀请沈志洁前来镇江市第二中学。他从来没有料到的是，他的这封邀请书所引发的“蝴蝶效应”，是如何从坚冰上融下的第一滴水珠，嬗变为中美文化交流中的一支汩汩显流的。

1988 年 6 月，应刘龙的邀请，沈志洁和赛珍珠的养女、赛珍珠基金会总裁珍妮丝·沃尔什访问了镇江。她们的访问引起了镇江市政府的高度重视，时任镇江市市长陈璧显亲自参与了接待和宴请。第二年，听了陈璧显市长对赛珍珠有关情况的介绍后，美国坦佩市市长决定承担修缮赛珍珠故居的一半费用，这成为镇江与美国坦佩市缔结友好城市关系的一段佳话。在此基础之上，他上书时任市长钱永波，奔走呼号，联络全国专家学者，促成了 1991 年 1 月中国首次赛珍珠文学创作讨论会的召开。后来又继续上书，首倡建立中国赛珍珠研究会，得到众多领导的批示。十年之后，中国镇江赛珍珠研究会终于成立。

刘龙的邀请书是这样拟写的：

邀请书

赛珍珠基金会执行理事长

尊敬的沈志洁女士：

敝地镇江市系贵国著名作家赛珍珠在敝国生活时间最长的城市：孩提、少年十五年，后工作三年，计十八年。敝校前身镇江市崇实女中是赛珍珠学习、工作过的教会学校，你作为贵基金会常务理事长，理所当然地应来观光旅游，瞻仰旧居遗迹，会晤其中国学生。我们热诚欢迎你在适当时候莅临，并筹建纪念碑。特此恭候驾光是幸！

谨致

敬礼

中国江苏镇江市二中（含前身崇实女中）校史组

主笔　刘龙

1987. 1. 15

附告：

皮尔·布克因随父母传教，居住镇江时间较长，初居宝盖路，继建小楼于登云山山顶，即其 1933 年自传中曾提及之处；后任教教会学校，亦留校暂居过。今三处均存在。此乃我通过多种渠道长期调查之结果，众说纷纭者听我解说，亦均能接受。

另，其任教学生多已谢世，唯九十岁之老妪尹珍珠（前函所述），今仍健在，然风烛残年，亦不久于世。故君行宜趁早！

跟赛珍珠基金会建立联系之后，通过沈志洁，我岳父得到了更加丰富的赛珍珠的原文著作和有关资料。这些珍贵的基础性材料，哺育和助长了上个世纪 90 年代成熟起来的中国第一批赛珍珠研究者。

正是基于对赛珍珠的全面了解，1990 年的 10 月，刘龙同时给《辞海》编辑部和《大百科全书》编辑部寄去了六千字长函，要求修改“赛珍珠”词条内容，“吁请有关学者对赛珍珠重新认识研究，予以全面公正的评价”，“希望《辞海》《大百科全书》编者走在研究前列，采取积极行动，重新修订该词条，以正视听，为发展我国与美国等国家的文化交流作出较大贡献”。

也就是从 1990 年开始，刘龙变成了一个赛珍珠研究的播火者、重新评价赛珍珠的不遗余力的积极推动者。

我岳父所完成的影响最广泛的一件事情，大概要算是主编出版《赛珍珠研究》一书。

关于此书出版的重大意义、学术价值，已有相当多的文章进行点评，我就不再赘述。至今仍然让我感慨万千的是，如果他没有一种锲而不舍精神的话，该书的面世，起码要迟上个三五年，甚至胎死腹中，亦未可预期。

1991 年 1 月的首次赛珍珠文学创作讨论会开完之后，我岳父觉得有必要出一本有关赛珍珠研究的专著，一者对历史脉络进行一次客观的梳理，二者对现有的研究成果进行一次汇集，三者为后来的研究者提供一个基础性的工具。他当然不是心血来潮，而是认为积累已经足够，条件已经成熟。他在给徐迟先生的信中坦陈："撰文编书，客观介绍赛珍珠，公正评论赛珍珠，消除误解，我顺理成章地奉为自己神圣的历史使命。十多年坚持业余搜集资料图片，已是能出一本书。镇江赛珍珠文学创作讨论会的成功召开，进一步充实书稿内容，也更提高出书的自信。为确保此书质量，能得到先生指点，当然是求之不得的。"

这项工作放在今天，可以说并不是一件有太大困难的事情：地方政府或某个专项资金提供相关经费，有关部门牵头或者某个著名学者担纲，成立一个工作专班具体编撰。但在当时，一无出版经费，二无部门牵头，三无工作班底，愿意做这件吃力不讨好事情的人，就不是太多了。更为关键的是，即便成书，但何时能够出版，谁也说不清楚，很有可能白忙碌一场。

因为前期付出的心血实在是太多，我岳父也实在是舍不得把一个如此重要的具有里程碑意义的会议成果付之东流，便毅然决然地做了一个重大决定：哪怕是自己掏钱，也要把中国第一部研究赛珍珠的专著出版出来。

我不得不承认，如果没有他自己所谓的"神圣的历史使命"感，《赛珍珠研究》一书的面世，在当时的历史条件下，确实是难以想象的。

历史就是这样的吊诡。也许是因为没有找对人，即便刘龙想自己掏钱出《赛珍珠研究》这本书，但询问了诸多出版社，却没有一个愿意出的。当时，贵州、广西、湖南有三家出版社已经出版过赛珍珠的有关作品，但出于种种主客观因素的考虑，谁都不愿意接受这样一部涉及对赛珍珠本人进行重新评价的学术性研究著作。

他给北京、上海、南京这三座城市几乎所有能够想到的出版社都投寄了信函，但不是石沉大海，就是得到一封简短的婉拒函。

上海几位参加过镇江会议的专家学者，也在积极为他多方打探，穿针引线。镇江会议结束半年之后，上海方面终于想到了一个人，云南人民出版社的程志方。程志方先生是个把书视作人类精神太阳的出版人，他认为出版的本质就是参与组织和创造一个时代的社会文化，创造精神的太阳。创造精神太阳的理念，使云南人民出版社成为当时中国出版事业的一块高地。机缘巧合的是，程志方出生于江苏，毕业于上海复旦大学。

1991 年 7 月 6 日，我岳父给程志方写了一封信，同时寄去了《赛珍珠研究》的内容提要和目录。接到信后，程先生当即就确认了该书的选题，并指定由出版社的文艺编辑部负责审发稿。这样，我岳父就跟云南人民出版社的刘存沛先生联系上了。

两个人都姓刘，似乎都有着牛一样的脾气，认准了一件对的事情，即便撞到南墙也绝不回头。存沛先生当时正担着主持“拉丁美洲文学丛书”的编辑出版大任，不仅对拉美的文学史了如指掌，对美国的著名作家亦如数家珍。通过多次书信来往，他们两人商定，初定当年 11 月把书稿发排到厂；“因为出此一本书实在不容易，当求丰厚些为好”，“至少从资料的珍贵和丰富上见出本书特色”；“整部书得体现‘研究’二字，与此关联不大的得舍去，方能见出编者和出版者水平。若让行家看作是会议资料汇编，那本书就失败了”。

刘龙因此把该书的结构和提要致函徐迟，得到了徐迟先生的充分肯定：“《研究》内容提要看过，十分满意。”

有意思的是，出书一事，也得到有关领导的高度重视。为此，二刘之间还发生了“争吵”。最后，两人各退一步。存沛先生在信中明确回复我岳父，“此书系学术类图书，不宜像政治类的图书一个头的题词占一面”，只能“三人占一面”，而且，“会议参加者诸公的发言照统统不用”，“钱市长不再题词，其讲话仍旧安排作跋，后记仍用”。存沛先生跟我岳父特别解释说：“正因为此书有特色，我们才接受出版。我们的重点是在‘拉丁美洲文学丛书’上，还接国家新闻出版署通知，此丛书列入国家‘八五’重点出书计划。所以，我们对外其他品种只兼顾有特色的。因此，就得编得精当些。这一点，想必你能体谅。”

此后，二人便不再有学术外的纠结，一门心思要把《赛珍珠研究》做成一部精品。在一个新的时代节点上，《赛珍珠研究》的历史意义自然蕴藏于对赛珍珠的重新评价之中，唯有立足于中国文化走向世界的视角和对外开放吸收西方文化的气魄，体现出更加辩证的、历史的、全面而公正的方法论，这本书才能真正成为一块奠基石。两人都深知，在兼顾专业工具性、指引性的同时，要尽量放大这本书的学术价值。存沛先生后来才发觉，刘龙放大学术价值的努力，竟然一直持续到了第四校样阶段。

最能体现学术价值的，一个是专家学者的发言集粹，另一个就是运用新的视角、新的方法论撰写的研究文章。

闪耀着真知灼见的发言集粹，很多都是在现场即席迸发的，并没有书面文字。侥幸的是，幸亏会议的前一天，我岳父提醒了我一下，我匆匆借出了当时电台新闻部的唯一一台高清手提式录音机，这才有了当年会议的唯一一份录音。本着对历史负责的态度，我岳父整理好录音材料后，逐一把文字稿寄给了每一个发言者。因此，这些经过个人亲自修订和补充完善的发言稿，其实质就是一篇篇风格活泼的浓缩了的学术论文。

如今回过来看，王逢振、杨岂深、蒋孔阳、濮之珍、钱佼汝、张子清、刘海平等人，都是博士生导师级的人物，他们所提出的研究赛珍珠的思路、视角、母题和方法论，至今仍在指引着一批又一批从事赛珍珠研究的青年学者。当时，即便如蒋孔阳这样的著名教授，也一丝不苟地对自己的发言进行了字斟句酌的修改。陆行良的发言稿，直到 1992 年的 8 月下旬才最后改定。为此，存沛先生好好“教训”了刘龙一番：“为加排他的发言，我只好冒被抱怨的‘风险’了——出版社书稿在第三校样时还得增加新内容，一般是不允许的，至少要被举例说是不懂编辑工作，违反操作流程的表现。无奈！”

让存沛先生“无奈”的事情还在后面。一个月后，他竟然又收到了我岳父寄给他的两篇姚锡佩先生的稿子。姚先生是《鲁迅年谱》的主要撰写人之一，因为对鲁迅的研究而延及对赛珍珠的研究。辗转得到她的文稿后，刘龙如获至宝，去了一块心病——在专家学者发言集粹中还有一个濮之珍教授，在研究文章这个板块中，就没有找到一个具有代表性的女作者。

收到稿子后，存沛先生是又恨又爱。恨的是，已到了第四校样阶段，还被刘龙弄出这么个事来：“真没想到一本‘赛研究’的编辑出版会比我同样经手的两本书还难。这段时间……编‘马研究’，亦是多少个评者的文字——都没有‘赛研究’那么多事！碰上啦，没法。编下去吧，但愿以后别再生出其他事来。”爱的是，拿下其他两篇稿子后，“今用姚文二篇顶上，本研究的味道上了一个台阶”。存沛先生最后警告我岳父：“切勿再给我来信讲新的改版一些事了，编刊物都不兴这么个编法！弄不好，我将被引为‘典型’。”

为不停折腾存沛先生一事，我岳父后来专门做过解释：“补入姚锡佩女士两篇优质论文，赛珍珠友人老舍之子舒乙、赛珍珠知情者谢和赓二位先生及美籍香港作家黄文湘先生所撰论文，以弥补彼时优质论文匮乏之不足。”这也反过来证明，他确实尽可能地用时间换来了该书最大的学术价值的空间。

《赛珍珠研究》这本书，硬是被刘存沛和我岳父这两位“牛”先生，从1991年的夏天，琢磨到了1992年的冬天，方才得以清样付梓。回报自然也是丰厚的：该书先后获得了全国图书金钥匙奖的优秀图书提名奖、滇版优秀图书奖、江苏省教育科研优秀成果奖等荣誉。

岳父去世后，我偶尔会去想，他这么一个跟肝癌拼杀得惊心动魄的刚毅之人，难道驱使他投身赛珍珠研究的缘起，真的就是刘馆长给他看的那一则短短的文史资料吗?

今年春节之前，因蔡文俊会长的一再催促，我抽空整理岳父的遗物时，无意中发现有一叠厚厚的汇款单。这些汇款，都是汇往云南永胜一个叫作季官的地方的。从没听说岳父在云南有什么亲戚呀！我开始整理他的信函。半夜，我终于找到了中共永胜县委办公室寄给他的一封感谢信。原来，他一直在默默地资助着永胜县的一名贫困学生读书。

随后的日子里，只要有空，我便继续整理他的信件。那天，当我整理到来自新疆的一批信函时，我突然一下子明白了，正是在新疆两年支教的日子里，他的世界观、人生观和价值观，已不知不觉间发生了巨大的变化，超越了民族的隔阂，超越了语言的隔阂，超越了文化的隔阂。他对贫困学生的助学，恰恰始于新疆支教时期。文化自信的本质是对自我核心价值的自信。他的重新评价赛珍珠的历史使命感和对《赛珍珠研究》一书所体现出来的文化自信，正是筑基于此。

回望是为了定向，缅怀是为了昂扬。岳父身上，让我感触最深的一点，就是久久为功，功成不必在我。

刘龙是镇江市第十届精神文明建设十佳新人。

颁奖辞是这样对他小结的：“作为中美文化交流使者，长期坚持业余潜心研究赛珍珠，发表几十篇研究文章，出版《赛珍珠研究》等两本专著，推动召开了多次相关国际学术会议。他不顾身患癌症并多次手术，为镇江开展中美文化交流，开办赛珍珠国际班教学，实现《大地》之旅等活动作出了不懈的努力。"

颁奖辞是这样对他点评的："这是跨越时空的对话，这头是镇江的一名普通教师，那头是获诺贝尔文学奖的美国女作家赛珍珠。是什么促成生者对已故者的访问呢？……刘龙是赛珍珠研究的开拓者！他坚持三十年如一日，搜集赛珍珠在镇江的历史遗迹；他创造性的研究，实现了美国赛珍珠国际组织与中国的对话。他被誉为中国赛珍珠研究的先行者、中美文化交流的桥梁……他们的个人努力，诠释了什么是崇高，什么是奉献。我们从他们的事迹中，读到了自强，读到了无畏，读到了感动……"

岳父在去世前，专程去了趟美国，在赛珍珠的墓地前，静立了很久。随后，他在赛珍珠国际组织的藏书室里，查阅到了两本 1933 年出版的《国闻周报》。这两本杂志上，分两期刊登着徐迟翻译的赛珍珠的小说《二妇人》。1990 年年底，徐迟先生在给刘龙的信中曾经提到，他当年亲自把杂志寄给了赛珍珠，赛珍珠也给他写了回信，让他倍感亲切温馨。

历史的细节在刘龙的眼前生动复活。岳父非常感动，也非常感慨："赛珍珠从中国返回美国，从纽约迁居费城，迁徙搬家无数，丢弃、遗失物件亦无数，却对这两本刊物视若掌上明珠、传家宝贝，始终珍藏身边。谢世前，又遗留下来，传之后世。这岂止是两本中文杂志，其实就是中美文化交流的鲜活产物，也是中美人民相互理解、友好相处的真实凭证。"

窗外，两株玉兰正在早春二月的微风中盛开。我家篱笆小院内的一株，是紫色的蓓蕾，远远望去，如暮色中的山峦，显得神秘而高贵。院子外的另一株，是白色的花瓣，沐浴在春光里，仿佛雪后初晴，纯洁而清寒。岳父曾写过一篇《徐迟、赛珍珠和我》。清明前花开的时节，这两株落英缤纷的玉兰，总会让我情不自禁地想起岳父在徐迟先生的祭日写下的文字："怀念是刻骨铭心的，怀念是永难忘怀的！"

董晨鹏

2022 年 3 月 24 日成稿

[目录]
Contents

下篇　跨鹤留师表

Part Ⅱ On the Good Earth It Still Shines with Your Name

上篇

探骊得明珠

私立崇实女子中学始末

一、创办（1884—1888）

清光绪十年（1884）三月廿六日复活节，美国基督教美以美会偌冰心（Miss Robinson）及贺路绥医师（Miss Holoore）（他们为便利在华推行基督教，自己的姓名都汉化了），于镇江银山门基督教堂创立女子学校。从九江带来孤女 10 名为学生，偌冰心为校长，校名为镇江私立女子学堂，亦称镇江教会女学堂，这就是崇实女中之肇始。当时风气闭塞，女子入学更是寥寥无几，教会人士不顾舆情，扩生源至芜湖、安庆、南京、扬州、丹阳等地，使女校得以立足。

在东南教会学校中，崇实创办较早。苏州辅仁中学（现市三中）创办于 1928 年，无锡竞志女校（现市十二中）创办于 1905 年，无锡辅仁中学（现市二中）创办于 1918 年，扬州崇德女中（英国内地会主办）、南京汇文女中（现人民路中学），创办均在其后。而且比美国基督教长老会所办浙江最早弘道女中还早 17 年，美国美以美会所办南昌保灵女中、九江儒励女中更在其后 40 年。昔日盛传该校是全国最早教会女中之说，当属不无根据。

二、发展（1888—1937）

（一）迁校上山

“天下名山僧占多。”镇江诸山如银山、太古山、怡和山、跑马山、算山等则均为英、法、美籍外人占有，或建领事馆，或开洋行，或筑维多利亚球场，或建私邸。首任校长偌冰心女士于创校后 4 年（1888 年），购得宝盖山基地一块，平房 5 小间，而迁校其上。贺路绥医师亦购屋上山，设教会妇幼医院，与女校隔篱分治。

山上校舍虽简陋，但较山下旧址已初具规模。唯以缺乏水源，师生颇苦。1908—1910 年，一美国人自荷兰购一风车相赠，架井于宿舍楼南端（日寇占领时拆风车，装马达，建堡垒式平顶水房，后称“马达井”），借风力打水，于是此山又称“风车山”。

（二）校名更迭

民国7年（1918）前，校名为“镇江私立崇实女子学校”（CHINKIANG GIRLS SCHOOL）。民国23年（1934），风车山崇实女校之名始正式见诸《申报》。

（三）扩建楼群

1905—1908年，沪宁铁路宝盖山隧道打通，操场坝上泥土堆积如山，江北灾民在宝盖山下泥土堆旁搭棚栖身。郭偌克（Miss Clook①）和康凤楼（Miss Concloss）两任校长去美国募捐，以工代赈，组织灾民挑土填平操场坝。美国基督教美以美会亦投资，拆除原教会医院所用平房，盖了一幢3层（40余间）大楼（即今九号楼），1914年竣工，创办基督教妇幼医院，贺路绥医师任院长。教会从美国派来医师，从崇实女校选拔毕业生数名为护士。医院每半年为师生免费体检治疗一次。

1916年，于教会医院东首建成一幢2层（12间）小楼，作幼稚园教学用房及护士宿舍。

镇江市第二中学校园内的原妇幼医院建筑（1984年摄）

1915年夏，崇实毕业的王素意女士在美国密歇根大学荣获博士学位②，就任崇实女中第5任校长，为第1任中国籍女校长，开始招收缴全费的学生，并联络蒋怀仁、刘毕臣、陈光甫、卫小甫、曹宾、高恩沛、欧阳士雍、冷御秋、胡健春、陆小波等为校董，获取办学之资助，经济方有结余，乃添置大量图书、教学用具，新购3架钢琴，学校有了新发展。

1920年，王校长与校董磋商，用蒋怀仁所赠跑马山之地为学校已故师生建立了专用坟地。同年夏，美籍传教士盖梅月（Miss Kesler）出任校长，复四

① Miss Clook的中文名为谷恩典。

② 王素意是崇实女中第二届毕业生，留校施教9年，赴美深造，获密歇根大学硕士学位。1915—1920年，其任崇实女中校长。其博士学位是离开校长职位后再次赴美学习获得的。

出游说，美国基督教会决定投资扩建崇实女中，教会中一名富有的老小姐渥列维特（OLIVET）临终留下遗嘱：将遗产赠送崇实女中，用于扩建校舍。当年得以施工，2层40间即16个教室及礼堂的教学楼于1921年12月17日竣工（该楼后因白蚁为害，1982年年底已作为危房拆除）。

1924年3月26日，崇实女中40周年校庆之际，建成2层45间之宿舍楼（即今三号楼）、行政楼（即今四号楼），以及3幢教师宿舍楼（即今六、七、八号楼）。后尚缺打制桌椅之款，王素意校长当即捐赠私人在本埠刘炳钱庄的全部存款，并请著名西医蒋怀仁资助，凑足所需数。为庆祝建校40周年和新楼落成，也为迎接复活节，特将教学楼、宿舍楼两座新楼均设计成横“E”字形，即复活节（Easter）的第一个字母“E”。教学楼屋角石上镌刻了“1921 OLIVET MEMORIAL”，以纪念热心投资者渥列维特女士。

至此，教会妇幼医院及崇实女中所建大小楼房共8幢，耗资40万美元，占地近40亩，高踞风车山上，形成一组引人瞩目的西式建筑楼。加之校内树木成荫，花卉遍地，实为理想的学习园地。

三、校训、校歌、校服

（一）校训

1908年，国文教员柏先生讲授《隋书·柳昂传》（戒奢侈，率先百辟）和《宋史·李蟠传》（朱子谓人曰：蟠交友有益，而进学可畏，且直谅朴实……），论述崇俭务实及其利于交友进学之道，校训遂定为“崇俭务实”，后改成“崇俭朴实”。1921年，教学楼竣工，将四字校训制成横匾，悬置教学楼门首。这就是当年取其首尾二字“崇实”正式命为校名的出典。

（二）校歌

1924年校歌歌词：

崇实学校，宝盖山上，南方景致真好看。青草满地，三五成群，小友来闲谈。楼房高大，空气新鲜，时花任我攀。北看大江，南朝青山，崇实、崇实，诸学生喜唱歌；崇实、崇实，诸教员各分科；四十年来人才倍增，师生多和睦，姐喜唱歌，妹好游戏，校歌十分全。……

（据尹汶静校友回忆辑录）

1936 年毕业歌如下图所示。

［载镇江市政协文史委编印《镇江文史资料》第 14 辑（1987），署名为“市二中校史组”，文末括注“刘龙执笔”］

赛珍珠之女访问市二中

昨天下午，赛珍珠的女儿、赛珍珠基金会董事会主席沃希·詹妮斯（编者注：现规范译名为珍妮丝·沃尔什，为尊重作品发表时的原貌，不做修改，下文多次出现，不再出注）女士和赛珍珠基金会理事长沈志洁女士，参观了赛珍珠就读与执教过的市二中（原崇实女中）。

赛珍珠是美国著名女作家，一生写了 85 部作品，曾因创作长篇小说《大地》等七本书获 1938 年诺贝尔文学奖。1964 年她捐出大部分私人财产，创立基金会，并在菲律宾、日本、泰国、朝鲜半岛、中国台湾等地设立办事分支机构。

两位美国客人在市二中受到师生的热情欢迎与接待。他们与学校互换礼物，还接受了校史组老师及赛珍珠的学生、91 岁尹珍珠老人（编者注：尹珍珠，生于 1900 年）的礼品。

（载《镇江日报》1988 年 6 月 30 日）

镇江日報

ZHENJIANG RIBAO

进一步宣传贯彻执行食品卫生法

抓好秋熟田管 抓紧夏粮入库

市监察局正式成立

减少宴请轻车简从

“我是共产党员”

《镇江日报》剪报

美著名女作家赛珍珠之女造访镇江二中

赛珍珠之女、赛珍珠基金会董事会主席沃希·詹妮斯和赛珍珠基金会理事长沈志洁女士，最近到镇江参观了赛珍珠父母故居和赛珍珠就读与执教过的崇实女中（今为镇江市二中），受到热烈欢迎。

赛珍珠是美国著名女作家。一生写过 85 部作品，曾因创作《大地》《儿子们》《分家》三部曲和《母亲》等七部著作获 1938 年诺贝尔文学奖。1933 年，她最早将我国古典小说《水浒传》译成英文。

（载《新华日报》1988 年 7 月 26 日）

南京越剧团《秀才遇仙记》等获"三新"奖

中国选手获罗国际摔交赛亚军

美著名女作家赛珍珠之女造访镇江二中

本报讯　赛珍珠之女、赛珍珠基金会董事会主席沃希·詹妮斯和赛珍珠基金会理事长沈志洁女士，最近到镇江参观了赛珍珠父母故居和赛珍珠就读和执教过的崇实女中（今为镇江市二中），受到热烈欢迎。

赛珍珠是美国著名女作家，一生写过85部作品，曾因创作《大地》、《儿子们》、《分家》三部曲和《母亲》等七部著作获1938年诺贝尔文学奖。1933年，她最早将我国古典小说《水浒传》译成英文。（刘　龙）

印度尼西亚羽毛球公开赛结束

李玲蔚摘取女子单打桂冠

《新华日报》剪报

赛珍珠与中国镇江

第一语言

1892 年 6 月 26 日，赛珍珠生于美国弗吉尼亚州外祖父家中，4 个多月后，尚在襁褓之中的她，便被忠于传教布道的父母带到中国的江苏省镇江市①。当她牙牙学语时，父母就有意识地培养她学习中国话，特别让老保姆王妈妈用镇江话讲故事给她听，那些抑强除暴、劫富济贫的故事渐渐吸引了她，中国人勤劳智慧、善良正直的品质和朴实的风俗民情给她留下了最初的美好印象。以后她父母又聘请柏秉节老先生（清末秀才）为家庭教师，教北京官话和中国经书。她由此打下了坚实的古文根基，从孩提时起，培养了写汉字、说汉语的习惯。赛珍珠颇以此为荣，将汉语作为她的“第一语言”。

“崇实”施教

17 岁的赛珍珠秉承父母旨意，回美国完成伦道夫-梅康女子学院的大学学业，并获得文学硕士学位（编者注：赛珍珠 17 岁离开镇江，经欧洲回美，18 岁入学）。刚毕业留校担任心理学教师不久，赛珍珠突然接到母亲病重的电报，于是匆匆赶回久别的镇江探望。此后，赛珍珠在崇实女中担任英文教员近三年，因知识渊博、授课得法，深受学生的欢迎和爱戴。至今健在的本埠学生尹珍珠老太犹能回忆起赛珍珠当年执教时的动人风采。

获奖之作与镇江

赛珍珠的获奖小说之一《东风·西风》1930 年发表于美国《大西洋月刊》，其创作却始于 1921 年。这年 10 月 19 日，赛珍珠的母亲在镇江患病去世。她办完丧礼，临行前夕，再一次恋恋不舍地眺望美丽的古城镇江，“站在山头可以鸟瞰北面大江和整个市容。那灰瓦衔接的屋顶，就像鱼背的鳞片一

① 赛珍珠 6 月 26 日出生，随父母离开美国时约 5 个月大，据《教务杂志》载，1892 年 12 月 14 日，赛兆祥夫妇抵达上海。

样，一片紧挨着一片，覆盖着整个城市。南面则是海拔不高的群山，还有那花园似的山谷和竹林”。

面对留有 18 年生活足迹的镇江古城，一股不可抑制的冲动使赛珍珠拿起笔开始了长篇小说《东风·西风》的创作。这部文稿一度散佚，直至 1925 年，在其返回美国的船上才得以完成。

（载《人民日报（海外版）》1990 年 9 月 29 日）

上海的京劇票友活動有其悠久的歷史，早在淸光緒年間，就誕生了上海第一個京劇票房“盛世元音”。以後票房如雨後春筍，不斷湧現。目前，上海大大小小的京劇業餘組織已經多達一百六十多個，還成立了上海京劇愛好者聯誼會。《上海戲劇》雜誌從去年以來，關出《京劇票友之家》專欄，專門報道票友的活動情况。上海的京劇名票中，不乏學有造詣的教授、專家、名傳遐邇的電影演員、激揚文字的記者、治廠有方的企業家，更有在平凡的工作崗位上爲四化建設努力添磚加瓦的普通勞動者。可以說，上海的京劇票友和他們所在的京劇業餘組織，是振興繁榮京劇事業的一個重要的方面軍。演出的帷幕是暫時落下來了，然而，上海的戲迷票友都有一個共同的心願，那就是希望京劇事業的帷幕不斷地升起來，升起來。

周小燕近影

賽珍珠與中國鎮江

劉龍

「第一語言」

一八九二年六月二十六日，賽珍珠生於美國弗吉尼亞州外祖父家中，四個多月後，尚在襁褓之中的她，便被忠於傳教佈道的父母帶到中國的江蘇省鎮江市。當她牙牙學語時，父母就有意識地培養她學習中國話，特別讓老保姆王媽媽用鎮江話講故事給她聽，那些抑強除暴、劫富濟貧的故事漸漸吸引了她，中國人勤勞智慧、善良正直的品質和樸實的風俗民情給她留下了最初的美好印象。

以後她父母又聘請柏秉節老先生（淸末秀才）爲家庭教師，敎北京官話和中國經書。從此打下堅實的古文根基。從孩提時起，培養了寫漢字、說漢語的習慣。賽珍珠頗以此爲榮，將漢語作爲她的「第一語言」。

「崇實」施教

十七歲的賽珍珠秉承父母旨意，回美國完成倫道夫——梅康女子學院的大學學業，並獲得文學碩士學位。剛畢業留校擔任心理學教師不久，突然接到母親病重的電報，於是匆匆趕返久別的鎮江探望。此後，賽珍珠在崇實女中擔任英文教員近三年，因知識淵博，授課得法，深受學生的歡迎和愛戴。迄今健在的本埠學生尹珍珠老太猶能回憶起賽珍珠先生當年執教時的動人風采。

獲獎之作與鎮江

賽珍珠的獲獎小說之一《東風、西風》其創作卻始於一九二一年。這年十月十九日，賽珍珠的母親在鎮江患病去世。她辦完喪禮臨行前夕，再一次戀戀不捨地眺望美麗的古城鎮江，「站在山頭可以鳥瞰北面大江和整個市容。那灰瓦銜接的屋頂，就像魚背的鱗片一樣，一片緊挨着一片，覆蓋着整個城市。南面則是海拔不高的群山，還有那花園似的山谷和竹林。」

面對留有十八年生活足迹的鎮江古城，一股不可抑制的衝動，使她拿起筆開始了長篇小說《東風、西風》的創作。這篇文稿一度散佚，直至一九二五年，在其返回中國的船上才得以完成。

四門塔　董振生攝

哪吒擒魔

哪吒爲周武王伐紂的先鋒官，皮影戲《西遊記》中獅駝山的天將。據《三教源流搜神大全》載，因世界多魔王，玉帝命他下凡托胎於托塔天王李靖。後浴東海，因打死巡海夜叉李艮，繼抽筋剝皮治死龍王三太子敖丙，獲罪身亡。太乙眞人念他降魔有術，令其復生，並授以風火輪，火尖槍，乾坤圈。他遂能大能小，透河入海，移星轉斗。

哪吒（清代）　德昌藏　佩玉攝

《人民日报（海外版）》剪报

赛珍珠与中国镇江之缘

赛珍珠（1892—1973）是美国著名女作家，原名波尔·赛登斯屈克·布克（Pearl Sydenstricker Buck），她从小随当传教士的父母来到中国，在镇江长大。赛珍珠一生共写了100多部著作，其中许多以中国题材为内容：《大地》三部曲、《东风·西风》、《母亲》，译作《四海之内皆兄弟也》（《水浒》英译本）等，1938年获诺贝尔文学奖。对赛珍珠的评价历来有不少争议，今年1月在镇江举行了我国首次赛珍珠文学创作讨论会。本文是作者在会上发言的主要内容。

——编者

1973年3月，美国宾夕法尼亚州的绿色山庄（亦译“青山农场”）。

夕阳静悄悄地在天边沉落，几片血红的云彩正绽出最后的几缕光亮。赛珍珠知道留给自己的时间不多了。她想再一次透过这座山庄，遥望一下东方的“第二祖国”——中国……

在她的餐厅里，摆放着红木的中国座椅，陈设着从中国带来的小铜锣、小银铃、瓷盘子、纯银的筷子，还有铁画。看着这些摆设，她好像又回到了故乡中国，又看到了那奔腾的长江和秀丽的乡镇丘陵。多少年来，她刻骨铭心地惦念着那个国家，她在那里度过了自己的童年和青年时代，她的父母亲和弟弟，就葬在中国的青山绿水间。她很想在死后能把自己的一半骨灰埋在中国镇江——那个与自己一生结下不解之缘的地方。

数天之后，这位老妇人与世长辞了，弥留之际，她身边的守护人员听到她喃喃自语的最后一句话是：“能吃到一块镇江的黑桥烧饼该多好啊！”

是什么使这位美国人对中国如此怀念呢？

随父母来到中国

1880年的夏天，赛兆祥和卡洛琳这对新婚不久的年轻人，接受美国基督教长老会的派遣，满怀信心地踏上了到神秘的中国传教的漫漫旅途。

对什么都无所畏惧的卡洛琳时年23岁，在随后的12年里，她在中国先后生了四个孩子，但因为霍乱和回归热病，有三个不幸夭折了。这对卡洛琳的打击太大了，她的精神沮丧到了极点，以至于医生命令她必须回美国休息两年。就在这次回国后不久，1892 年 6 月 26 日，赛珍珠出世了。三个月后，赛珍珠便随着父母远涉重洋，来到了她的“中国故乡”——镇江。

那时候，作为通商口岸的镇江，是一个深受战争影响的城市，因为它是一个位于扬子江和古运河交汇处的重要港口，是运输钱粮和物产北上的咽喉之地。在城市北面沿江的地方，有很大的一块土地被划作了租界，由英国人占据着。英国人、美国人和其他外国人都住在这个租界内，只有很少几位传教士的家庭愿意在租界外的中国人居住区居住。赛珍珠的父母就是其中的一员。赛兆祥和卡洛琳生来就不愿意讲那些不切实际的东西。他们居住在中国人中间，摆脱了很多白种人所过的狭窄而闭塞的生活方式，以至赛珍珠在能讲英语之前就会牙牙学语地说中国话了。

童年的赛珍珠和父母居住在镇江润州山上的一座矮矮的砖木结构的平房里。从这里可以俯瞰大江和房屋鳞集的市容。在屋子的另一边，可以看到南郊绿色的群山，以及散落在原野上的农舍。

在他们居住的山坡下，有不少的寺庙，终年香火不断。关于土地公公、土地婆婆的传说，美丽的观音菩萨的神奇故事，深深吸引着赛珍珠——这一切，都成了她日后创作《大地》的宝贵素材——这些地方到处留下了她幼年的足迹，特别是福善禅林（福善堂）。这座寺院规模较大，幽深静谧，给她印象最深的是，里面有一个性格孤僻的老和尚。赛珍珠有时玩耍跑到庙门前，老和尚就会拿根竹竿虚张声势地把她赶走。赛珍珠对老和尚又畏惧又喜欢，因为在他心情好的时候，会慷慨地拿些供果送给这个白皮肤的小姑娘。

赛珍珠生活在中国人当中，当地居民很喜欢这个美国小女孩。她就像生活在自己家里一样，和中国的小孩游戏，聆听大人的谈话。从此以后，中国的美丽和中国人的感情永远成为她生活中不可缺少的部分。

花灯、风筝、麦芽糖

赛珍珠人生最初的朋友，是中国人的孩子。

中国人掩藏的情感常常由小伙伴从他们长辈的谈话中获得，同时吐露给赛珍珠。赛珍珠的中国小伙伴年纪虽小，却显得十分老练，曾经向她宣布，他们认为美国人是“好人”，因为美国人还没有强占中国的土地，所以赛珍珠也是“好人”。赛珍珠受小伙伴的影响，接受了这种“好”和“坏”的划分。

她也感到自己和西方人没有相同之处，甚至认为这些“外国人”也是她的敌人。为了证明自己是好人，在他们玩“官兵捉强盗”时，赛珍珠总是要求扮演给胜利的中国孩子提供食物的角色。

对赛珍珠来说，中国的春节是她一年中最欢乐的日子。大年初二，父母允许赛珍珠到中国人家里拜年，她会穿上有四只大口袋的新衣服，扎着两根小辫子，在辫子上扎上蝴蝶结，蹦蹦跳跳地给中国的伯伯婶婶们鞠上一躬，喊上一句“恭喜发财”，再张开口袋，盛上大人们抓过来的瓜子花生，同时把父母给她的小礼物送给这家的小朋友，然后，欢欢喜喜地再到另一家去。这种时候，赛珍珠的父母是很少陪她一起去的，而她也认为自己是个中国孩子。

过年的时候，中国老百姓家里的花生是赛珍珠最喜欢吃的东西之一。一天下来，她的肚子里有一大半准是装的这种食物，以至于若干年后，当她吃到美国人炒的花生时，总是吃不惯，认为美国人总是炒过头，把花生的香味都破坏了，不像中国人炒的花生呈奶白色，色、香、味俱全，恰到好处。

紧跟着而来的元宵节也是赛珍珠盼望的。元宵节的晚宴上，在她家做工的中国佣人会给她带来用纸和细篾片扎成的小兔子灯、荷花灯。晚饭后，赛珍珠就和其他的中国孩子一样，拖着灯在外面到处玩乐。

当清明节悄悄来临的时候，赛珍珠就跟着稍大一些的中国孩子，自己把竹子一片片地剖开来，糊上薄薄的红纸做风筝。为了放风筝，她甚至忘了回家吃饭，和十几个小孩一道，在山坡上玩上一整天，看自己的小风筝在天空飞呀飞的，觉得有说不尽的乐趣。她很羡慕那些大人们放的风筝，那些巨龙风筝，30 只脚的蜈蚣风筝，或是宝塔风筝，都需要十几个人帮忙才能飞上天。她有时会忍不住走上前去摸摸，但总被大人们吆喝开来，怕她把风筝搞坏了。

赛珍珠很喜欢吃镇江的螃蟹，所以，她是比较欢迎重阳节的。只是有一次她太贪嘴，吃了好多的螃蟹，结果，晚上浑身发痒，起了很多小红点子。找了附近的老百姓，才知道秋天的螃蟹凉性很厉害，不能贪嘴。

赛珍珠一年四季都能吃到的美味要算麦芽糖了。只要一听到小贩用木槌敲着小铜锣的响声，赛珍珠就会从她自己的小抽屉里摸出几个铜板，飞也似的朝小贩跑去。当她用铜板买糖时，常常和小贩争吵，说他给的麦芽糖太小了。小贩缠不过她，总会显出无可奈何的样子，笑嘻嘻地用锋利的铲子再铲下一小块给她。赛珍珠觉得麦芽糖是那么的鲜甜可口，粘在牙齿上，可以吃很长的时间。

除了和小伙伴们一起捉鸟养鸟玩耍外，赛珍珠还常常和伙伴们去听说书人说书讲故事。那时民间艺人敲着小铜锣走在乡间，在打谷场上说书。赛珍珠还在金山寺庙前的广场上看江湖艺人演戏卖艺。总之，那个时代中国的小孩所经历过的事情，她都经历了，她完全成了一个中国孩子。赛珍珠 15 岁时，离开镇江到上海进英国人办的寄宿学校学习。可是她作为一个“中国孩子”，已不能适应那里的环境和教育方式，第二年就退学了①。

厨师、奶妈和孔先生

童年的赛珍珠和很多中国的小伙伴们一样，无忧无虑，过着田园诗般的幸福生活。很多人都喜爱她。她的父母虽然忙，对她仍然是很关注、爱护的。中国的佣人们也很宠惯她，有时甚至惯得出了格。她父亲会在赛珍珠不守规矩时分配给她干一个什么活，以示惩罚，但中国阿妈总是替她悄悄把这活儿干掉。

在所有的中国佣人中，有两个人对赛珍珠的影响最大，一个是她家的厨师，一个是赛珍珠的奶妈王妈妈。

赛珍珠父母雇佣的厨师，是一个又瘦又矮小的多才多艺的人。赛珍珠经常跑到他的房间里缠着他，请他讲过去的故事。赛珍珠知道刘备、关羽和张飞三个加在一起才能打得过吕布，她也知道武松喝了那么多的酒才能打死老虎。晚上当大门关上后，赛珍珠就会溜到厨师的房间里，听他吹笛子或用二胡演奏民间的乐曲。她比较喜欢听笛子，而怕拉二胡，因为那二胡像哭泣似的，让她觉得很伤心。

赛珍珠是喝着王妈妈的奶水长大的。王妈妈照料他们全家，并和他们共同生活了 18 年之久。王妈妈常常给赛珍珠吃些特别美味的点心。她还常常一边补缀袜子，一边给赛珍珠讲自己童年的故事和一些民间的传说。赛珍珠日后文学创作获得成功时总喜欢提到王妈妈，而且总是十分动情。

很小的时候，赛珍珠就会跟着王妈妈哼两首镇江最古老的童谣。她会一边拍手一边唱：“小老鼠，上灯台。偷油吃，下不来。喊妈妈，妈妈不理睬。咕咚咕咚，一个跟头滚下来。”有时候，她又张开两只小手背，学小虫子在飞的样子，嘴里哼道：“虫虫飞，虫虫飞，一飞一大堆，飞到我家墙角里，喝呀

① 赛珍珠在 1909 年秋天就做好了入学准备，但她的父母决定女儿可以等到来年他俩再次回美国探亲时一起走。为尽量利用这当中的一年，赛珍珠被送到上海的朱厄尔小姐学校，该校曾被认为是亚洲最好的英语学校。

喝露水。”

王妈妈和当时的其他中国妇女一样，是信仰观音菩萨的，她常常跟赛珍珠讲有关观音菩萨的种种传说，讲观音怎样普度众生，怎样给很多老百姓送来了儿子和女儿。后来，信仰基督教的赛珍珠跟着王妈妈再到金山寺去烧香的时候，她觉得观音是那样的美丽、庄严、纯洁无瑕。赛珍珠甚至相信，观音菩萨一定有个妹妹，那就是圣母玛利亚。

就在金山脚下，赛珍珠从王妈妈嘴里听到了关于白蛇的传说。这个中国著名民间故事是那样深深地烙在了赛珍珠的脑海里，以至于长大后，她专门花时间研究了这个白蛇传传说的由来。

如果说赛珍珠从厨师和王妈妈那儿接受了中国的民间文学的熏陶，那么，她接受的疾风骤雨般的文化思想则是由孔先生赋予的。

孔先生是赛珍珠的辅导教师，将近 50 岁，教她汉语阅读和书写。这是一位孔夫子的信徒，本人也正好姓孔。孔先生很为自己的姓骄傲，在孔先生的影响下，赛珍珠对孔夫子亦十分尊崇。

在天气好的时候，孔先生每天教赛珍珠两小时课，在解答赛珍珠的疑问时，他不仅仅限于书本上的知识范围，而是联系遥远的过去和现在，甚至联系着将来给她讲解。这样，在童年的时候，赛珍珠从孔先生那儿学习了最初的人生真谛，懂得了每个运动都具有发展过程，而且懂得人们要理解现在和准备了解将来，就要尽可能详尽地学习历史知识。孔先生讲课时也常常灌输中国历史知识。这无疑地培养了赛珍珠对涉及历史、文学等知识的中国古典小说的浓厚兴趣，诱发了她去研究中国古典小说。这也是她后来翻译《水浒》的根源。

孔先生曾给赛珍珠上过一次重要的课。他说：“假如一个人变得幸福了，他就应该饮水思源，对师长感恩戴德，不应该对邻居们和往日的朋友们趾高气扬。把头抬得比别人高的人，迟早会被斩首。”这段教诲留给赛珍珠的印象很深，以至于 36 年后她获得诺贝尔文学奖时，发表了感谢启蒙、滋养她的中国小说的演说。她说：“我最早的小说知识，关于怎样叙述故事和怎样写故事，都是在中国学到的。今天不承认这点，在我来说就是忘恩负义。”

离开故乡，重返故乡

1910 年，赛珍珠父母利用休假机会送 18 岁的赛珍珠回美国接受高等教育

（编者注：赛珍珠 17 岁离开镇江，经欧洲回美，18 岁入学）。

在美国，赛珍珠只待了四年。她先是在威尔斯莱大学，后来转入弗吉尼亚州的伦道夫-梅康女子学院，攻读心理学。在那里，她完成了学业。但赛珍珠的大学生活并不十分愉快，她甚至感觉生活在一个跟自己不相干的世界里。这里不能说中国话，这使她很苦恼。有一天，赛珍珠获悉有一位同学来自上海，这使她欣喜若狂。可是，那位同学却不会说镇江的普通官话，而赛珍珠也听不懂对方的上海话，他们只能通过写在纸上的汉字来享受重温“第一语言”的欢乐。对赛珍珠来说，英语永远是第二语言。

在美国，赛珍珠显得很沉默，她对同学们所津津乐道的生活很陌生，她觉得自己的生活和她们相距非常遥远，就好像是在另一个星球上。赛珍珠学习进步很快，尽可能地显示自己，至少在志向上，她想跟同学们保持一致。她很厌恶的是，每当同学们听说她是从中国来的时，就会瞪起眼睛惊叫起来。她因此也更加怀念美丽的镇江、昔日的小伙伴及父母亲人了。

1914 年，赛珍珠毕业后，想立即返回中国，但由于校方和长老会的挽留，她留校执教心理学。不久，就在这年的 11 月份，赛珍珠收到了母亲病情恶化的音讯，她请求长老会让她回“中国故乡”。一位要好的朋友接替了她的教学工作，赛珍珠才得以重返中国。

一回到中国的土地上，赛珍珠立刻变得像一个新人。在镇江火车站，她见到身体虚弱的母亲，禁不住哭了。她和那些前来迎接她的中国朋友们握手拥抱，她同每一个来迎接她的人都说上几句。那热闹的场面，把车站上的工人也吸引了过来。赛珍珠很高兴地向他们招手，大声说着亲切的中国话：“你们好！”

这时，赛珍珠的父母已把家搬到了登云山坡顶上，长老会在那儿为他们建了一座新房子。当赛珍珠走在熟悉的土路上时，附近的农民正在田里劳作，他们抬头看到了赛珍珠，立即放下锄头，跑过来和她说话。这时，赛珍珠才觉得真正回到了家里。

赛珍珠开始了新的生活。白天，她要去附近的山巷底小学和一所男生学校——润州中学教书，同时还在崇实女子学校训练那些 17 岁到 20 岁的中国妇女做各种各样的工作，还要照顾她母亲，承担全部家务活。在严格安排好各种工作时间的同时，赛珍珠开始了中国小说的研究。她看完孔先生及其友人的全部藏书，并不时购买新书和到图书馆借阅古典小说。通过大量阅读，她欣喜地发现中国小说与平民百姓的亲缘关系，以及“中国小说对西方小说家具有多么重要的启发意义”。她热爱、尊崇中国人民的感情更是有加无已，由此萌发了向西方介绍中国的冲动。

当她母亲身体稍好一点的时候，赛珍珠就步行或骑马到乡间旅行、考察，和民间纯朴的农民交往，这些农民几乎没有见过西方人。20 年后，赛珍珠曾说：“中国人民始终给予我最大的欢乐和兴趣。”

但使赛珍珠最感兴趣的，还是在学校教书。她的学生不是儿童，都是些高年级的学生，许多男学生已经结了婚，有的还有了孩子。赛珍珠的任务是教他们英语。她很讲究趣味性和规律性，常常结合课文讲一些情节生动的小故事，讲完再让学生回忆一遍，用英文默写出来，并翻成中文。这种听写结合的方式，既有吸引力，又受学生欢迎，收到了显著成效。

赛珍珠在与学生相处中还体现出一种乐于助人的品格。有一位学生叫尹维贞，妹妹从崇实女中毕业后，被分配到靖江，想调到靠家近些的地方工作，却又为没有门路而苦恼异常。尹维贞找到老师，赛珍珠通过父亲帮忙解决了这一问题①。尹维贞后来将名字改为尹珍珠，以此表示对老师的谢意。这位老人至今仍健在，每回忆到改名一事，总是激动不已。

1917 年，赛珍珠同在教会工作的农学博士约翰·布克②结婚，从此，开始了新的生活。不久赛珍珠就离开了崇实女中，离开了镇江。

在中国的最后经历

赛珍珠同丈夫来到安徽宿县，在这里居住四年多。他们夫妇二人是宿县城乡中仅有的白种人。作为一个已婚的妇女，她比过去显得更加自由，而当地的妇女也都愿意像女人与女人、朋友与朋友那样同她谈心。在那几年结识的最好、最亲密的朋友，和她的友谊保持了很久。

---

① 尹珍珠，1920 年高中毕业后，在辛丰镇小学任教二年后去金陵文理学院学习。崇实女中毕业生中尹姓有尹丽云（1923 年毕业，任南门小学教师）、尹玉珠（1924 年初中毕业，1927 年高中毕业，南京鼓楼中华女中任教）、尹宝贵（1929 年高中毕业，去芜湖二街小学任教）、尹金珠（1931 年毕业，金陵文理学院学习）。所谓调整分配回镇江工作的只有尹丽云。

② 约翰·布克，中文名卜凯，就学于康奈尔大学，修农业经济学，1914 年获学士学位，1925 年获硕士学位，1933 年获博士学位。卜凯与美国宿州麦迪逊长老会布道团一同搭乘日本轮船“日本丸”号在历时 29 天航行之后于 1915 年 11 月下旬抵达上海，在安徽传教，为农业传教士，负有一定的宗教使命。卜凯在宿州主要从事农村改良与农业推广。

1917 年 5 月 30 日，赛珍珠与布克结婚，并在镇江父母家中举办了婚礼。图为婚礼合影，左一是父亲赛兆祥，左二是母亲凯丽

在宿县的生活，有时显得相当新奇。有一次，当地遭受严重的饥荒，遇到土匪攻城，子弹像鸟群那样从他们房顶上飞过，给赛珍珠留下深刻的印象。平时，她和丈夫常常步行到乡下去，如果路很远，她就乘轿子，约翰则骑自行车。她去过很多妇女们从未去过的地方。

他们再次回到镇江，是因为她母亲病重。1921 年 10 月，赛珍珠的母亲病逝，被安葬在镇江郊外的一个白人公墓里。

办完母亲的丧事，赛珍珠到了南京，开始在高等学校（金陵大学、东南大学）执教。但她心里却迫切地希望母亲能以另一种方式在这世界上复活，于是，赛珍珠开始为母亲写点东西。最初她不知道怎样写才好，只是按照自己的记忆记录下母亲的思想和生活，这就是她写作的第一本书的内容，题为《流放》。

当赛珍珠写完这本书时，她发觉自己还想继续写下去。她母亲去世后的第二年夏天，赛珍珠带着孩子和妹妹一起去庐山牯岭避暑。一天下午，往事又像波涛在她的脑海里翻腾，她对面前的人坚定地说："从今天起我将正式开始写作，我终于为此做好了准备。"

1922 年，赛珍珠在《大西洋月刊》初次发表文章。1925 年，在《亚洲》

杂志初次发表小说。1925—1926 年她赴美国学习，获硕士学位后回到中国，开始写长篇小说。

1927 年，赛珍珠终于写出她的成名作《大地》。1931 年，当这部反映中国农民命运的小说在大洋彼岸出版后，它以丰富而真实的史诗般的描写，立即引起整个美国社会的轰动。

（载《人物》1991 年第 4 期，与董晨鹏合作）

也谈美国的“赛珍珠热”

美国作家黄文湘先生在《美国的“赛珍珠热”》（载于《海外星云》1992年第11期）一文中，介绍了美国掀起“赛珍珠热”的情况，文首还提到笔者的拙作和笔者受到美国学术会议邀请之事，故有不少读者向笔者探询其详。兹就自己所见所闻，做些补充介绍。

早在4年前，即1988年的下半年，美国全国公众电视网“赛珍珠电视纪录片筹备小组”就已经成立，担任顾问的是美国波士顿大学传播学院的国际关系及历史与新闻学教授、哈佛大学费正清东亚研究中心研究员杰姆斯·C.汤姆森。他曾随父母在南京度过童年，由于有着与赛珍珠相似的经历和热爱中国的共同感情，所以他对赛珍珠有独到深刻的研究，具有无可置疑的权威性。

汤姆森于1988年12月22日在《华盛顿邮报》发表题为“赛珍珠与诺贝尔奖评委会震惊世界之日”（由晓歌翻译，1989年3月18日《文艺报》转载）的文章。该文对赛珍珠的百余部著作，特别是对她获1938年诺贝尔文学奖的《大地》等7本书，以及赛珍珠热爱中国人民，向世界介绍中国文化的思想倾向和极力反对战争、创办慈善事业、投身妇女运动等事迹，既作了历史回顾，又作了较为客观公正的评价。文末还深情呼吁中美社会人士公正评价赛珍珠，并携手纪念她的百岁诞辰。汤姆森教授的宣传赢得了美国人的心。筹备小组中又有西弗吉尼亚州贝克利WSWP电视台制片人唐·罗戈辛等精干人员效力，不到一年就完成了赛珍珠在美国后半生电视纪录片的摄制。制片人也在太平洋两岸奔波，备尝艰苦。

赛珍珠热爱中国人民，中国人民也不会忘记自己危难时曾得到赛珍珠在道义上的有力声援和物质上的慷慨援助。1991年1月，在与赛珍珠结缘18年的“中国故乡”镇江召开的赛珍珠文学创作讨论会上，中国专家、学者历史地、客观地公正评价赛珍珠，并就促进中美文化交流等问题达成了共识，在国内外产生了积极的广泛的影响。近几年来，保留完好的赛珍珠镇江故居，先后接待了慕名前来参观访问的各国人士不下千人之多。

美国的“赛珍珠热”，还表现在为赛珍珠100岁诞辰举行的纪念活动丰富多彩。

1991 年 10 月 6 日，在美国费城赛珍珠基金会本部艺术展览中国厅举行的题为“面向中国”的“Lunda Hoyle Gill”，为美国全国性纪念活动拉开了帷幕。Gill 女士多次到过中国，她所作的中国题材油画，充分体现了她热爱中国、致力于促进中美交流的美好情愫，也充分展现了她的艺术构思和独特风格。这些油画在苏联列宁格勒博物馆和美国国立博物馆展出时，都曾受到赞誉。这次展览与赛珍珠塑像的揭幕式、献题式一并举行，更给广大观众带来了艺术的享受和精神的振奋。

美国在校学生举行一次以世界和平和种族友好为主题的全国性短文竞赛，获胜者还将被邀请参加 1992 年 6 月下旬由赛珍珠基金会举办的赛珍珠生日会。活动结束后该会将编辑一本介绍赛珍珠在教育方面的贡献的书，于今年夏季奉献给读者。

为了帮助美国广大读者全面了解、认识赛珍珠，巴克郡商会将举办赛珍珠著作展览。赛珍珠基金会是提供藏书和各种图片资料的主要单位。作为美国国家历史遗迹的赛珍珠故居，将以充满馨香、多彩多姿的全新面貌喜迎世界各国来宾。赛珍珠生前关心、救助过的“美亚人”（美国军人与亚洲妇女非婚生的子女），在赛珍珠 100 岁诞辰之际，也将会有形式新颖、内容丰富的汇报表演。

今年 6 月，一批新的山茶花已种植在深印着赛珍珠足迹的这片土地上。同时，巴克郡花园俱乐部在绿色山庄基金会花园里，重新建造一座玫瑰花园。山茶和玫瑰是赛珍珠生前喜欢的两种花。山茶作为赛珍珠的象征，不仅具有一般观赏价值，更显示出象征性的高雅格调。

“赛珍珠热”多集中于美国东部，因为赛珍珠的故乡赫尔斯堡罗镇和她的母校林其堡市伦道夫-梅康女子学院都在这个地区。今年 6 月 26 日赛珍珠生日高潮过后，“赛珍珠热”已由东部转到西部。加利福尼亚州洛杉矶市学术研讨会开展的纪念赛珍珠活动，将可能成为西部的高潮。此热还将继续由西部发展到南部。亚利桑那州坦佩市与中国镇江两个友好城市合作举办的纪念活动，将再掀“赛珍珠热”的新高潮。

赛珍珠在镇江的旧居，经中美两姊妹城市携手修葺一新，并已正式对外开放。以赛珍珠获诺贝尔文学奖小说《大地》命名的特色旅游线——“重返‘大地’之旅”，将使更多的中外游客了解赛珍珠的“中国故乡”——镇江的新貌和她挚爱中国的历史渊源。今年 4 月 24 日，镇江市对外友协名誉会长钱永波等一行的五人代表团应邀前往坦佩市访问（编者注：访问时间为 4 月 25 日至 5 月 7 日），双方就共同关心的镇江赛珍珠故居如何充实文物、全面恢复历史面貌向世界开放的话题进行了磋商。下半年，由两座姊妹城联合邀请的美国大型代表团，将越洋前来镇江参观赛珍珠旧居。届时，笔者主编的《赛珍珠研究》一书，作为反映中国学者在这一领域研究成果的第一本学术性专著，将由云南人民出版社出版，与中外读者见面。该书如能给“赛珍珠热”再加点温，对这项研究的深入开展，乃至中美文化交流有所推动与促进，是笔者所热切期望的。

（载《海外星云》1992 年 8 月 12 日第 22 期）

赛珍珠生平及著述大事年表

1892 年

6 月 26 日出生在美国西弗吉尼亚州赫尔斯堡罗的一个基督教长老会传教士家庭，取名泼尔·康福·赛登斯屈克。10 月随父母来中国定居镇江，改名为赛珍珠。父母从事传教事务。

1898 年

赛珍珠胞弟卡罗德·萨登查克患热病而卒，葬于镇江西郊云台山牛皮坡白人公墓。

1900 年

因中国爆发义和团运动，赛珍珠随父母于 6 月底避居上海涌泉路。两个月后，首次回美国故乡。

1902 年

赛珍珠随父母重返“第二祖国”的镇江老家接受双重教育。既拜前清秀才孔先生为师，在家学汉语，听故事，读经书，接受中国传统文化教育，又遵照母亲安排，在家接受西方基础教育，并跟母亲学拉丁语与英语，学写作，记日记，偶有习作寄上海英文儿童报发表。

1905 年

9 月孔先生患霍乱逝世。赛珍珠臂戴白纱送葬吊唁，哀戚不已。

赛珍珠继续遵从母亲的安排，遵照卡尔·弗特教育体系学西洋文史等课程。同时每周去教会学校崇实女中上 2~3 次课。课余读马克·吐温的《汤姆·索耶》《哈克·芬》（编者注：指《汤姆·索亚历险记》和《哈克贝利·费恩历险记》），尤喜读《狄更斯全集》和《莎士比亚全集》。

1908 年

赛珍珠被母亲送往庐山牯岭美国人创办的学校寄读三个月。

1909 年

赛珍珠被母亲送往上海一所英国教会办的最新式的微拉女校寄读一年，其间，遵照朱厄尔女校长的嘱咐，在济贫院教女孩缝衣、编织和绣花，承担一些慈善工作。

上半年，随休假的父母游历俄国、波兰、德国、英国。离开欧洲前，客居瑞士，赛珍珠被送往纳沙特尔附近一所法语学校寄读几个月。

9 月，赛珍珠回美国读大学。先考取弗勒斯莱（又译“威丽斯利”）大学，后转入弗吉尼亚州林其堡市伦道夫-梅康女子学院读心理学。

1913 年

在赛珍珠家当保姆、乳母四十年之久的王妈妈病故，赛珍珠悲恸万分，为不能前去吊唁感到终身抱憾。

大学四年级，获全校最佳短篇小说、最佳诗歌有奖征文年度赛唯一双奖。

大学毕业，获文学硕士学位、一张沙发奖励（今仍陈设在其美国故居客厅），并留校教心理学。11 月返回镇江照顾病中母亲，接替母亲教会工作，兼于润州中学和崇实女中教授英文。

1917 年

5 月 13 日，和美国青年农学家约翰·洛辛·布克结婚。婚后，任教于安徽宿州教会学校。

1919 年

赛珍珠在南京生下第一个孩子。由于产后并发症，远赴美国诊治，大手术虽成功，却丧失了生育能力。

1921 年

10 月 19 日，母亲病故，安葬在镇江牛皮坡白人公墓。赛珍珠极度伤感之余，整理母亲笔记佚稿，开始传记《流亡》（亦译《流亡者》《流放》或《放逐》）的写作，成为其平生第一部书。年底，赴南京教会办的金陵大学教英文，国立东南大学教英国文学。

1922 年

在国立东南大学教授英文（直至 1924 年）。

1923 年

《也在中国》载于《大西洋月刊》1 月号。写中国题材的其他小说、散文开始在美国报刊上发表。

1925 年

回美国读书，向纽约州伊萨卡布市康奈尔大学递交以“论西方对中国生活与文明的影响”为题的论文，获文学硕士学位。

找到一度散佚的《东风 · 西风》书稿，并于当年将全书修改整理完成。

1926 年

夏，带着领养的三个月女婴回到中国。

继续担任国立东南大学外文系兼课教师，直至 1927 年 3 月。

第一部小说《东风 · 西风》发表于《亚洲》杂志。

1927 年

3 月 27 日，革命军捣教堂，捕杀洋人。赛珍珠离开南京，经上海避居日本长崎。

1928 年

冬，重返中国南京。在国立中央大学讲授英文，直至 1930 年。

1929 年

在金陵大学寓所以三个月时间完成小说《大地》创作。

1930 年

以中国乡镇生活为题材的长篇小说《东风·西风》出版。

1931 年

8 月，父亲赛兆祥去世，葬于江西庐山牯岭。9 月，发表回忆父母的纪念文章《怀念》。

11 月，抵北平，潜心钻研中国历史。会晤梅兰芳，受到热情款待。与中国老学者龙先生合作翻译《水浒传》。在国家图书馆（编者注：即国立北平图书馆）研究《水浒传》各种旧版本。从古装本上拍摄数百张插图，力求使译本更接近汉语原版。

长篇小说《大地》在美国出版，立即引起轰动，被列入畅销书。赛珍珠声名大振。

1932 年

回美国在身有残疾的长女身边度假一年。

《大地》获美国普利策奖。其续篇《儿子们》，儿童读物《青年革命家》，散文作品《东方与西方的小说：早期中国小说之源》相继出版。

撰文批评美国教会人士在中国的某些做法，引起教会不满，即辞去教会职务。

1933 年

获美国康涅狄格州耶鲁大学文学硕士学位。

绕道欧洲，畅游英国秀丽的湖区，于瑞典稍事盘桓后，首次乘飞机抵阿姆斯特丹，寻觅母亲祖先在荷兰的遗迹。后经比利时、法国、意大利，乘船经红海返回中国。

出版短篇小说集《发妻和其他的故事》，发表《自传随笔》。英译中国著名古典小说《四海之内皆兄弟》（即《水浒传》）问世。

1934 年

与约翰·洛辛·布克离异。

完成了前往印度、印尼诸国的亚洲之旅，重回中国南京；准备离开中国前，重游北平，寄托无限留恋。

出版以女仆李嫂子为原型的长篇小说《母亲》。

1935 年

离开中国，与约翰·戴伊出版公司总经理、《亚洲》杂志主编理查德·弗·沃尔什结婚（编者注：赛珍珠离开中国实际是在 1934 年）。定居美国。领养了三男一女四个小孩子。

《大地》获威廉·狄恩·霍威尔斯文学勋章。其第三部曲《分家》及长篇小说《大地之家》问世。

1936 年

赛珍珠唯一兄长在纽约因冠状动脉血柱病猝发不治而亡，终年 55 岁。

赛珍珠被选为美国文艺学院院士。

出版纪念父母的传记《流亡》（亦名《流放》《放逐》）、《战斗的天使》。

1938 年

荣获诺贝尔文学奖，受到瑞典皇家学院特别表扬。瑞典为之举行国王颁奖的仪式。各国使节均应邀出席，中国大使因赛珍珠抨击国民党施政腐败，没有到会。

出版以美国生活为题材的长篇小说《这颗高傲的心》。

1939 年

出版长篇小说《爱国者》、剧本《光明飞到中国》和散文集《中国的小说》。

1940 年

获西弗吉尼亚大学文学博士学位。

出版儿童读物《儿童故事集》《给中国儿童写的故事》，发表散文《给孩子们讲故事》。

1941 年

担任《亚洲》杂志助理编辑、编辑。

创办旨在沟通中西方文化的“东西方协会”（亦译“中西协会”），担任主席职务。同时担任美国文艺学院委员和“世界俱乐部”理事长。

出版长篇小说《另一种神祇：一个美国传说》（亦译《其他的神》）、短篇小说集《今天和永远：中国短篇小说集》、散文集《男女之间》《中国儿童的另一条路》。

1942 年

3 月，应美国之音、BBC 电台之邀，用汉语广播向中国介绍美国人民如何理解支持中国人民的抗日战争，她坚信中国人民是不屈服的，中美人民一定能团结一心，打败日本帝国主义侵略者。

不久，最后一次到中国，为支持中国抗日战争，搜集创作素材，深入进行宣传①。

7 月下旬，赛珍珠在美国纽约林语堂家召开记者招待会，介绍受周恩来、董必武委托前往美国宣传中国抗日、争取美国政府和人民支援的中国电影艺术家王莹，其作为“中国爱国女明星”在美国各地产生了影响。

与丈夫理查德·弗·沃尔什、林语堂等知名人士一起，发表文章和公开演讲，反对美国政府歧视中国人的移民政策，要求“废除禁止中国人入境的法律”“使中国人有入籍为公民的资格”。

获纽约劳伦斯大学和华盛顿市霍华德学院文学博士学位。

圣诞节，又先后收养四个小孩，并与友人合作，建成“儿童乐园”。

出版支持中国抗战题材的长篇小说《龙种》（亦译《炎黄子孙》《龙

---

① 赛珍珠在二战期间没有来华。

子》)、《中国天空》，以及儿童读物《中国儿童的邻居》和散文集《美国统一与亚洲》。

1943 年

5 月，赛珍珠与友人在《生活》杂志、《纽约时报》、《读者文摘》、《远东瞭望》等美国报刊用英文发表文章，应美国之音、英国 BBC 广播电台之邀用汉语向中国人民广播，宣传中美结盟、一致抗日的观点，引起美国朝野许多人的重视和世界性强烈反响。

7 月，邀请中美数名作家学者到她在宾夕法尼亚州的寓所聚会，讨论中美关系。会后，他们向美国朝野发起声势较大的宣传。

赛珍珠主持美国政府为王莹在白宫举行的关于中国抗战的歌曲和街头剧《放下你的鞭子》的演出，并负责报幕。演出获得巨大成功，罗斯福总统夫妇及白宫官员予以高度评价，美国新闻界予以广泛报道。

出版支持中国抗日题材的长篇小说《希望》（亦译《诺言》，为《龙种》的续集）、儿童读物《水牛娃儿》和散文集《美国对我的意义》。

1944 年

6 月，与中国驻美大使魏道明通信、面谈：告知她主持的“东西方协会”正使用许多宣传中国的小册子、图画、影剧等视听材料，帮助美国人了解中国局势，并由她个人提供一万五千美元，作为承担宣传抗战工作的中国青年的车旅、食宿费用。

七七抗战七周年，“东西方协会”将美国九个州州长等美国名人支持中国抗战的信函送往重庆。

出版剧本《孙逸仙》《中国到美国》，以及儿童读物《龙鱼》和散文集《精神与灵魂》。

1945 年

辞去“东西方协会”主席职务。

2 月，赛珍珠所著《告诉人民》一书在美国出版，引起广泛注意，加深了美国人民对中国的了解。

先后出版长篇小说《中国的航程》、《镇民》（亦译《市民》或《城里人》）、《结婚照》，剧本《准备占领世界吗?》《发妻》，儿童读物《余南：中国的飞行儿童》，散文集《与玛莎·斯考特谈苏联》。编辑出版《中国的黑与白：现代中国艺术木刻选刊》。

1946 年

辞去《亚洲》杂志编辑职务，专事写作。不久《亚洲》杂志停刊。

两次设家宴招待应美国国务院邀请前往讲学的老舍、曹禺，还将他们介绍给美国文艺界。热情帮助老舍联系翻译出版《四世同堂》等书。

出版长篇小说《闺秀》（又译《妇女的绣楼》① ）。

1947 年

出版长篇小说《愤怒的妻子》《远与近：日本、中国和美国小说集》、短篇小说集《四面八方》和政论集《这是如何发生的：与阿纳·冯·普斯陶谈1914—1933 年的德国人民》。

1948 年

6 月 8 日，麦卡锡主义统治下的加利福尼亚萨克拉门图儿家报纸均刊载赛珍珠在内的“红色危险人物名单”，事实上赛珍珠曾表明是反对共产主义的，同时她对麦卡锡主义也不满。

出版长篇小说《牡丹》和儿童读物《巨浪》。同年，《巨浪》获美国儿童研究协会奖。

1949 年

为收容美国军人在海外与亚洲妇女非婚所生弃儿，创办“欢迎回家”。

出版长篇小说《亲友们》《漫长的爱情》、政论集《美国的争论》。

1950 年

获“宾夕法尼亚州的杰出女儿”称号。

---

① 《闺秀》还译作《女人亭》《妇人亭》《群芳亭》。

出版长篇小说《上帝的子民》（又译《圣徒》）、儿童读物《永远长不大的孩子》和《一个明媚的日子》。

1951 年

犹太人慈善联盟授予她“重要妇女”称号；她被选入美国文艺学会，并任美国作家协会主席。

1952 年

出版长篇小说《光辉的列队》《羞涩的花朵》和《撒旦永不眠》（亦译《撒旦没有睡觉》）。

1953 年

获宾夕法尼亚州林肯大学文学博士学位。

出版长篇小说《家声》《来吧，我亲爱的》和儿童读物《改变了中国的人：孙逸仙的故事》。

1954 年

获宾夕法尼亚州费城女子医学院古典文学博士学位。

出版自传《我的几个世界》和儿童读物《约翰·杰克和他的开端》。

1955 年

《我的几个世界》获美国基督教联合会和犹太教兄弟会文学奖。

出版儿童读物《山毛榉树》。

1956 年

美国—犹太人国际组织授予她优秀妇女奖。

出版长篇小说《帝国妇女》（编者注：亦译《帝王女人》）。

1957 年

获耶斯瓦大学爱因斯坦医学院精神成就奖和犹太妇女组织联盟奖。

出版长篇小说《北京来信》（亦译《北京书简》）、儿童读物《基督教图像画》和传记作品《剥夺青年读者的权利》。

1958 年

获宾夕法尼亚州费城陶·爱泼塞隆·诺法律大学学生联谊会的卡多索口会奖和残疾人董事会授予的功勋奖。

出版散文集《友谊之路》。

1959 年

出版长篇小说《命定时刻》（亦译《掌握黎明》）。

1960 年

获宾夕法尼亚州匹兹堡大学古典文学博士学位、伦道夫-梅康女子学院杰出艺术奖和康斯坦·林赛·斯梯勒奖。

丈夫理查德·弗·沃尔什逝世。迁居宾夕法尼亚州费城郊区格林山农庄（编者注：亦译绿色山庄、青山农场）。

出版短篇小说集《银色的蝴蝶》、散文集《学习的愉悦》和儿童读物《圣诞节的鬼魂》。

1961 年

出版短篇小说集《十四个短篇小说》。

1962 年

获宾夕法尼亚州费城科姆斯音乐学院博士学位，威斯利人类杰出成就奖和兄弟协会证奖。

出版短篇小说集《心儿回家及其他故事》、剧本《巨浪》《荒漠插曲》和传记作品《为了达到彼岸的桥梁》（又译《供通行的桥》《渡桥》）。

1963 年

获西弗吉尼亚州贝森大学古典文学博士学位，西弗吉尼亚州立大学人文学博士学位，费城科姆斯音乐学院奖和三十五星勋奖。

出版长篇小说《生活牧歌》《生长着的芦苇》。

1964 年

获人类特殊贡献奖。

创设赛珍珠基金会，旨在支持“欢迎回家”、对救助“美亚人”发挥更大的作用。

出版散文集《孩子的欢乐》和儿童读物《欢迎孩子》。

1965 年

获宾夕法尼亚州特拉华峡谷学院文学博士学位。

出版长篇小说《死在城堡中》、剧本《向导》、散文集《他们带来的礼物：我们对于心灵衰竭所欠下的债务》和儿童读物《巨大的战斗》，并编辑出版《东方童话集》。

1966 年

获宾夕法尼亚州莫林堡学院和费城哈立曼医学院古典文学博士、曼诺伯奇大学法学博士学位。

出版传记作品《我母亲的家庭及其他》、散文集《日本的人民》《为了广阔的天空：旅游对话》和儿童读物《山狐狸在中间》。

1967 年

赛珍珠将自己的大部分收入七百余万美元移交赛珍珠基金会，以促进、推动基金会开展工作。

出版长篇小说《时当正午》、散文集《给我女儿的爱》和儿童读物《马克·洛克和约翰》。

1968 年

出版长篇小说《新年》和散文集《中国的人民》。

1969 年

获新泽西州罗特格尔斯大学文学博士学位。

出版长篇小说《梁太太的三个女儿》、短篇小说集《丰功伟绩》（亦译《善行》）和散文集《新的种子与其他亚洲历代故事集》。

1970 年

出版长篇小说《佛坛》、散文集《肯尼迪妇女：私人估价》《我所见到的中国》。

1971 年

出版散文集《圣经故事》和儿童读物《中国讲故事的人》《送给孩子们的礼物》。

1972 年

年初，尼克松宣布访华后，赛珍珠不顾年迈，同意主持美国全国广播公司（NBC）专题节目“重新看待中国”，积极准备重新访华，但未能成行。

出版长篇小说《女神的等待》、散文集《中国的过去与现状》《公社书记》《曾经有一个圣诞节》和《东方的烹调书籍》。

1973 年

3 月 6 日逝世于佛蒙特州丹比城，骨灰安葬在宾夕法尼亚州费城郊区格林山农庄（编者注：美国赛珍珠基金会执行董事沈志洁 1986 年 12 月 12 日给刘龙先生的回信中说“赛珍珠并没有火化”）。尼克松在悼词中称她是“一座沟通东西方文明的人桥”，“一个伟大的艺术家”，“一位敏感而富有同情心的人”。

出版长篇小说《全在天底下》《斯特灵夫人的问题》。

1974 年

遗作诗集《爱的语言》、长篇小说《霓虹》、短篇小说集《基督教故事》问世。

1975 年

遗作短篇小说集《东方与西方》问世。

1976 年

遗作长篇小说《心灵的秘密》、传记作品《流浪汉》问世。

1977 年

遗作长篇小说《情人及其他故事》问世。

1979 年

遗作长篇小说《被改变的妇女及其他故事》问世。

（载《镇江师专学报（社会科学版）》1992 年第 3 期）

《镇江师专学报》（1992 年第 3 期）封面

浅议词条“赛珍珠” 之释文

——与《辞海》《大百科全书》的编者商榷

1989 年《辞海》（缩印本）词条“赛珍珠”云：“（Pearl Buck，1892—1973）美国女作家，生于传教士家庭，自幼随父母长期侨居中国，在中国大学教过英语。1922 年起从事文学创作，先后写了五十多部作品，大多取材于中国，但歪曲中国人民形象。主要作品有《东风·西风》、《大地》、《儿子们》、《分家》、《龙子》、《市民》、《帝国的妇女》等。还曾翻译中国小说《水浒》。获 1938 年诺贝尔文学奖。”

此段释文，与 1979 年版本相对照，仅有三处改动，均属个别字的增改（如在“《帝国的妇女》”之后加“等”字；将“翻译过”改为“曾翻译”）和词序调整（如将“获”提至“1938 年”之前），并无实质性内容改动。释文不足二百字，却有几处值得商榷。

其一，赛珍珠一生著述数量问题

赛珍珠一生写了多少部作品？《辞海》（1989 年缩印本）云“五十多部”；《大百科全书》（1979 年）云“八十五部”；也有的说“七十多部”“九十多部”；台湾学者陈之迈先生在《传记文学》第 25 卷第 4 期“赛珍珠”一文中云“三百多部”。真是众说纷纭，莫衷一是，令读者昏昏然，无所适从。

笔者认为，美国波士顿大学传播学院的国际关系及历史与新闻学教授、哈佛大学费正清东亚研究中心研究员杰姆斯·C. 汤姆森关于一百多部的说法（见《文艺报》1989. 3. 18“赛珍珠与诺贝尔文学奖评委会震惊世界之日”）较为可信。笔者综合美国赛珍珠基金会诸方面有关资料的结果也是：赛珍珠一生先后完成著述百余部。今试按小说（50 部）、译作（1 部）、诗集(1 部)、剧本（8 部）、传记作品集（6 部）、政论及散文集（26 部）、儿童读本（22 部），编辑出版（2 部）等分类，分别以著作时间之先后为序进行整理，计有 116 部，特开列如下，贡献给辞书编者，供修订之参考。

一、小说（50部）

1. 东风·西风（1930）
2. 大地（1931）
3. 儿子们（1932）
4. 发妻和其他的故事（1933）
5. 母亲（1934）
6. 分家（1935）
7. 大地之家（1935）
8. 这骄傲的心（1938）
9. 爱国者（1939）
10. 另一种神祇：一个美国传说（亦名“其他的神”）（1941）（中国短篇小说集，亦云1940）
11. 今天和永远（1941）
12. 中国天空（1942）
13. 炎黄子孙（亦名“龙子”“龙种”）（1942）
14. 希望（亦名“诺言”）（1943）
15. 中国的航程（1945）
16. 市民（亦名“镇名”“城里人”）（1945）
17. 结婚照（1945）
18. 闺秀（又名“妇女的绣楼”）（1946）
19. 愤怒的妻子（1947）
20. 远与近：日本、中国和美国小说集（1947）
21. 牡丹（1948）
22. 漫长的爱情（1949）
23. 亲友们（1949）
24. 上帝的子民（又名“圣徒”）（1950）（亦云1952）
25. 光辉的列队（1952）
26. 羞涩的花朵（1952）
27. 撒旦永不眠（1952）
28. 家声（亦名“撒旦没有睡觉”）（1953）

29. 来吧，我亲爱的（亦名“来吧，我的爱人”）（1953）
30. 帝国妇女（1956）
31. 北京来信（亦名“北京书简”）（1957）
32. 命里注定的时刻（1959）
33. 银色的蝴蝶（1960）
34. 十四篇短篇小说（1961）
35. 心儿回家及其他故事（1962）
36. 生活牧歌（1963）
37. 死在城堡中（1965）
38. 时当正午（1967）
39. 新年（1968）
40. 丰功伟绩（1969）
41. 梁太太的三个女儿（亦名“善行”）（1969）
42. 佛坛（1970）
43. 女神的等待（1972）
44. 全在天底下（1973）
45. 基督教故事（1974）
46. 霓虹（1974）
47. 东方与西方（1975）
48. 心灵的秘密（1976）
49. 情人及其他故事（1977）
50. 被改变的妇女与其他故事（1979）

二、译作（1部）

四海之内皆兄弟（即《水浒》）（1933）

三、诗集（1部）

爱的语言（1974）

四、剧本（8部）

1. 光明飞到中国（1939）

2. 孙逸仙（1944）
3. 中国到美国（1944）
4. 准备占领世界吗？（1945）
5. 发妻（1945）
6. 巨浪（1962）
7. 荒漠插曲（1962）
8. 向导（1965）

五、传记作品集（6 部）

1. 流放（或译“放逐”“离乡背井”“流亡”）（1936）
2. 战斗的天使（1936）
3. 我的几个世界（亦译“我的中国世界”）（1954）
4. 剥夺青年读者的权利（1957）
5. 为了达到彼岸的桥梁（1962）
6. 我母亲的家庭及其他（1966）

六、政论及散文集（26 部）

1. 这是一位外国旅游患者（1932）
2. 中国的小说（1939）
3. 男人与女人之间（1941）
4. 美国统一与亚洲（1942）
5. 美国对我的意义（1943）
6. 精神与灵魂（1944）
7. 与玛莎·斯考特谈苏联（1945）
8. 告诉人民：与詹姆斯谈群众教育运动（1945）
9. 这是如何发生的：与阿纳·冯·普斯特谈 1914—1933 年的德国人民（1947）
10. 美国的争论（1949）
11. 友谊之路（1958）
12. 孩子的欢乐（1964）
13. 学习的愉悦（1960）

14. 他们带来的礼物：我们对于心灵衰竭所欠下的债务（1965）
15. 为了广阔的天空：旅游对话（1966）
16. 日本的人民（1966）
17. 给我女儿的爱（1967）
18. 中国的人民（1968）
19. 新的种子与其他亚洲历史故事集（1969）
20. 我所见到的中国（1970）
21. 肯尼迪妇女：私人估价（1970）
22. 圣经故事（1971）
23. 中国的过去与现状（1972）
24. 曾经有一个圣诞节（1972）
25. 公社书记（1972）
26. 东方烹调书籍（1972）

七、儿童读本 （22 部）

1. 青年革命家（1932）
2. 儿童故事集（1940）
3. 中国儿童邻居（1942）
4. 水牛娃（1943）
5. 龙鱼（1944）
6. 余南——中国的飞行儿童（1945）
7. 巨浪（1948）
8. 永远长不大的孩子（1950）
9. 一个明媚的日子（1950）
10. 改变了中国的人——孙逸仙的故事（1953）
11. 约翰·杰克和他的开端（1954）
12. 山毛榉树（1955）
13. 基督教图像画（1957）
14. 圣诞节鬼魂（1960）
15. 欢迎孩子（1964）
16. 可收容的孩子（1965）

17. 巨大的战斗（1965）
18. 小狐狸在中国（1966）
19. 马克·洛克和约翰（1967）
20. 中国讲故事的人（1971）
21. 送给孩子们的礼物（1971）
22. 斯特灵夫人的问题（1973）

八、编辑出版（2 部）

1. 中国的黑与白：现代中国艺术木刻选刊（1945）
2. 东方童话集（1965）

其二，赛珍珠的主要作品问题

“主要作品”，一般似应指有影响的代表作或获奖之作。诺贝尔文学奖是世界性最高级别的文学奖，也是各国作家终生追求的殊荣。瑞典皇家学院组织相当一批精干队伍搜集资料、研究评论、裁决、颁奖，对繁荣世界文学起了积极推动作用。一般说来，以获此殊荣的作品为“主要作品”，比较有说服力，能为世人所接受。获奖作品应为《东风·西风》《大地》《儿子们》《分家》《战斗的天使》《母亲》和《流亡》七本书。词条所列七本书，本数与 1938 年获诺贝尔文学奖著作的本数毫无二致，书名却有三本全不相同。《战斗的天使》《母亲》《流亡》这三本又是不容忽视的获奖作品。1934 年出版的小说《母亲》中赛珍珠刻画了一个果敢坚强、精力充沛的旧中国妇女形象。瑞典皇家学院常任秘书佩尔·哈尔斯特龙在授奖词中赞美“这个母亲是赛珍珠对中国女人的形象描写得最成功的一个，而这种书也是她最好的小说之一”。1936 年出版的《流亡》（*The Exile*，又译《放逐》《流放》）和《战斗的天使》（*Fighting Angel*，又译《愤怒的天使》），则是她写父母的两本传记。“颁奖辞”用更长的篇幅赞不绝口，说这两部书“充满了生命”，并认为仅“以人物的描写和叙事的艺术而言”，这两本传记也尤为出色。将这三本获奖书作为赛珍珠的“主要作品”，本应是完全够格、无可置疑的，而编者却对上述三本获奖并产生世界影响的书未能予以应有重视。《龙子》（1942）、《市民》（1945）和《帝国妇女》（1956）三本书既非获奖之作，写作时，赛珍珠已返美定居。虽皆写中国题材，但就艺术成就及客观影响而言，均在《母亲》等三本获奖书之下，似已成公论，其代表性似亦应等而下之，因而对原“主要作品”之说的准确性，似应重新审定。

其三，关于赛珍珠身份的评介问题

赛珍珠作为饮誉世界的著名女作家，这是一个客观事实，她的小说《大地》等畅销世界。她拥有数以千百万计的广大读者，她又倾心于世界慈善事业十余年，使二十余万美亚人（即美国军人与亚洲妇女非婚所生的小孩）得到救助，更赢得东西方诸国普遍赞誉，在东南亚一带尤其享有崇高威望。赛珍珠在美国费城的故居已作为美国国家历史遗迹向世界开放，前往参观瞻仰者数以万计，遍及世界东西方各国。笔者采编镇江崇实女校（教会学校）校史，写入赛珍珠在该校留下三年教泽之史实，与学校毗邻的赛氏故居又依然存在，美、日、英、德、荷等国友好人士慕名前来参观者甚多。笔者参与接待即达十余批。这些事实足以证明赛珍珠知名度之高，世界影响之深广。而对世界作家明确区分是否著名的《辞海》，却将赛珍珠从著名作家降至一般作家，似亦与实不甚相符。这样评价，在客观上除可能令读者迷惑不解，别无其他好处。细心的读者见词条末尾有“1938 年获诺贝尔文学奖”之句，上下对照读后，不禁生疑：获世界级奖，称“著名”犹不够格，那么挂“著名作家”桂冠，应获何种更高级奖才够格呢？

诚然，诺贝尔奖之于自然科学，无可争议，而授予社会科学，则难免有见仁见智之争。有的乃至因带政治色彩，引起争议，或有欠公允，或有失当之处。于文学奖，八十余年来一年一度的评选也确有不尽合理之处，但统观总体，诺贝尔留下遗嘱提出获奖对象与标准，授给“曾经写出有理想倾向的最优秀的文学作品的人”。瑞典学院也为此做了大量工作，因此不少具有世界影响的作家获此殊荣，诺贝尔文学奖在世界文学活动中早已形成不容忽视的权威性。获奖文学家及其作品，在本国乃至世界文学史上产生影响，占有一定地位，则已自然成为客观存在的事实，因而对其获奖作家，冠以“著名”二字，也为大家承认和接受。外国文学研究所编著的《外国名作家传》（1979 年）收编“赛珍珠”词条，即承认其名作家地位。《外国名作家大辞典》（1989 年）编者还给予了客观公正的介绍。请《辞海》（缩印本）编者考虑是否修订时重新审定。

其四，对赛珍珠作品的评价问题

“歪曲中国人民形象”之说，作为统指赛珍珠所有写中国题材作品的评价，未免过甚其词。笔者另有陋文请教，恕不在这里赘述。

在接近 1992 年赛珍珠百岁诞辰的日子里，美国哈佛大学费正清东亚研究中心汤姆森教授撰文呼吁太平洋两岸联合举行纪念性活动，现在是全面、客观评价赛珍珠及其作品的时候了。如继续采取完全否定乃至蔑视态度，似有碍我们与外国文化的正常交流与合作，也有碍我们与外国友好关系的发展，与历来我党倡导的实事求是优良传统也相抵触，有悖于中央三中全会以来有关方针政策。因此，吁请有关学者对赛珍珠重新认识研究，予以全面公正的评价，响应美国汤姆森教授的倡议，中美联合筹办纪念活动。希望《辞海》《大百科全书》编者走在研究前列，采取积极行动，重新修订该词条，以正视听，为发展我国与美国等国家的文化交流作出较大贡献。

《赛珍珠研究》封面

上述四点浅议实为管窥蠡测，谨此就教于《辞海》《大百科全书》编者。

1990 年 10 月

（载《赛珍珠研究》，云南人民出版社，1992 年）

人　　桥

——记美国著名作家赛珍珠与中国历史之缘

从1988年美国全国公众电视网“赛珍珠”电视纪录片筹备小组成立开始，美国日渐掀起“赛珍珠热”。赛珍珠与中国的历史之缘，成了人们热切关注与探寻的热点之一。

母语来自乳母、孔先生

1892年6月26日，赛珍珠在美国西弗吉尼亚州赫尔斯堡罗外祖父家中诞生，3个月后，尚在襁褓之中的她，便被热衷于传教的父母带到中国江苏清江浦（今淮阴）。1894年，随父母移居久享“十字黄金水道”美誉的镇江城。在这里度过了童年，先后居住达18年之久。当她牙牙学语时，尊崇中国古老哲学、宗教的父母就有意识地培养她学习中国话，特别让老保姆王妈妈用扬州话讲故事给她听。许仙与白娘娘追求爱情与法海斗争、水漫金山等《白蛇传》中的著名传说，“武松打虎”，抑强除暴、劫富济贫的动人故事，以及王妈妈亲历水旱灾荒的辛酸往事深深扣动了她的心弦。

从王妈妈身上体现出来的中国人勤劳、智慧、善良、正直的品质，以及镇江朴实淳厚的风俗民情，在赛珍珠幼小的心灵中留下了最早也是最美好的记忆，以至于她年过花甲撰写自传时，忆及这段美好的童年时光，仍殊觉悠然神往，幸福欣慰。

后来，父母又聘请了一位孔姓的清末秀才为家庭教师，教她学规范的汉语和中国经书。孔先生操一口优雅纯正又抑扬顿挫的北京话。赛珍珠掌握了标准的北京官话，因而能适应南京、宿县、九江等地生活。她热爱汉语，对汉语有很高的鉴赏力，她说：“中国官话是人类语言的精华。”她不仅为自己能讲汉语而感到自豪，还断然宣布汉语为她的母语。

镇江、南京留教泽

1910年，赛珍珠父母利用休假送女儿回美国弗吉尼亚州伦道夫-梅康女子学院攻读心理学。赛珍珠很轻松地完成了学业，成绩出类拔萃，四年级时还被选为级长，但她觉得很孤独、寂寞。

1914 年 11 月，接到母亲病重的电报，赛珍珠立即辞掉留校任教的工作，重返中国。

赛珍珠在熟悉的中国开始了新的生活。白天，她在附近的山巷底小学和一所男生学校——润州中学教书，同时在崇实女子学校教英语，训练那些 17 岁到 20 岁的中国妇女做各种工作，还要照顾她母亲，承担全部家务。在严格安排各种工作的同时，看完孔先生及其友人藏书，赛珍珠开始了中国小说的研究，还在母亲病情好转时抽空骑马或步行到乡间旅行、考察她敬重的农民的生活。在蒋介石疯狂大屠杀的血雨腥风的日子里，赛珍珠在南京东南大学执教。她发现教室里总出现空位，当得知这些同学被当作共产党员逮捕时，并无政治倾向的她再也不能平静了，这位视失去友情为个人灾难的善良的美籍教师，总是设法奔走营救。虽有时也达到了目的，但多数情况下却徒劳无效。她常为此感到痛苦、愤懑。

获奖之作与中国

赛珍珠获奖之作《流放》（编者注：又译《放逐》《流亡》）是其发表的第七本书，其酝酿却在 1921 年。这年 10 月，赛珍珠随送葬的队伍将慈母的灵柩安葬在镇江牛皮坡白人公墓。

面对着久居而将离别的美丽古城镇江和母亲的笔记等大量遗物，满怀着对慈母的不尽思念，一股不可抑制的冲动使她回到南京住宅的书房，即刻在打字机上频频揿键，很快完成了她第一部作品——写母亲传记的杰作《流放》，并开始了长篇小说《东风 · 西风》的创作。

1929 年，她将残疾的女儿送往美国后返回南京。寓所显得空荡荡的，唯一能填补的是童年的回忆，王妈妈的故事，扬子江畔、淮北平原的男女老少，在她脑中栩栩如生地浮现了出来。积郁的愤慨，驱使她坐在打字机前，开始得心应手地写她那久熟于心的故事《大地》。1931 年 3 月 2 日，这部小说一问世，立即成为全美畅销书。第二年，她荣获普利策奖。1933 年被改编的剧本在纽约上演。1936 年米高梅电影公司将《大地》拍成电影，轰动一时。女主人公阿兰的扮演者路易丝 · 赖纳因此获奥斯卡金像奖。《大地》英文本先后发行 70 余版，译成 100 余种文字。

卢沟桥事变后，日本全面侵华，中国成为世界人民关注的中心，赛珍珠用英文写《大地》等多部中国题材的小说，适应了这种需要。一批名人角逐诺贝尔文学奖相当激烈，达到近 40 人之多。1938 年 12 月 10 日，斯德哥尔摩瑞典科学院大厅，隆重的颁奖典礼在庄严的气氛中进行。国王将诺贝尔文学奖奖状与金质奖章亲手授给了赛珍珠，全场报以雷鸣般的掌声。

支持中国抗战

1931 年，赛珍珠在南京目睹凶猛的洪水侵袭良田、吞噬生命，造成令人惊心动魄的惨剧。出于对中国人民的感情与良知，她全力投入紧张而繁重的救灾工作。后来得知，美国人民受《大地》的影响，激起对中国的好感。他们慷慨解囊，通过国际红十字会寄赠中国的赈灾款占世界人道主义援助的大部分。

天灾刚过，人祸又降，日寇铁蹄践踏了东北三省，三千万情同手足的姊妹兄弟不堪蹂躏，流离失所了！赛珍珠同情苦难的中国人民，对蒋介石“攘外必先安内”的政策极为不满。1934 年春，返美国定居后，她到处宣传中国抗日，谴责日本法西斯侵略罪行，在帮助建立国际反法西斯统一战线方面做了大量有益的工作。

1936 年，赛珍珠得悉蒋介石被迫接受中共联合抗日要求，立即放下未完稿的美国题材小说，酝酿创作反映中国抗日新局面的小说《爱国者》。此书 1939 年出版。

1941 年，赛珍珠最后一次来到中国搜取小说题材。次年初，出版宣传中国农民机智勇敢地抗击日本侵略军的小说《龙种》。

除了创作出版抗日题材的小说，赛珍珠还发表了大量支持中国抗战的专文和广播演说。赛珍珠精通英汉两种语言，演讲风格亲切自然、明白晓畅，加上她又是具有世界影响的社会名流，因而拥有众多热情的听众，常常被挽留，要连续增加场次，成为受欢迎的、活跃的演说家。发行量较大的《纽约时报》《读者文摘》《自由》《生活》等报刊在 1942 年 2 月 15 日至 1944 年夏之间就刊载过她的题为“我们必须站在一起”“中国的胜利”“东方与西方”“给中国朋友的信”等多篇文章和题为“中国胜利的秘密”“中国的团结一致”等演讲稿。赛珍珠主持的“东西方协会”印刷大量小册子、图片等，积极配合宣传中国抗战。

赛珍珠支持中国人民抗击日本侵略，可以说奋不顾身，不遗余力。她在促成中美两国联合抗日方面所做的积极努力和巨大贡献，体现了她热爱中国和中国人民的一片深情，中国人民对此会倍加珍惜、永志不忘的。

（载《新华日报》1993 年 6 月 15 日）

1993年6月15日 星期二 第八版

新华日报

人桥

——记美国著名作家赛珍珠与中国历史之缘

刘龙

Remembering Pearl S. Buck,
a dear friend. She
built the first bridge
between East and West

Helen Foster Snow

Madison, Ct.
April 14, 1992

译文：

怀念亲密的朋友赛珍珠，她建起了第一座沟通东西方的桥梁

海伦·福斯特·斯诺（85岁）

1992.4.14

（徐和平提供）

说明：海伦·福斯特·斯诺是中国人民的老朋友，美国著名女作家，自30年代起，即与赛珍珠结为挚友。现年85岁，居康涅狄格州麦迪逊镇。1936年曾随其丈夫埃德加·斯诺一道访问延安。

《新华日报》剪报

赛珍珠与中国书法

美国著名女作家赛珍珠，因撰写中国题材小说《大地》三部曲等七本书获 1938 年诺贝尔文学奖。

赛珍珠热爱中国书法。1945 年夏，赛珍珠得到谢和赓赠送的，由其父、著名书法家谢顺慈书写的《礼运大同篇》和《爱莲说》时，显得十分激动。她视若珍宝爱不释手。不久她把《礼运大同篇》用镶金边的木框装裱起来挂在客厅里，把《爱莲说》挂在工作室，并对谢和赓、王莹夫妇说："这是你们赠送我的最珍贵的礼物，我将永远珍藏下去。在自己百年之后，把这幅字送给费城博物馆，永远保存下去，让它不仅成为我们之间友谊的见证，也将成为中美两国友谊的象征。"

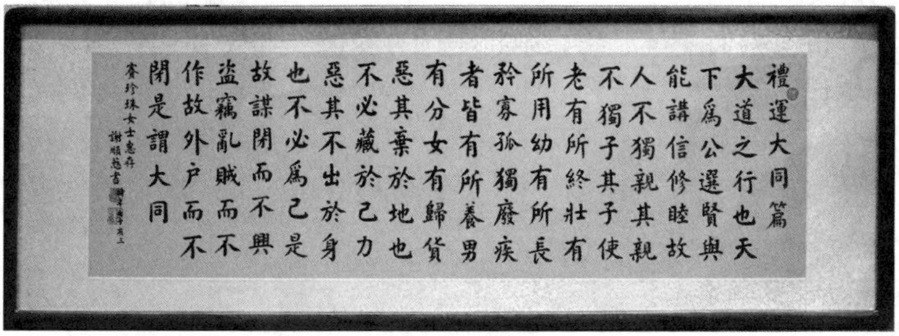

谢顺慈书《礼运大同篇》

中国人民抗日战争时期，赛珍珠撰写文章、发表演讲，谴责日寇侵华暴行，呼吁维护正义与和平，建立世界反法西斯统一战线。她多次慷慨捐款，并带动许多美国人救助中国。

解放战争时期，受周恩来、董必武派遣前赴美国做抗日统一战线工作的留学生、中共秘密党员王莹、谢和赓身陷囹圄。赛珍珠虽身处麦卡锡恐怖主义逆境，但不畏强暴，利用知名人士身份，亲往监狱探望，撰文揭露移民局的暴行，并通过斗争，使之获释返回中国。赛珍珠还热情接待前往讲学的老舍、曹禺，在费城家里召开记者招待会，予以高度评价。其后又协助出版老舍小说《四世同堂》。赛珍珠还让王莹、谢和赓将两幅书作译成英文，并亲自润色，用美术字写成稍小的方幅，放在下方，让美国人观赏。

赛珍珠特别喜爱篆书。现在美国费城赛珍珠基金会办公楼迎面两扇玻璃大门上，用红漆书写的“赛珍珠”三个中国篆体大字，就是赛珍珠生前根据自己的意愿设计制作的。后又缩制在信纸的左下角，一直沿用至今。这表达了赛珍珠对中国古代璀璨文化、悠久历史的景慕。

赛珍珠幼年在镇江读书期间，学汉语早于学英语，学写中国汉字也早于学写英文。赛珍珠十至十三岁，日日临池习字，对镇江蒙童普遍使用的馆阁体字帖和其他楷书碑帖，颇有领悟与兴趣。赛珍珠用钢笔写的中国汉字，大胆尝试着表现中国毛笔书法神韵，其为时之早，也远远超过 20 世纪 80 年代方兴起钢笔书法热潮的中国人了。

赛珍珠离开镇江，赴沪返美接受西式教育后，汉字写得极少，故她的书法作品基本失传了。据悉仅有两幅留世，均收藏在其母校弗吉尼亚伦道夫-梅康女子学院图书馆。其中，1942 年 3 月赛珍珠所书支持中国抗战的讲演中文手稿，则显得珍贵无比。

其时，赛珍珠离华返美已八载，年届半百，三十余年停写之后，竟能用汉字写对华讲演稿而一举成功，她将中国方块汉字写得如此老辣，如此大气，实在令人惊诧。

（载《人民日报（海外版）》1993 年 9 月 9 日）

赛珍珠·美籍钢笔书法家

——从外国朋友写中国汉字谈起

中国人写英文，一般很难写流畅，而外国人写汉字，则更见其难度，许多研究中文的汉学家虽谈国学造诣颇高，但不一定精通中国书法。眼下时行的海外朋友参加中国书法××杯有奖大赛，获奖者虽有日本、韩国、新加坡籍的，但何曾赐读过欧美友人的中国书法佳作呢？

是否蓝眼睛高鼻子的洋人中就匮乏至只能屡屡挂零呢？其实并不尽然。即如笔者的美国朋友之中，就有数位写汉字写得极好的或书艺大有进步的。如李格尔先生（Mr. Bob Riggle）仅有来中国北京高校讲学访学与中国交往的短暂机缘，并无接受书法培训的经历，却能写汉字达到整齐、正确、清楚的程度。给我写信，有时也用英文，在急于与我切磋赛珍珠专题时，怕我翻字典耽误时间，就写汉字，其遣词造句、表情达意的水准很高，书法虽尚嫌稚嫩，但认真之态可掬，其热爱中国书法的感情尤其可贵，我倍感亲切总予以鼓励，近已渐趋可观水平。作家黄文湘先生本是同种，幼时在中国读书时，受过毛笔字的严格训练，虽生活在英语、英文的世界，汉字仍未荒废，给我的信封封必用汉字，且每张信笺都可谓美观、得体、老练的中国钢笔书法作品。赛珍珠基金会理事长格雷丝·沈（Ms. Grace C. K. Sum）可算女士中的杰出代表。她的汉字书写十分流畅、雅观，属于潇洒乃至奔放型。她工作太忙，不常写汉字，也可能怕写不好，因其基金会创始人赛珍珠（Ms. Pearl S. Buck）就是她仰慕的中国书法高手。

赛珍珠（1892—1973），美国著名女作家，因撰写中国题材小说《大地》三部曲等七本书获 1938 年诺贝尔文学奖。笔者曾主编《赛珍珠研究》，由云南人民出版社出版。

赛珍珠不仅是一位多产的著名作家、杰出的慈善家，也可以说是洋人中的一位著名中国书法家。她不仅小说、散文、诗歌、剧本等写得好，而且能讲标准的中国“国语”（今称普通话），汉字也写得很漂亮，对中国书法有很高造诣。

赛珍珠热爱中国书法。1945 年夏，赛珍珠得到谢和赓赠送的，由其父、著名书法家谢顺慈书写的《礼运大同篇》和《爱莲说》时，显得十分激动。她奉若珍宝，爱不释手。不久，她把《礼运大同篇》用镶金边的木框装裱起来挂在客厅里，把《爱莲说》挂在工作室，并对谢和赓、王莹夫妇说："这是你们赠送我的最珍贵的礼物，我将永远珍藏下去。在自己百年之后，把这幅字送给费城博物馆，永远保存下去，让它不仅成为我们之间友谊的见证，也将成为美中两国友谊的象征。"

赛珍珠将这两幅书法赠品视为最珍贵的礼物，是因为她深知《礼运大同篇》反映了中国古代"大同"思想，受到孙中山先生的推重，又与美国人反对独裁专制的观点完全契合；她也谙熟《爱莲说》是宋代名人周敦颐的脍炙人口的名篇，其赞莲"出淤泥而不染"的名句，表现出淡泊明志、洁身自好的高尚情操，也是古今中外文人雅士所追慕的。

赛珍珠特别喜爱篆书。秦篆是秦始皇统一六国的重要功绩之一，宰相李斯用篆字书写文告，政令畅通全国。在赛珍珠心目中，篆书实为古老中国的象征。现在美国费城赛珍珠基金会办公楼迎面两扇玻璃大门上，用红漆书写的"赛珍珠"三个中国篆体大字，就是赛珍珠生前根据自己的意愿设计制作的。后又缩小制作在信纸左下角，一直沿用至今。这表达了赛珍珠对中国古代璀璨文化、悠久历史的景慕。这也是一种刻意的宣传，醒目的招徕，它让不同国家更多的朋友认识"赛珍珠"这中国化的名字，以及赛珍珠所接受的高品位的中国篆体书法，她压根儿不怕，其实也并未产生将其与"低贱"的赛金花联宗之嫌，反而收到弘扬中国古代优秀文化的预期实效。

赛珍珠对中国书法鉴赏品评能力之高强，对中国书法审美情趣之高雅，实是说明她对中国书法酷爱之深厚。究其源，还在于她早年学习中国书法所获根基之扎实，根深始有硕果。

赛珍珠幼年在镇江读书期间，学汉语早于学英语，学写中国汉字也早于学写英文，应聘施教的家庭教师是清末宿儒孔先生。他满腹经纶的学识和一手漂亮规范的毛笔字，通过循循善诱的讲课，给赛珍珠以深刻影响。其时，1902—1905 年，赛珍珠 10~13 岁，日日临池习字，对镇江蒙童普遍使用的馆阁体字帖和其他楷书碑帖，颇有领悟与兴趣，打下了坚实的毛笔书法基础。值得一提的是，当时，中国人仍然普遍使用毛笔，自来水笔虽有开始进口的记录，但尚在宫廷皇室当稀世珍品赏玩，老百姓根本无缘见此洋玩意儿。美国乔治·派克（一说沃特曼）发明自来水笔，至全国普遍使用已有百年历史；赛珍珠用钢笔写中国汉字，大胆地尝试着表现中国毛笔书法神韵，其为时之早，也远远超过 20 世纪 80 年代方掀起钢笔书法热潮的中国人了，此弥足珍贵的资料，大有写入中国钢笔书法史之必要。因这种东西方文化交流之佳话，实在是稀若星凤。

赛珍珠离开镇江，赴沪返美接受西式教育后，汉字写得极少，故她的书法作品基本失传了。据悉，仅有两幅留世，今均收藏在西弗吉尼亚州威士林镇教会办的威士林学院图书馆。其中，1942 年 3 月赛珍珠所书支持中国抗战的讲演中文手稿，则显得珍贵无比。

其时，赛珍珠离华返美已八载，年届半百，三十余年停写之后，竟能用汉字写对华讲演稿而一举成功。她将中国方块汉字写得如此老辣，如此大气，实在令人惊诧。无怪乎赛珍珠基金会理事长对她称慕不迭，崇拜至极，连有些中国人也要自愧弗如了。

请看所附钢笔书法作品，其线条美、结体美、章法美是显而易见的。

其一，线条美。

钢笔字的线条美，反映在点画形态及用笔节奏上，此幅作品第三、五行两个“我”，线条流利、挺拔，鲜明地表现钢笔书法“硬”的特性。从点画看，点如坠石，撇如兰叶，勾如铁钉，笔笔分明，形态各异；从用笔看，下笔有轻有重，粗细得体，速度有快有慢，行留结合，很有节奏感。由此使线条呈现出款款美姿。

其二，结体美。

钢笔字的结体，是按比例、匀称、平衡、对称、对比、照应等要求来造型的，故能符合美的规律。如“心”“有”“国”三字，造型各有特点：独体字“心”形扁，上宽大、下窄小，心钩弯势自然，出钩利索；显得重心稳，点画间的形断意连，似一气呵成，生动有力。“有”，横画稍向右上取势，写成长横，与略向左、撇出的斜撇自然相交，与“月”字有机搭配，也显得端庄稳重。“国”字，包围结构，外框稍向左取弯势的竖画，与长短适度的横折钩，特别是稍向右取弯势的竖折，紧相呼应，加止封口。诸种比例适当、取位准确的笔画，形成有机的整体，显得卓然稳固，匀称美观。

其三，章法美。

整幅字篇幅不大，横竖成行，行距大于字距，章法整齐有序，自然贯气，多样而和谐，工整优美，如同颇具装饰性的图案画；其气韵流动灵秀，又似极富趣味性的轻音乐小品。由此可见，赛珍珠确可谓洋人中不可多得的中国钢笔书法家。

（载《中国钢笔书法》1993 年第 6 期）

读赛珍珠对华演讲稿

（附演讲稿全文）

赛珍珠，作为美国女作家，因创作中国题材的小说《大地》等 7 部作品荣获普利策奖和诺贝尔文学奖，享誉美国，蜚声世界。然而，赛珍珠作为精通英汉两种语言的演说家，却鲜为人知。

1942 年 3 月的一天，赛珍珠通过“美国之音”电台“中国节目”的华语广播，介绍美国人民当时如何理解和支持中国的抗日战争，号召美中人民团结一心，打败日本侵略者。

这篇演讲稿，是她仅存的两份中文手稿之一。开头一节的自我介绍，立即吸引住中国听众。尤其是江、浙、皖等地的赛珍珠旧邻故友更是倍感亲切，闻其声如见其人。接着，对其在中国的经历和对中国人的好感的介绍，更拉近了演讲者与中国听众之间的距离。导入正文时，她也未板起面孔大谈中美团结的大道理，而是批评一些美国人与日本商人做军火生意。这种公开的批评，既体现中美地位的平等，也表达了美国主动与中国结盟的诚意。第三节赞美中国人勇猛抵抗、决不投降的斗争精神，则与上文成鲜明对照。值得庆幸的是眼前的美国人民已团结如一人，大造军需品支持抗日前线。有了这样良好的开端，自然就更有巩固和加强中美结盟的必要。因此，紧接着分析结盟的基础，结尾呼吁争取最后胜利，并持久合作。这些内容层层递进，环环相扣，不可更易，体现了赛珍珠思维的高度缜密。

赛珍珠这篇演讲与其多篇其他演讲相比，不同点是选择了举世瞩目的国际重大话题，即提出了建立中美同盟、挫败日本侵略的深刻见解，这体现她的人道主义精神、国际胸怀，正如美国前总统尼克松在总统声明中所说，她既是“一座沟通东西方文明的人桥”，又是“一位敏感而富有同情心的人”。

附：赛珍珠对中国人民的广播演讲（1942 年 3 月）

中国的朋友们：

……我今天说话，不完全站在一个美国人的地位，因为我也是一个中国人。我一生的大半时间，都消磨在中国。我生下三个月，就被先父母带到中国去了。我开口说话的时候，又是先说的中国话。我小时跟着父母，并没有住过什么通商大埠。十数年间，我们到的地方是浙江、江苏、江西、湖南、安徽、山东各省的小城市、小村庄。清江浦、镇江、丹阳、岳州、蚌埠、徐州府、南宿州，这些地方，是我最熟识的。可是我最爱的，是中国的农田乡村。以后我长大了，又在南京住了一十七年。我曾亲眼看见南京在几年之内，由一个古旧的城市变成一个新式的首都。但是无论我住在什么地方，我与中国人相处，都亲如同胞。从来没有感觉到什么异族的隔阂。因为小的时候我的游伴是中国孩子；成人以后，来往的又是中国的女士们。现在我人虽已归故国，心却没有忘掉旧日的友朋。精神上与中国仍旧与往日一样的亲切。

所以今天我要从这两种地位说话。我既在中国长大成人，又在美国住了多年，受了双方的教育，有了双方的经验，我觉得我是属于两个国家的。我可以为两个国家说话。八年前，我回美国来。美国对中国人的观念是怎样的呢？非常的好。我一开口说到中国，他们都点头说：我们喜欢中国人。

一九三七年七月，日本进攻中国。美国人完全愤恨日本，同情中国。但美国并没有积极地援助中国。这是你们知道的。有时美国人还继续与日本通商往来。甚至于卖给日本种种军火原料。现在这些美国人回想起来，不免惭愧，懊恼他们未能及时了解日本军阀的野心真相。

我必须告诉你们的是，当时我见了我第二祖国的中国单独勇猛地抵抗日本，不免窃心自喜。美国人知道当时中国并没有充足的军事准备。他们觉得与久宿野心的日本相对敌，中国是支持不久的，是必会投降的。但我以为这是不会有的事。中国绝对不会屈服日本。因为我不能想象到我所认识的那些健壮实在的农人，那些稳健的中产商人，那些勤苦的劳工，以及那些奋勇热心的学界领袖，会受日本降伏的。所以在言论上，在著作上，我曾大胆地发表我的自信。我说："中国人是不会投降的。日本人也不能征服他们。"

起先美国人觉得除非超人，谁能永久地抵抗下去？等到他们看见中国在种种不利的情形下，仍旧继续抗战，又看见大队的民众万里长征向内地迁移，又看见你们受了敌机的轰炸，丧失了无数的人命财物，你们仍没有气馁，而至于想到投降日本。美国人这才渐渐地认识中国民族的伟大。

去年十二月七日，日本袭击檀香山珍珠港以后，个个的美国人从睡梦始醒，于是全国上下，愤怒一时，男女老少人人只有一个思想，如何打倒日本。全国的民众，一日之内，整个地统一。日本弄得美国民众势如一致地反对它。再没有比这个厉害的了。

我在这里，如在中国一样，住在乡下，与农人为邻。因为我相信不问在哪一国，乡下人是最好的。这里乡下的小村庄小市镇，与江苏、安徽两省的不相上下，在这些小镇村庄中的工厂，现在都改作战斗工业。男男女女皆日夜相继地为战用品而工作。他们每人心里只有一个念头：我们必须打胜仗。

三个月以前，我不会相信这一切的变更是可能的事。美国人活泼，喜欢热闹；物质上的享受，又喜欢丰富。今天能不发一句怨言地日夜工作，大家热心，各尽所能来对付这战事。其实也是一件难能可贵的事。

中美是联盟国家。说起来中美的联盟与其他的联盟国家比较起来，似乎更进一步，因为我们两国的民族性有许多相像的地方。美国尚是新进的国家。但是两方民众的心地、性情，是非常地相近。若是我们的言语相通，我们来往是不会有什么隔阂的。我更敢以自己的经验来说，我们人生的观念、直觉是一样的。我们都爱自立，发展个性。我们都恨压制，欣赏自由。

所以今天美国民众以兄弟的至诚对待中国民众，也是一种自然的现象。日前有一汽车夫曾对我说：“我很高兴与中国人站在我们这一边。他们是勇敢的战士。我们也是。”举国上下，美国人对中国人，无不表现出热忱友爱。

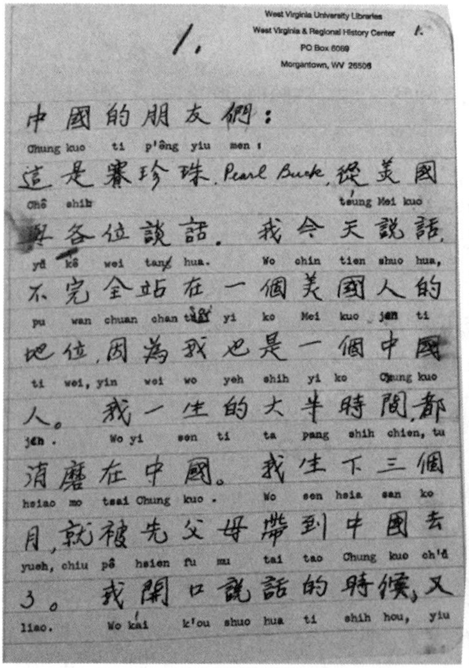
West Virginia University Libraries
West Virginia & Regional History Center
PO Box 6069
Morgantown, WV 26506

1.

中國的朋友們：
Chung kuo ti p'êng yiu men:
這是賽珍珠 Pearl Buck 從美國
Chê shih [illegible] ts'ung Mei kuo
與各位談話。我今天說話
yü kô wei tan hua. Wo chin tien shuo hua,
不完全站在一個美國人的
pu wan chuan chan tsai yi ko Mei kuo jên ti
地位，因為我也是一個中國
ti wei, yin wei wo yeh shih yi ko Chung kuo
人。我一生的大半時間都
jên. Wo yi sen ti ta pang shih chien, tu
消磨在中國。我生下三個
hsiao mo tsai Chung kuo. Wo sen hsia san ko
月就被先父母帶到中國去
yueh, chiu pê hsien fu mu tai tao Chung kuo ch'ü
了。我開口說話的時候，又
liao. Wo kai k'ou shuo hua ti shih hou, yiu

West Virginia University Libraries
West Virginia & Regional History Center
PO Box 6069
Morgantown, WV 26506

2.

是先說的中國話。我小時
shih hsien shuo ti Chung kuo hua. Wo shiao shih
跟着父母，並沒有住過什麼
kên cho fu mu, ping mei yiu chu ko shen mo
通商大埠。十數年間我們
t'ung shan ta p'u. Shih su nien chien, wo men
到的地方是浙江，江蘇，江西，
tao ti ti fang shih Che-chiang, Chiang-su, Chiang-si,
湖南，安徽，山東各省的小城
Hu nan, An hwei, Shang tung, ko sen ti shiao chen
市，小村莊。清江浦，鎮江，丹
shih, shiao tsun chuang. Chin-chiang pu, Cheng-chiang, Tan
陽，岳州，蚌埠，徐州府，南宿州，
yang, [illegible] pang-p'u, Hsü-chou-fu, Nan-hsü-chou,
這些地方是我最熟識的。
Chê shê ti fang, shih wo tsui shu shih ti.
可是我最愛的是中國的農
K'ô shih wo tsui ai ti, shih Chung kuo ti nung

赛珍珠对华演讲稿手稿（汪文君摄）

将来战事结束，我们必是最终胜利者。那时，我们两国，一东一西，要成为世界上的民主主义的两大领袖。战后与战时一样，我们要站在完全的平等地位。我们今天因战事的需要彼此逐渐地互相合作。将来太平时，我们必须照旧合作下去。因为只有中美的合作，才能达成一个完全自由平等的世界。

（附注：这是美国女作家赛珍珠仅存的两份中文手稿之一，由她的母校西弗吉尼亚州伦道夫-梅康女子学院图书馆收藏。徐和平提供）

（载《交际与口才》1994 年第 2 期）

赛珍珠声援中国抗日的中文演讲稿在美被发现

美国女作家、诺贝尔文学奖获得者赛珍珠 1942 年 3 月在美国发表的声援中国抗日战争的中文演讲稿，于去年冬在美国西弗吉尼亚州威士林镇教会办的威士林学院图书馆被发现。笔者友人、镇江学者徐和平带回的原稿照片清晰完整，共 20 张，计 1750 余字。演讲时间约 8 分钟。

1942 年 3 月，宋美龄飞赴美国，在各大城市发表演讲，呼吁人们从道义到物质多方面给中国以支持。这时，曾经长期侨居中国、视中国为第二祖国的赛珍珠（50 岁）不仅自己主动慷慨解囊、动员亲友募捐，还积极配合，用英语和汉语在美国各大小城市发表演讲，产生了广泛影响。此佚稿为赛氏仅存的对中国人民广播演讲的中文稿。她对中国的一往情深、一片至诚，对日寇侵华暴行的切齿愤恨，对中美人民长期友好的热切期望，溢于言表。这份历史文献资料十分珍贵，它有助于中国人民对赛珍珠的全面了解和公正评价。

附文：《对中国人民的广播演讲稿》（节录）

中国的朋友们：

这是赛珍珠，Pearl Buck，从美国与各位谈话。我今天说话，不完全站在一个美国人的地位，因为我也是一个中国人……我生下三个月，就被先父母带到中国去了。我开口说话的时候，又是先说的中国话……现在我人虽已归故国，心却没有忘掉旧日的友朋。精神上与中国仍旧与往日一样的亲切。

所以今天我要从这两种地位说话……我觉得我是属于两个国家的。我可以为两个国家说话……

一九三七年七月，日本进攻中国……我必须告诉你们的是，当时我见了我第二祖国的中国单独勇猛地抵抗日本，不免窃心自喜。美国人知道当时中国并没有充足的军事准备。他们觉得与久宿野心的日本相对敌，中国是支持不久的，是必会投降的。但我以为这是不会有的事。中国绝对不会屈服日本。因为我不能想象到我所认识的那些健壮实在的农人，那些稳健的中产商人，那些勤苦的劳工，以及那些奋勇热心的学界领袖，会受日本降伏的……

将来战事结束，我们必是最终胜利者……我们今天因战事的需要彼此逐渐地相互合作。将来太平时，我们必须照旧合作下去……

（载《周末》1994 年 5 月 7 日，《报刊文摘》1994 年 5 月 16 日转载）

《大地》 中的茶俗描写

——评留美学者蒋康户教授对《大地》的指责

《大地》在1931年3月美国纽约约翰·戴公司出版后，立即被列入全美畅销书。翌年，获美国最高级奖——普利策奖。嗣后，被几乎所有国家不同文字翻译出版，成为美国女作家作品中迄今荣获诺贝尔文学奖、普利策奖双奖的唯一小说，可谓产生了世界范围的轰动性效应。但是长期以来，对该小说毁誉迥异，褒贬不一。值得重视的最早负面反应来自留美的中国学者康永喜和蒋康户两位教授（编者注：康永喜，即朝鲜旅美学者姜镛讫；蒋康户，即江亢虎）。在《大地》发表一年多时间内，他们先后在《新共和》杂志和《纽约时报》上发表文章，指责赛珍珠的《大地》写得不真实、不准确。其主要论据之一是中国人喝茶是先放茶叶，后倒开水，而《大地》的描写正相反。蒋教授等因有中国学者的特殊身份，致使美国一些读者对《大地》的描写是否真实，心存狐疑。半个多世纪过去了，这些问题应该是澄清的时候了。本文拟就《大地》中的茶俗描写是否真实准确的问题做一论述，并兼评蒋教授对《大地》的错误指责。

大家知道，茶在中国源远流长，茶文化的积淀十分丰厚，饮茶已成为中华民族的传统习俗。茶文化的影响已不仅限于中国。英语的“tea”发音近似于我国闽南语中的“茶”，俄语中的“чaй”发音与普通话“茶叶”近似，日语中的“おちや”和“茶”读音也基本相同。这一文化现象表明，中国的茶文化早就走出国门，深刻地影响了世界。

蒋教授等认为，中国人饮茶都是“先放茶叶，后倒开水”。表面上看，这种看法是正确的，许多中国人饮茶确实是“先放茶叶，后倒开水”。然而，如果说所有地区所有中国人都是采用这种饮茶方式，那就失之偏颇和有失公允了。

实际上，中国是地域辽阔、多民族的文明古国，各地区、各民族人民的饮茶方式和习惯是有很大差异的：北方人喜饮花茶；江浙人爱喝绿茶；闽粤人视乌龙茶为珍品；蒙古族人喝奶茶；藏族人饮酥油茶；还有饮盐巴茶、奶油茶的。有人饮茶爱加糖，有人饮茶要加奶，还有的地方饮茶加炒米、芝麻、黄豆。有的喜吃早茶，有的爱饮午后茶。有人饮茶是先放茶叶，也有人先倒开水再放茶叶。这是风俗使然，因人因地因茶而异。应该说，赛珍珠书中对茶俗的描写是郑重其事的，是经受过检验的。笔者曾向赛珍珠生活过多年的淮北宿县做过调查，当地师专一位 76 岁的副教授十分肯定地说，赛珍珠在《大地》中所写农民饮茶的方式习惯，不仅符合当地当时民俗，而且时隔半个多世纪，现在宿县仍有尚未完全脱贫的若干农民还保持着这种“先倒水，后放茶叶”的习俗。

如果说，赛珍珠女士将这种“先倒水，后放茶叶”的饮茶方式用在描写中国知识分子身上，那显然令人难以置信，应斥之曰“不真实”。然而，用在描写淮北农民身上，不仅可信，而且是完全符合其身份地位的。我们知道，饮茶方式和习惯不但受地域的影响，而且受社会地位的影响。皇帝大臣饮茶，不仅讲究茶叶，还讲究烹煮的用水，必须是不使茶叶嬗变的味正质纯的上等水，又讲究水温，分一沸、二沸、三沸；官场饮茶，最讲究程仪和礼节，客人到饮几道茶的时候，也就知道告辞了；文人饮茶，讲究个“品”字，一盏茶具在手，先闻清香，小饮一口，留有余甘，然后慢慢品茗。至于自唐代传入日本以后形成的茶道，更有复杂的程序和“和、敬、清、寂”的茶道精神。然而，旧中国贫穷的淮北农民，他们饮茶不可能有一套复杂的程序，也无暇细细品茗，而是大碗斟水，大碗饮茶，而且由于茶叶来得“金贵”，“比银子还贵重”（《大地》第 3 页），所以是舍不得大把放茶叶的，而只好在大碗开水里放几片茶叶，尤其是在宿县这样不直接产茶的地区。

从这里我们可以看出，《大地》中关于茶俗细节的描写是符合当地习俗的，蒋教授的指责是毫无根据的。

赛珍珠女士对《大地》中的茶俗描写不但是真实可信的，而且准确地反映了主人公王龙的社会地位、心态，表现了饮茶在经营、娱乐、交际中的作用，对中国茶文化的习俗作了更深层次的剖析，具有一定的民俗价值和艺术价值。

地位　20 世纪初期的淮北一带，灾荒连年袭扰。王龙一家原先赤贫，其老父一生穷困，节俭方可勉强糊口，平时根本无经济能力饮茶。清晨，烧点开水，润润喉咙，即已满足。“如果年成好，开水里也许还放几片茶叶”（台湾台北书华事业出版有限公司 1986 年版《大地》第 2 页，下文引用同此），即使遇到王龙娶亲这样的大事，也似乎有些舍不得茶叶：

老人一迭连咳着，直至水滚了还没歇。王龙舀了些开水到碗里，从瓦瓶里撮了一些茶叶撒在开水上。老人张开馋眼，立即抱怨起来：“你怎么这般糟蹋？茶叶好比银子哩！”王龙慌忙笑了起来答道：“今天是喜期良辰，你吃罢。”

老人打皱露筋的手捧着碗嘴里咕噜着，眼巴巴看卷着的茶叶舒展开来，浮在水面上，舍不得喝下去。王龙说：“就要冷了。”“唔——唔——”老人慌忙说，接着开始大口啜那热茶了，他喝到心满意足。（同上版本《大地》第3页）

请注意这其中的“撮”字和“撒”字。撮，表示几个手指捻一点，不用抓，是表示用茶量小；撒，是让它飘在上面，看上去似乎很多，其实也多撒不了多少。然而，王龙老父视茶叶若银子，平时与茶无缘，即使逢到儿子成婚的喜期良辰，非常“眼馋”，极欲饮茶，还对儿子多放几片茶叶有所抱怨和批评。几片茶叶，就生动地表现了农民赤贫的经济状况和低微的社会地位。

然而，地主富翁就不同了。小说写“皮肉油润得发光”的富翁家，“连当差的也用镶银的象牙筷吃饭”（《大地》第99页），喝水则必定用茶，“连丫头也不喝白开水”（《大地》第19页）。对淮北农民王龙和黄家地主两户用茶的对照描写，既是揭露社会广泛存在着的贫富悬殊现象的独特的新视角，又反映了社会地位不同带来的茶俗的差异。

心态 《大地》中茶俗描写的成功之处还在于与刻画小说主人公心态的有机结合。王龙去黄家领一婢女为妻，途经小镇饭店，吃两碗面当午餐。因乐于被首次呼为“先生”而向一个乞丐施舍了两个小钱。本拟起身即奔黄府，殊不料茶馆小厮来讨坐凳钱。

王龙有气无力地向小厮说：“泡一碗茶来。”不到一转身时间，茶在前面了，那小厮厉声道：“铜板？”王龙慌忙从腰带里再掏出两个铜板来。他怏怏地说道：“真是敲竹杠啊！”他忽看见他邀过吃喜酒的一个邻人走进店来，急忙将铜板丢在桌上，喝了大口的茶，从侧面匆匆溜出去。（《大地》第9页）

这是王龙在兼营卖茶生意的小饭店吃面、饮茶的场面。王龙偶尔上小饭店，不敢炒菜吃饭，买两碗面，填饱肚子将去娶妻，是写王龙贫穷、节俭；施舍给乞丐两个小钱之“喜”，是写王龙心地善良和爱受捧的虚荣心。他本不愿再奢侈泡茶，只是由于饭店伙计欺贫爱富敲竹杠，王龙又不甘心白给坐凳钱，无可奈何，才有受迫买茶之“怏”。这里写王龙用钱受窘，仍反映王龙的贫穷、节俭。“大口喝茶”“匆匆溜走”，是怕邻人发现，因囊内无余款买茶招待，故“忧”而溜走。这里写王龙一“喜”、一“快”、一“忧”，心态刻画何其细致入微！与中国士大夫的品茗和官场饮茶的繁文缛节可谓有天壤之别了。

经营 饮茶不仅反映人们地位和心态的不同，而且在经营方面发挥着重要的信息作用。无论乡邻亲朋还是全然陌生的面孔，只要是茶客聚会茶馆，国内外大事、地方新闻都会成为大家感兴趣的共同话题，其中不乏有关经营的信息。王龙就是在小茶馆从“讲城里新闻”（《大地》第116页）的堂倌口中获悉黄家地主府中惨遭抢劫，落到要卖田的地步。他即刻萌发置田发家的念头。以后用浑水摸鱼所得珠宝实现了买田美梦。因此，茶馆探得新闻信息成了王龙发家之肇始。对于茶馆饮茶、传播新闻信息的重要价值，王龙是不言而喻颇有切肤之感的。

娱乐 茶馆往往不是单一经营，而是兼营饭店旅馆，兼有娱乐项目。饭后茶余，观赏歌妓舞女献艺，乃至收留嫖客夜宿，兼做妓院生意。小说写“全城唯一有楼屋的新茶馆”，即属后者。王龙置田后巧遇好年成，收入渐丰，始有逛茶馆的兴致。新茶馆“大厅壁上挂着绘有女人的白绢画幅”（《大地》第129页）对饮茶消闲的王龙产生了诱惑。以后天天上这茶馆，由昼饮至晚饮，由独饮至美女陪饮，消磨时光，寻欢作乐，最后花“百元洋钱”赎纳妓女荷花为妾，变成了黄家老爷般的地主老爷，过起了奢靡淫乐的生活。小说写饮茶上茶馆引出纳妾情节时，有一段今昔对照的描写是很值得咀嚼的：

往往只是平常的乡下人，怯生生地走进茶馆，现在他看来龌龊下等了。在往昔，没有人认识他，堂倌怠慢对他，然而现在他一走进去人们便互相触肘，王龙就听得到一个人对别人轻声说：“那就是王村的王老板，那年大荒年黄家老爷去世的冬天，买进了黄家田地，现在他发财了。”

王龙进茶馆，由“怯生生”到现在“抑不住骄矜的心”；从人们对王龙的态度看，由小厮“厉害”地讨钱到“现在他一走进去人们便互相触肘”，小声赞佩。这些今昔对照的描写，有力地显示出王龙经济上的暴富，以至于他能天天到茶馆寻欢作乐了。

交际 茶馆的交际也是饮茶的一种不可忽视的功能。王龙为儿子配亲，也与茶馆结缘。王龙“在茶馆里，到处探听城里什么富裕人家有女儿许亲”。荷花、杜鹃这两位妓女接待王龙时忆起石桥街米店刘老板的女儿，遂结亲家，并视为“天缘”（《大地》第 162 页）。王龙请“茶馆里米店里他相识的人”“来吃我儿子的喜酒”。

从置田到纳妾、择媳，标志着王龙暴富的重大事件，无不与茶馆饮茶相关。这里反映了 20 世纪初叶淮北农家用茶和小镇茶俗传承历史的社会性和鲜明的地域性特点，以及其在广大人民生活中不可忽视的地位，也反映了茶俗描写对刻画人物特别是人物心态的重要意义。

《大地》写食俗、茶俗、服饰冠戴、婚丧嫁娶、神祇鬼灵，构成一幅壮阔的中国社会民俗长卷。对于这幅长卷的成功描绘，很多外国读者给予高度评价，因此对中国产生研究兴趣。1933 年 1 月 16 日《纽约时报》编辑在评论中概述了当时广大读者的感受：“赛珍珠女士使我们看到了一个正遭受苦难的民族，并欣赏到这个民族的坚韧、节俭、勤奋及奔放的幽默感。”（《纽约时报》1933 年 1 月 16 日编辑评论，转引自赛珍珠《我的中国世界》，尚营林等译，湖南文艺出版社 1991 年版，第 317 页）

蒋教授对《大地》在中国淮北地域茶俗方面的指责，究其根，是《大地》写中国主人公选了农民，而未写像他那样有教养的知识分子。这充分表现出他对中国农民的傲视与对赛珍珠的轻蔑。赛珍珠不能容忍对她的中国农民朋友的傲慢与厌弃。她说：“在我童年时代的家里，我们的园丁是一个我们都很尊敬的农民。大人们从不让我们喊他们‘苦力’。”“对我们的保姆，我们也从不喊她‘阿妈’，而是称她为‘干娘’。”“她只教我们学好，我们就像对亲生母亲一样爱戴和顺从她。的确，她是一个乡下妇女”，但要说她缺乏教养，“知识极为有限，我可从来没有感觉到。我只把她看成我的干娘”，“我们忠实的朋友”。“只有这些普通大众才真正是中国的力量和荣耀。”（《我的中国世界》第 315 页）待她长大以后，当然她认为中国农业确实落后，“唯有知识分子与农民结合起来时，事业才有成功的希望”（同上第 296 页）。但她既未嘲笑蒋教授，也未指责农民的无知，而是平心静气地充分说理，耐心地探索解决问题的途径，写王龙孙子王源赴美学农回国建设农业现代化，足以形象地体现赛珍珠对光明中国的美好设想。

蒋教授新中国成立后回国卒于狱中，如果他健在，对华北民俗实地调查后，一定会更正他的看法，也一定会对赛珍珠谙熟中国民俗，向世界弘扬中国传统文化的历史功绩和深情挚爱中国人民的宽广胸襟，由理解到颂扬到感佩。

（《河南师范大学学报（哲学社会科学版）》1994 年第 2 期）

赛珍珠：援华抗日寄深情

前半生侨居中国、以中国为“第二祖国”、以镇江为“中国故乡”的美国女作家赛珍珠因写中国题材小说获诺贝尔文学奖，蜚声世界。自此，她更加密切地关注着中国人民的生活、前途和命运。

早在1931年日本侵略军罪恶的铁蹄践踏我东北领土，三千万骨肉同胞惨遭蹂躏、流离失所之际，赛珍珠就如坐针毡，痛心疾首。她深深同情苦难的中国人民，对蒋介石“攘外必先安内”“同室操戈”的反动政策，惊诧不已。1934年她返美国定居后，仍心系中华大地，心忧中国人民。1937年抗战全面爆发，斯诺夫妇积极创议开展工业合作社运动，赛珍珠慷慨捐出一笔巨款，并让其丈夫理查德·沃尔什担任该运动的美国委员会主席，使创议终成现实。斯诺夫妇为此感激不尽。该运动对发展中国革命根据地以至中国西北地区军事工业起了极大推动作用，援助了八路军、新四军的抗日斗争。1944年6月为支持中国青年赴美宣传抗日，她一次就捐赠了1.5万美元的旅行食宿费，并动员旅美中国商贾承担其余1万美元。此外，她还募集宣传中国抗日所需巨资，数次将数万美元寄往中国。

1941年底，中美联合抗日后，她与其丈夫、蒋介石的政治顾问拉铁摩尔、林语堂、《时代周刊》等三大杂志主持人亨利·鲁斯夫人等名人一道发表大量文章，宣传支持中国抗日的重要意义。同时，她还搜集素材，潜心创作了中国抗日题材的系列小说《爱国者》《龙种》《诺言》。据斯诺前夫人海伦·斯诺介绍，罗斯福总统看了赛氏书著，立即部分修改对华政策，委派年轻能干的史迪威将军来华，美国援华物资未再出现截流英国的记录，史迪威将军还将美援军事物资送到八路军、新四军手里①。

与潜心撰写书文相比较，发表广播演讲则是援华抗日更为迅捷见效的生动形式。赛珍珠运用精通的英汉两种语言演讲，内容新鲜、丰富，说理透辟，

---

① 珍珠港事件之后，美国参战，史迪威1942年晋升中将，并被派到中国担任中国战区参谋长。史迪威走遍了中国各省，尤其是穷苦的农村，比较客观地了解到中国共产党在抗战中的作用，主张凡是中国抗日的力量都应得到国际的援助，包括八路军和新四军，他的这些主张对中国抗战具有积极意义。

风趣幽默，亲切自然，因而拥有众多热情的听众和观众，常常演讲结束还被挽留增加场次。她成为全美极受欢迎的演讲家之一，其支持中国抗战演讲的文稿多篇载于美国著名报刊。

镇江日报

他把一切交给人民

五卅运动中的冷遹将军

芙蓉楼

鹊桥仙

台灯

赛珍珠：援华抗日寄深情

甘露大酒店

《镇江日报》剪报

策划白宫演出，是赛珍珠援华抗日最富历史意义的创举，受周恩来秘密派遣做国际统战工作的表演艺术家王莹和身为白崇禧机要秘书的中共地下党员谢和赓初到美国，赛珍珠即举行盛大招待会。通过新闻媒体，王莹在美国宣传中国抗战，呼吁开辟欧洲第二战场的努力取得巨大成功。1943 年春，经由赛珍珠发起并亲自任主席的“东西方协会”精心策划，被美国新闻界誉为“中国的海伦·赫斯”（美国著名女演员）的王莹应美国政府邀请，到白宫演出街头剧《放下你的鞭子》，演唱《游击队之歌》《卢沟桥》《义勇军进行曲》等抗战歌曲。全美主要报刊竞相刊登这场精彩演出的长篇报道和罗斯福总统夫人与王莹合影的大幅照片。赛珍珠全身心投入这项活动，从整体策划、人员组织、剧本和歌词的翻译，直至演员排练，并亲自担任报幕员，主持演出，确保了这场历史性演出的圆满成功。

（载《镇江日报》1995 年 10 月 24 日）

抗日女杰
——美国女作家赛珍珠

美国女作家赛珍珠对埋葬着她父母、胞弟的“中国故乡”青山绿水的依恋和怀念，对勤劳、善良、纯朴、智慧的中国农民的同情与敬爱，通过其自传和名作《大地》而为世人悉知。但赛珍珠那挚爱中国的赤诚之心经受了抗日战争洗礼和严峻考验的史实，却鲜为人知，应公之于世。

1931 年日本侵略军罪恶的铁蹄践踏我东北领土，3000 万骨肉同胞不堪蹂躏，流离失所。对此，赛珍珠如坐针毡，痛心疾首，她深深同情苦难中的中国人民，对蒋介石“攘外必先安内”“同室操戈”的反动政策惊诧不已。对坐视生灵涂炭无动于衷及挥霍无度的蒋介石政府，她愤懑不平地说：“不管这个政府是共产党还是国民党，若是对他的人民不忠，就应该灭亡!”

这位从幼年起跟随父母长期侨居中国的美国女作家，1934 年返美国定居后，仍心系中华大地，心忧中国人民，为拯救中国的东方文明奋不顾身、殚精竭虑，从物质到精神诸方面给予了大量援助和强有力的支持。

罗斯福总统夫人向赛珍珠转交捐款支票

数量可观的物质援助

1937 年全面抗战爆发，埃德加·斯诺夫妇积极创议开展工业合作社运动，赛珍珠捐了一笔巨款，并让其丈夫理查德·沃尔什担任该运动的美国委员会主席，使创议变成现实。斯诺夫妇为此感激不尽。该运动对发展中国革命根据地以至中国西北地区军事工业起了极大的推动作用，援助了八路军、新四军抗日斗争。1944 年 6 月，为支持中国青年赴美宣传抗日，她一次就捐献了 15000 美元的旅行食宿费，并动员旅美中国商人承担其余 10000 美元。此外，她还募集宣传中国抗日所需巨资，多次将数万美元寄往中国。

不遗余力的诸种道义支持

1943 年 7 月，为集思广益，群策群力，出谋划策，支持抗日，她邀请数位美国作家与知名旅美华人到她寓所聚会。大家一致认为，美国外援重欧轻亚的偏向，源于英国 400 人常驻美国的成功宣传，而中国听其自然的态度更造成美国人对中国的隔膜和悲观。为此，他们商定出建议：支持中国派遣一大批知识分子赴美分别对美国各界领袖和社会民众进行接触和宣传；动员和组织美国各城市“唐人街”的知名华人“侨领”分担宣传任务。赛珍珠遵照上述建议积极付诸行动，她热诚动员林语堂举家迁居美国从事英文写作，支持出版《吾国吾民》等介绍中国的书，及时地满足了美国读者了解中国的渴望，产生了轰动性效应。

发表专文，出版专著

1941 年年底，美中联合抗日后，她与丈夫及蒋介石的政治顾问拉铁摩尔、林语堂，还有《时代》等三大杂志主持人亨利·鲁斯夫人等名人一道发表大量文章，宣传支持中国抗日的重要意义，“提出‘给予中国人移民资格’的主张”。同时，在她丈夫主办的《亚洲》杂志上发表斯诺《西行漫记》片断与客观介绍坚持抗日的毛泽东和鲁迅等中国名人的文章，公开谴责消极抗日的蒋介石政府，产生了重大的社会影响和国际影响。赛珍珠在撰写文章、直抒胸臆的同时，还搜集素材，采用形象教育的方式。她创作了中国抗日题材的系列小说《爱国者》（1939 年）、《龙种》（1942 年）、《诺言》（又译《希望》，1943 年）。据悉，罗斯福总统看了赛氏的著作，立即部分修改对华政策，委派年轻能干的史迪威将军来华，美国援华物资未再出现流入英国的记录，史迪威将军还将美援军事物资送到八路军、新四军手里。

发表广播演讲

赛珍珠天生丽质，风度优雅，她运用精通的英汉两种语言演讲，内容新鲜丰富，说理透彻，风趣幽默，常常是演讲结束了还被挽留增加场次。她成为全美家喻户晓、极受欢迎的演说家。其支持中国抗战的演讲文稿多篇发表在美国著名报刊。近悉，1942年3月声援中国抗日的演讲中文手稿在美国被发现，全文1800字，演讲仅需约8分钟，但阐述中美联合击败日本侵略军的道理却折服了亿万中美人民的心。美国听众不仅踊跃捐巨款援华，而且有力地平抑了“中国必亡”的悲观论调和蔑视华人的情绪。

创立东西方协会

1941年，针对东西方长期隔膜、误解较深的情况，赛珍珠发起成立“东西方协会”并自任主席。她聘用精干人员，在沟通东西方特别是沟通中美两国关系、增进彼此了解、促进感情交流并敦促美国政府采取开明的外交政策方面做了大量卓有成效的工作，为支持中国抗战办了很多实事。

策划艺术演出

受周恩来派遣做国际统战工作的表演艺术家王莹和身为白崇禧机要秘书的中共地下党员谢和赓初到美国，赛珍珠即举行盛大招待会。通过新闻媒体，王莹在美国宣传中国抗战、呼吁开辟欧洲第二战场的努力获得巨大成功。1943年春，经东西方协会精心策划，被美国新闻界誉为“中国的海伦·赫斯”（美国著名女演员）的王莹应美国政府邀请到白宫演出街头剧《放下你的鞭子》，演唱《游击队之歌》《卢沟桥》《义勇军进行曲》等抗战歌曲，全美主要报刊竞相刊登这场精彩演出的长篇报道和罗斯福总统夫人与王莹合影的大幅照片。这次从整体策划、人员组织、剧本与歌词的翻译、演员排练，直至亲自担任报幕员主持演出，赛珍珠全身心地投入，不放过一个因疏忽而可能出现失误的细节，缜密细致，严格把握，确保了这场历史性演出的圆满成功。它作为中美联合抗日友好史上的华章之页，其光辉熠熠闪耀，永不磨灭！

倡导平民教育

1944年冬天，注定要失败的日本侵略军垂死挣扎，新攻势竟然一时得逞，打通了平汉、粤汉、湘桂铁路。面对日寇这困兽犹斗出现的回光返照式的局面，全美却弥漫“中国军队无能”“中国坐待美国出兵分享果实”的舆论。赛珍珠对此没有气馁，反而显得十分冷静。她认为这是日寇垂死挣扎的表现，国民看不到其强弩之末的虚弱本质和中国人民节节胜利的强大力量，从而提出了美国国民迫切需要实施教育的问题。

于是，她特地邀请旅居美国的中国平民教育专家晏阳初博士到她寓所，口述其主张，她亲自记录整理，写成《告诉人民》一书，于1945年2月在美国太平洋关系学会出版。同年，约翰·戴公司以《告诉人民：与晏阳初谈平民教育》为书名出版新版本。该书认为平民教育不仅在中国教育史上具有重要地位，而且“二战”结束后应被认真倡导、积极推行，应推及美国以至全世界。

这一主张引起美国朝野关注。此书面世半月即告售罄，后又再版。笔者友人、美国作家、赛珍珠研究专家黄文湘先生告知，此书问世半年，即1945年9月日寇向盟军投降后，联合国科教文卫组织举行会议，决定设立基本教育部，为世界各地文盲推行识字教育，即受《告诉人民》一书影响的明证。1947年上海商务印书馆出版其中译本，其序言仅以为是中国平民教育运动简史，而未意识到赛珍珠出此书的目的既为教育美国人民树立中国抗日必胜的信念，继续予以支持，又为呼吁中国战后的平民教育。因此，名为中国平民教育专家晏阳初的访谈录《告诉人民》，其实对世界各国实施平民教育均具有普遍适用意义与价值。中国时处战乱之中，对战后平民教育已有设想，赛女士以发行此书方式予以披露，使世人瞩目，其弘扬中国教育兴邦的文化思想的远大眼光，提高中国国际地位的良苦用心，实在令国人感佩之至。

日寇的投降，雄辩地证明了赛珍珠大胆预言的伟大正确。中国的胜利，庄严地宣告了赛珍珠为之呐喊、为之奔走的中美联盟的成功。赛珍珠勤奋智慧的创作，极富成效而辛劳的努力，意味着她是日本法西斯的坚决反抗者，也是中国人民忠诚可靠的朋友。

赛珍珠不愧为伟大的文学家，杰出的国际人道主义战士。愿给人类带来灾祸与毁灭的战争不再发生，愿善良人们祈祷的和平永驻世界！

（载《中外文化交流》1996年第3期）

一座沟通东西方的桥梁

——海伦·斯诺谈赛珍珠

初夏的一天下午，江苏省镇江市外办的徐和平先生，借出席美国赛珍珠百岁诞辰纪念会之机，专程采访了赛珍珠的亲密朋友——斯诺前夫人海伦·福斯特·斯诺。当海伦得悉和平先生来自赛珍珠女士的“中国故乡”镇江，专程前来参加赛珍珠女士母校举办的国际研讨会时，感到十分高兴。特别是听到中国近几年不少学者对赛珍珠重新研究、客观评价的介绍时，她显得特别激动。她说：“赛珍珠对中国很友好，她的最大功绩在于向西方读者介绍了活生生的中国人，在赛珍珠的小说问世前，西方人对中国人知之甚微，或留有被扭曲的受侮辱的形象。赛女士的《大地》《儿子们》《分家》三部曲，使美国人对中国人的生活有了全新的真实而生动的了解，产生了好感和同情。”

海伦认为，在20世纪30至40年代西方人了解中国这一过程中，有两位美国人的作品起了关键作用。一位是斯诺先生的《红星照耀中国》，这本书影响了美国上层人士。一位是赛珍珠，她的中国题材作品受到了数以千计的西方读者的欢迎。这了不起的历史性功绩，只属于赛珍珠一人。

海伦接着回忆了她和赛珍珠的交往史。

赛珍珠是我和斯诺先生的好朋友，我们的友谊保持了40年。1934—1935年，我和斯诺在北平燕京大学教书时期的一天下午，赛珍珠打电话说要拜访我们。当时她在北京图书馆收集整理中国古典小说《水浒》的翻译资料。我们第一次见面，畅谈了各自对中国的了解和看法。后来我们一直往来不断。斯诺认为《大地》反映中国社会似并不全部符合客观，但仍不失为一部具有可贵的中国心的好书。斯诺爱读她的书。赛珍珠也爱读斯诺的书。1935年赛珍珠回美国的第二年，她创办并主持东西方协会，主编《亚洲》杂志，发表过多篇斯诺和我宣传中国革命的稿件与有关中国的信息。她还帮我出版了我写的两本小说。1941年美国向日本开战，我们返回美国。赛珍珠立即邀请我们去她在费城郊区的家中做客，并热情建议我们在她家附近定居。虽然我们还是回到了康涅狄格州麦迪逊镇老家，但她的盛情仍是感人至深的。

有一次，赛珍珠对我说，她认为斯诺先生那本书和对中国革命的报道，有助于西方人民理解和支持中国的抗日战争。因此，她主编的《亚洲》杂志及时发表了其中重要章节。我认为在当时这是需要非凡的政治识见和敢冒风险的勇气的。后来广大西方读者的反应也确令她鼓舞。

但赛珍珠又常常显得政治意识不强，她过于坦诚率真，喜爱看到什么听到什么就说什么写什么，未免心直口快笔快，书文也出得奇快，往往不虑及它的政治后果。

海伦对赛珍珠在中国的不公正的待遇充满着困惑，她说：赛珍珠对中国那么友好，为什么中国人还要否定赛珍珠？要知道，在尼克松决定打开中国大门时，她是美国民间最早支持此政策的知名人士之一。

在谈到中国文学作品迄今未获诺贝尔文学奖的原因时，和平先生告以近年大陆学者普遍看法，即赛珍珠用英文写中国的书，以其简洁流畅娴熟的语言吸引住西方读者，而中国名作家的名作未能译成主要外文，以英文而论，一经英译便逊色，常酿成失去西方读者群的遗憾。海伦听了，激动地拉着和平先生的手说："你讲得太对了！准确极了！中国人也能从语言沟通的新角度来审视自己，重新评价赛珍珠了。我终于看到了中国的希望，这是你们思维上的一个了不起的进步。"

一个多小时的造访结束了，海伦很兴奋地与徐和平合影。在美国初夏阳光的照射下，身着中式绣花长袍的海伦，显得格外明丽，风采动人！她还以饱蘸友情之笔写下怀念赛珍珠的题词："怀念赛珍珠，我亲密的朋友，她建起了第一座沟通东西方的桥梁。"这一题词因其真诚真实而又显得多么深沉凝重！

中国人民衷心感谢、永远怀念为加强中美人民友谊做出历史贡献的所有美国朋友！

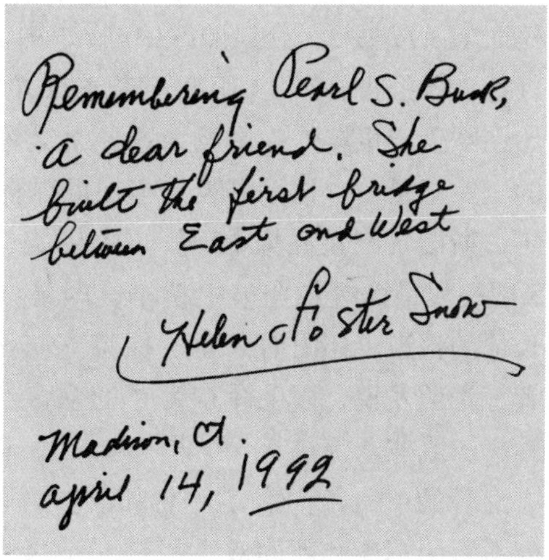

海伦·斯诺女士题词

（载《人民日报（海外版）》1996 年 8 月 30 日）

赛珍珠和中国红军长征

值此隆重纪念红军长征胜利60周年之际，我们不仅要缅怀和感谢像斯特朗、史沫特莱、斯诺这类支持红军长征的国际友人，也要缅怀和感谢一些政治倾向不同，却热爱并支持中国人民正义斗争的国际友人，最早向世界介绍和宣传中国红军长征真实情况的美国作家赛珍珠就属于后一类。

1934年，赛珍珠与丈夫布克离婚，在离华前夕，与处于热恋之中的美国《亚洲》杂志主编理查德·沃尔什一道拜访侨居北京的斯诺夫妇。当时她的小说《大地》及改拍的电影向世界提供了中国社会画卷和农民形象，享有很高的声誉。但赛珍珠并不满足，她密切关注着中国前途和中国人民命运。蒋介石政府消极抗日，令她愤怒与失望，共产主义又让她恐惧与疑虑。斯诺刚发表的《远东战线》一书，给她打开了了解共产党的窗户，她切盼也确信斯诺会有更惊人的新作面世。理查德·沃尔什则以其出版家所持有的职业敏感，很快与斯诺达成默契。两年后，斯诺凭着对赛珍珠夫妇的信赖，投以刚刚完稿而未及成书（《红星照耀中国》，中译本名为《西行漫记》）的单篇《来自红色中国的报告》。《亚洲》杂志（总第29期）即以最快速度全文发表，开始在欧美产生爆炸性影响。这便是被称为“经久不衰的独家报道”最早面世的真实记录。它比该书英文本在世界畅销的1938年，提早了一年多时间。翌年，斯诺《红星照耀中国》成书伊始，《亚洲》杂志第7—11号又不惜连续用5期的大量篇幅刊登书中精华，即最具吸引力的“毛泽东自传”及关于红军长征的报道，还附有朱德、徐特立与南京代表团成员在延安的合影。世界读者惊奇地发现，以毛泽东为首的众多红军高级将领大都年富力强，个个久经沙场，既非“赤匪”，也非“超人”，而是从旧社会苦难中走出来的、有抱负有经验的革命者，给穷人带来希望的有血有肉的革命者。机智勇敢地冲破蒋介石集团军事和新闻双重封锁，记录中国革命狂飙巨澜的斯诺，因此被奉为世界英雄，赢得了中国和世界人民的尊敬与爱戴。赛珍珠作为《亚洲》杂志的主要编辑，以其辛勤与高效劳动，以及对中国的一片挚爱和非凡胆识，增进了世界人民对中国的了解与友谊，也是功不可没的。无怪乎斯诺前妻、赛珍珠好友海伦称赞她“是个不同凡响的人”，“作为中国人民的忠诚朋友，她走在时代的前面，至少超过了四十年”。

然而，在麦卡锡恐怖时代，赛珍珠上了红色危险名单。她在这种压力之下，不得不宣称她不信仰共产主义，并对新中国政府一直持批评态度。由于缺乏新中国的生活经历，她写中国题材作品不免扑朔迷离、黯然失色，中国也因此而对她的著述不宣传、不出版中译本，乃至拒绝她随尼克松访华。年届八十岁的赛珍珠为不能按原计划用新观点写《红色国土》，为不能来华祭扫埋葬在镇江和庐山的父母、四个兄姐弟的坟墓而痛苦异常，但她仍压制着自己的感情，在不到两周时间里利用友人提供的有关中国共产党人和新中国建设成就的照片资料编撰了《中国今昔》一书（1972 年在美国出版，又译《中国的过去和现状》）。对所收 1935 年 6 月 13 日翻越夹金山的毛泽东骑黄骠马（原文误为“小白马”）的照片，有如下赞美：“这脸是那样英俊、大胆、自信、无畏，同时，又那样坦率，眼睛正视着前方，嘴敏感而又镇定。”“任何人都能信赖这张脸，这张脸属于一位富有感情而又坚定自信的人。我见过的数千张毛泽东照片中，这是我最喜欢的一张。”赛珍珠由衷地赞美毛泽东是个天才，说：“不管他承认不承认，他是一个知识分子，而且是属于杰出的。”次年，她带着深深的遗憾，带着对中国之谜的矛盾离开了世界。

而今，东西方友好呼声日益高涨。全面了解、认识赛珍珠，公正客观评价赛珍珠及其作品，是发展中美文化交流、促进中美友好合作的需要，这一重任势必历史地落在我们当代人身上。

（载镇江市文联《文艺界信息》，内部报刊，1996 年 12 月第 21 期）

这里有跨国度的特殊友情

坐落在镇江登云山上的赛珍珠故居修缮对外开放虽不足4年，却以赛珍珠特有的人格魅力与其文学作品的高品位吸引了来自世界四大洲十多国近八千名友人前来参观。

面对镇江人民与世界人民这种前所未有的友好佳话，中国农工民主党市委教育支部日前前往参观的同志们莫不受到强烈的震撼与流露出浓厚的探索兴趣。

赛珍珠刚出世3个月便随忠于传教布道的父母来到中国，在清江浦（今淮阴）生活一段时月即侨居我市润州中学（润州山上，今镇江宾馆北端），在这里度过少儿时代。1914年在美国伦道夫-梅康女子学院毕业留校任教的赛珍珠惊悉慈母病重，即刻重返镇江。其时，适逢润州中学发展，旧居拆建教师公寓。赛兆祥牧师一家被安置在教会新盖的这幢两层楼房内。青年赛珍珠居此，边照料母亲边执教于润州中学和崇实女中（镇江二中前身），直至1917年5月与美国农学博士布克结婚定居皖北宿县，在这楼里生活三载有余……

听了孙威尔馆长和长期研究赛珍珠并有所建树的刘龙先生的介绍，再看看东印度建筑风格美式宽敞故居内赛珍珠生平的系列照片，居室书籍等大量实物，大家确有睹物思人、悠然神往之感。她在农家子女群中愉快成长，以及精心传授英语、辅导男女学生并与之促膝交谈的情景，仿佛浮现在我们眼前，无怪乎她称中国为“第二祖国”，称镇江为“中国故乡”。在镇江农村长期的生活积累和所接受的中国传统文化的系统教育，对她的世界观、中国古文根基的形成和日后获诺贝尔奖的《东风·西风》等文学作品的创作，均极具重要影响。

对于镇江人而言，熟知梁朝昭明太子在南郊增华阁编撰我国第一部诗文总集《昭明文选》，北宋沈括在梦溪园撰写享誉中外的巨著《梦溪笔谈》等历史上的辉煌纪录，且津津乐道，因为他们皆有赖“江山之助”；而今，得悉美国女作家赛珍珠与镇江18年历史之缘，她及其名作也赖镇江山水滋养，我农工民主党党员同志更对镇江这座历史文化名城倍增钟爱赞美之情。

然而，中美两国意识形态尖锐对立的冷战时期，赛珍珠也确有过批评我国党和政府的过激之词。赛珍珠其人其书在我国遭到冷遇贬斥，有欠公允，自不必说。1991 年 1 月，在开放的中国镇江成功地举行了全国首次赛珍珠文学创作讨论会，全国专家学者云集于此，“不唯上，不唯书，只唯实”，用历史的辩证的观点重新予以客观公正的评价。1992 年 10 月镇江与美国坦佩市携手修复赛珍珠的故居对外开放，这一系列开拓性大度之举在国际上产生广泛良好的影响。美国《华尔街日报》、英国《伦敦晚报》、日本《朝日新闻》等著名新闻媒体纷纷报道，予以好评。著名英籍女作家韩素音女士去年 10 月 13 日参观故居后深情地说：“保留修复赛珍珠故居，这一举动本身就体现了中国共产党和中国政府的宽广胸怀。”新西兰女作家、新中友协默尔斯顿市分会主席罗兰·阿诺德女士题写道：“这是对一位连接东西方的纽带式的伟大妇女的最好的纪念。”美国朋友艾伦·威廉斯先生在留言簿上激动地写道：“我盼望了整整 58 年。今天终于来到了这里，真是太棒了！”加拿大朋友莉莎·梅森女士深情地说：“多谢你们让我有机会重温 40 年前童年时代读过的书，那是我有关中国美好记忆的开端！”

这一串赞美，既是针对着赛珍珠这个伟大女性及其史诗般的著作，也是对中国秀美山河，对中国人民善良、正直、勤劳、质朴的有感而发。自然，由于镇江孔先生、王妈妈曾给予赛珍珠难以忘怀的哺育之恩、铭心刻骨的栽培之情，外国友人对赛书之赞，无疑也是对镇江人民的极佳回报。同时，对刘龙先生当年挖掘这宗宝贵的人文资源，市人大常委会钱永波主任敢于担承风险，大力支持倡导恢复赛珍珠故居，一批有识之士研究、宣传这段历史缘的大胆创举，也是一种极佳的回报。

我们结束参观时，强烈感受到，赛珍珠故居作为镇江市友好交流馆，这里确实凝结着跨国度的特殊友情，是这般美丽动人、这般真挚崇高、这般浓郁芳香。

（载《镇江政协》，内部报刊，1996 年第 2 期，与我心洁合作）

赛珍珠的镇江恋

赛珍珠女士自美国出生后，来到中国，在镇江度过孩提至少年时代，先后共结缘 18 年之久，她亲切地称镇江为可爱的中国故乡。这里勤劳睿智的师长、活泼可爱的游伴、美丽如画的山水风光、美味可口的民间食品、瑰丽多彩的传统文化，以及中国人和西方人生活中截然不同的物质世界和精神世界，直接影响赛珍珠的成长，使她成为美国权威的“中国通”。在她心中，深藏着无比珍贵的“中国故乡”镇江恋——

一、故居恋：低矮平房、登云新楼

1880 年夏，赛兆祥和卡洛琳这对新婚夫妇接受美国基督教的派遣，来中国传教 12 年后，重返美国，1892 年 6 月 26 日，他们的第五个孩子呱呱落地。被病魔夺走三个孩子的赛氏夫妇欣喜万分，视若珍珠。始名康福特（comfort 意为愉快），后易名珍珠（Pearl 音珀尔）。在三个月襁褓中，赛珍珠随父母重返中国，短期逗留清江浦（今淮阴）后即来到长江与京杭大运河交汇的“黄金十字水道”——古城镇江定居。

赛珍珠从牙牙学语时即讲中国话，并在人生之初，得以中国小朋友为第一批游伴。终生获益的赛珍珠因此一再庆幸父母选择平房故居的明智，甚至引以为豪。1914 年她大学毕业从美国回来，恰逢润州中学发展，旧居被铲除，代之以教师公寓楼。基督教南长老会在登云山顶为他们新建了东印度风格的二层楼，赛珍珠在此生活居住三年后，完婚赴皖北宿县生活。她那殷殷浓于血的故居恋情，自然系指已不复存在的润州山上低矮的平房，因为她在这里度过了孩提至少女的 15 个春秋。

二、师长恋：奶妈、厨师、孔先生

赛珍珠最为怀念的是哺育她长大的王妈妈。很小的时候，赛珍珠就会跟王妈妈哼唱镇江最古老的童谣。王妈妈和当时其他中国妇女一样，是信仰观音菩萨的，她常常跟赛珍珠讲有关观音菩萨的种种传说，讲观音怎样普度众生、怎样给老百姓带来子女。赛珍珠跟着王妈妈到金山寺去烧香的时候，她觉得观音是那样的美丽庄严、纯洁无瑕。赛珍珠甚至相信，观音菩萨一定有个小妹妹，那就是圣母玛利亚。

王妈妈还给赛珍珠吃些特别美味的点心，自己则常常一边补缀袜子，一边讲美丽善良的蛇精白娘子为追求爱情，大战法海，引来水漫金山寺等民间传说。听得着迷的赛珍珠从小就培养了听说汉语的兴趣和习惯；中国人勤劳智慧、善良正直的品质和朴实的民风，也给她留下了美好的印象。以至于长大后，她专门花时间研究了《白蛇传》传说的由来。每当赛珍珠文学创作有所成就时，她总爱表达对王妈妈的感激与怀念。

厨师是对幼年赛珍珠影响较深的另一个中国人。他瘦小干瘪，多才多艺。赛珍珠经常跑进他的房间，缠着他讲中国历史故事。赛珍珠由此知道了桃园结义是刘备、关羽、张飞这三个异姓兄弟发誓救困扶危、报国安民、不求同生但愿共死的故事，也知道弱不禁风的林黛玉和封建叛逆者贾宝玉的恋爱悲剧。

赛珍珠 10 岁时，一位年届半百的饱学宿儒孔先生受聘任家庭教师，教赛珍珠读中国经书，写汉字，同时向她灌输孔子的儒家理论。不到三年，赛珍珠跟孔先生学会优雅纯正、抑扬顿挫的官话（即今普通话），写得一手气势开张、端庄秀雅的规范楷体字，读通中国经书，尤其难能可贵地学到了初步的人生哲理。

30 多年后，当她获得诺贝尔文学奖时，她说："我最早的小说知识，关于怎样叙述故事和怎样写故事，都是在中国学到的。今天不承认这点，在我说来就是忘恩负义。"这篇演说，作为在国际讲坛上专题性、系统性宣传中国古典小说、弘扬中国古代文学传统的首开纪录，迄今未有突破。

三、美食恋：粽子、花生、麦芽糖

赛珍珠对中国饮食的兴趣与迷恋，是从小在镇江培养起来的。粽子与切成片的熟鸭蛋一起吃，是赛珍珠钟爱的食品。使她趣味盎然的，还有包裹粽子的芦苇叶——那是雇船去较金岛（金山）名气稍小的银岛（焦山）的长江边打来的。吃起粽子来，总觉得满嘴都是芦苇叶的清香，久久不散。

中国老百姓家里的花生也是赛珍珠偏爱的食物。春节时，她吃得最多。大年初二，赛珍珠两根辫子上扎着蝴蝶结，蹦蹦跳跳地给中国伯伯婶婶们鞠躬拜年。"恭喜发财"之后，她会张开那新衣服的四只大口袋，盛上大人们抓过来的瓜子花生。她专吃花生。以后她到美国还常抱怨吃不到中国花生，并批评美国人炒花生炒过了头，像咖啡豆。

一年四季都能吃到的美味要算麦芽糖了，这种糖由小贩挑着担子沿路叫卖。只要一听到小贩手上木槌敲着小铜锣的响声，不管是在干什么，赛珍珠都会从小抽屉里摸出几个铜板飞也似的朝小贩跑去。

当赛珍珠用铜板买糖时，她常常和小贩争吵，说给她的麦芽糖太小了。小贩缠不过她，总会显出无可奈何的样子，笑着用锋利的铲子再铲下一小块给她。赛珍珠觉得麦芽糖是那么鲜甜可口，粘在牙齿上，可吃很长时间。

四、玩物恋：马灯、花灯、风筝

每年过完春节，赛珍珠热切盼望的日子便是元宵节。这天晚宴上，在她家做工的中国佣人会给她带来用纸和细篾扎成的小兔子灯、莲花灯。晚饭后，赛珍珠就和其他的中国孩子一道拖着灯在外面到处玩耍。她最喜欢点上两只小马灯，前面挑一只，后面挑一只，看上去就像一匹在黑暗中行走的小马驹，手上再拖一只点上蜡烛的小兔灯或莲花灯，“招摇过市”，尽情玩乐。

当清明节悄悄来临时，赛珍珠就跟着稍大一些的中国孩子，自己将竹子一片片地剖开来，糊上薄薄的红纸做风筝。为了放风筝，她甚至忘了回家吃饭，而是和十几个小孩一道在山坡上玩上一整天，看自己的小风筝在天空中飞呀飞的，觉得有说不尽的乐趣。她很羡慕那些大人们放的风筝。那些巨龙风筝、30 只脚的蜈蚣风筝或是宝塔风筝，都需要十几个人帮忙才能飞上天。这段异常珍贵的生活，构成了她儿时欢乐多彩的世界。

五、故事恋：从听王家《水浒》到译《水浒》

登云山下，村中打谷场上，登云寺大庙前搭台的露天书场，成了幼年赛珍珠最神往的地方。虽时过境迁，黑桥南住户、年逾九旬的阚曹氏老太迄今仍清晰地记得，19 世纪末至 1905 年筑通铁路前，黑桥东首一带的露天书场，确有游动艺人前来说书献艺。当然，这些民间艺人都是不知名的，唯一有名可稽的是王家《水浒》的代表人物王少堂等。王家《水浒》是最具魅力的扬州评话，赛珍珠也最爱听。她听多了武松、李逵、宋江等 108 条梁山好汉，其性格各异又栩栩如生的形象就印入了脑海。著名评话艺术家王筱堂说，“活李逵”王玉堂（祖父）、“活武松”王金章（伯祖父）、“活时迁”王少卿

（叔父），也正是那时在乡间打谷场、寺庙前露天书场进行表演，创出“王家《水浒》”的美誉的。王筱堂的父亲王少堂 7 岁学艺，继承祖父、伯祖父衣钵，享有“《水浒》王”的盛名，也正值其时，尤其是他 20 岁代父“出征”，一登台表演就获得听众喝彩。赛珍珠耳闻目睹王家《水浒》评话艺术的精湛表演，一颗好奇而聪颖的童心被深深吸引了。听惯王妈妈的扬州话，再听这字正腔圆的王家评话，字字有情，声声入耳，优美动听，格外亲切，赛珍珠简直入迷了，渐渐陷入沉思。她开始懂得中国古典小说是来源于最基层普通劳动者的集体创作。从此，她对《水浒》更加钟爱，刻骨铭心，并萌发她日后潜心研究中国古典小说、英译《水浒》的动机。30 年后，她用 4 年工夫，挑选 70 回本，译成英文，以《论语》名言“四海之内皆兄弟”命名出版，迄今仍为世界公认的最佳英译本。她语言功力深厚，精通英汉两种语言，以及她对中国古典小说的非凡眼力与独到见解，无疑是她能成功地向世界宣传中国古典小说的直接原因。

六、教坛恋：执教三校

1914 年，赛珍珠读完大学，为照料病中慈母重返镇江。期间，她在离家不远的山巷底小学、崇实女中、润州中学执教英语。

由于学识渊博，精通英汉语言，讲究授课艺术，她获得良好教学效果，受到学生欢迎和好评。全国政协委员、上海市政协常委徐国懋老先生（94 岁）满怀感激地说：“赛珍珠先生比我大 10 岁，在山巷底小学和润州中学教过我英文，是很好的启蒙老师，她给了我英语这终身受用的武器。”“同学们的英文成绩都很优秀，口语表达尤其娴熟流利，深得中外友人称道。”与世纪同龄的尹珍珠老太为本埠唯一健在的赛珍珠学生，迄今仍能回忆起赛珍珠当年在崇实女中执教时的动人风采和与众不同的授课艺术。“她上课常常先讲一个故事。然后叫我们用汉语讲一遍。第二天要我们用英语讲，再用英文写。我们可以用书上的单词、语法。这样，由短到长，由简到繁，逐步提高。大家学得饶有兴趣，成绩个个好。”究其根，讲故事激发兴趣，听说写结合，循序渐进，师生配合默契，是她教学成功的原因。

关心学生，帮助学生排忧解难，密切师生感情，是赛珍珠为师之道的又一特色。尹珍珠原名维贞。因赛珍珠帮她胞妹由靖江改派南京工作，尹家举家转忧为喜，用易名“珍珠”的方式表示对先生的感激、爱戴与永久纪念。

据悉，在镇江润州中学、崇实女中受到赛珍珠英文教泽留美成才的，不乏其人。曾获美国密歇根大学化学博士“金钥匙”最高奖赏的王素意、获美国卡瑞利登威尔大学硕士学位荣任母校校长后与卫立煌将军结为伉俪的朱韵珩、上海金融界杰出女士蒋梅葆及侨居美国洛杉矶的著名建筑大师陶桂林等都曾用各种方式表达对恩师赛珍珠的敬重、爱戴与怀念。

就学生而言，学好英语，以利出国深造，又好谋生计；就赛珍珠而言，执教英语，广泛交友，深入了解“第二祖国”的风俗人情。学生增加，可交流的范围就扩大，对中国人的认识了解就更广泛、更深入。就赛珍珠家庭而言，增加收入，并非主要考虑因素。广泛的社交中择婿才是正事。赛珍珠大学毕业，已是出落得很漂亮迷人的姑娘。条顿民族（日耳曼）遗传和东方异族哺育的特殊经历，使她身体高大结实又脑门开阔、灵性聪慧。她既有备受西方赞美的东方女性的端庄娴雅、含蓄宽容、温柔细腻，又有深为东方欣赏的西方女性的正直率真、热情奔放。

读大学前的中国姑娘、儿时的游伴均已建立家庭，养儿育女，赛珍珠的婚事日渐成为父母焦虑、邻友关切的问题。德士古石油公司和烟草公司仅有的白人小伙子虽频频爱慕追求赛珍珠，却因不合父母的教规而中断了，赛珍珠 25 岁了，这是母亲跟父亲新婚定居中国的岁数。深爱中国的父亲看中了绅士家庭出身的中国年轻绅士。这是润州中学校友、赛珍珠教过的大龄学生。师生本相知，灵犀一点通。在异族通婚的幸福家庭中长大的赛珍珠倾向于接受这种安排，并庆幸教坛生涯即将给她带来这意外的惊喜，但对方保守的家庭却不敢创出社会婚俗的奇迹，哪怕赛珍珠这洋媳妇才貌双全、无可挑剔，最终仍婉言谢绝了这桩异族联姻。

赛珍珠乐于教坛执教，无分男校女校，无分中学小学，均全身心投入，因此不少学生对她促膝而谈，倾吐真情，无所保留。她对中国故乡镇江更熟悉了，对第二祖国、中国人民的感情更深沉了。因此，她常常认为，她教学生所得到的，远比学生从她那里得到的要多得多。此后数十载，她虽未能与他们谋面，未得缘交流，但彼此对教坛的追思与眷恋是何等真挚，何等惊人的相似。

（载《漓江》1996 年第 5 期）

我看到了中国的希望

——海伦·福斯特·斯诺造访追记

从笔者友人徐和平先生日前发自美国洛杉矶的函中惊悉，年届九旬的海伦·福斯特·斯诺这位中国人民的老朋友卧床不起，不能讲话。鉴于她年轻时与丈夫斯诺先生共同完成惊世之作《西行漫记》，援助了危难中的中国革命和中华民族，中国驻纽约总领事曾志启专程探望了病中的海伦·斯诺女士，向她表示中国人民永不消退的感激、尊敬和亲切的慰问。笔者即刻想到徐和平1992年赴美出席纪念赛珍珠百岁诞辰会议后对海伦老人的成功采访。前年他赴美临行前，特意给笔者留下那次采访与海伦合影的照片等素材，执意要笔者来追述这次访问。然而迄未成文面世，笔者越发惶恐不安起来，也倍感这份素材价值之珍贵及将其面世之急迫，于是偷闲追记下这篇虽非本人亲访而内容绝对真实可靠的访谈录。

1992年4月13日下午根据朋友道恩博士（Dr. Doun）提供的电话，几经联系，造访斯诺前夫人的夙愿终能实现了。一踏上海伦·斯诺女士位于康涅狄格州麦迪逊镇居所的台阶，就听到一阵有节奏的打字声。据悉她近年足不出户，中午12时才起床，可现在海伦老人又在顽强地工作了。伴随着叫门声，门里走出84岁高龄的海伦·斯诺女士，她面容苍白，身着高领布扣的中式大红对襟夹衫，十分耀目，这是她在居室会见中国朋友必穿的特殊礼服。她曾穿着它，会见丁玲、刘白羽等中国知名作家和其他中国朋友。

走进海伦老人的居室，这里堆积着书籍——一间不足9平方米的房间，既是她的卧室，又是她的工作室、书房、厨房和餐厅。居室里陈放着一件黄杨木雕屈原吟诗像，十分引人注目。“那是大约半年前（1991年11月8日——笔者注）中华文学基金会颁发的首届‘理解与友谊’国际文学奖。”海伦兴奋地告诉来访的客人徐和平。颁奖仪式就在麦迪逊镇举行，中国驻纽约总领事张伟超、文化领事王家栋、埃德加·斯诺基金会理事雪莲女士、《纽约时报》专栏作家哈里逊·索尔兹伯里，以及专程从北京前来的中国作协书记处书记、中华文学基金会副会长兼总干事张锲、中国作协对外联络部主任金坚范等出席了气氛热烈而隆重的颁奖仪式。面对获奖证书的赞语“半个世纪以来热烈支持中国人的正义事业，致力于向世界宣传和介绍中国，为加强中美两国人民之间的友谊作出了积极贡献”，海伦感到一种被理解的幸福和中美人民友谊的温馨。

老人深情地回忆起自己的青年时代。1933—1941 年，她随丈夫斯诺一道生活在中国，一道访问延安。嗣后斯诺在燕京大学撰写《红星照耀中国》，他写一段，就迫不及待地读给海伦听，听取评论和修改建议，然后再写。因此，他们都认为，这部书是夫妇两人亲密合作的结晶。其实海伦自己也是一位有强烈个性、执着事业心和独立人格的作家、诗人。她的著述颇丰，许多诗作在美国获奖。她出版了 50 多部著作，其中关于中国的部分被视为完成了斯诺未竟的工作。

得悉徐和平来自赛珍珠的“中国故乡”镇江，专程前来参加赛珍珠母校举办的国际研讨会，海伦感到十分高兴。特别是听到中国近几年不少学者对赛珍珠重新进行研究和客观评价的介绍时，她显得特别感动。她说：“赛珍珠对中国很友好，她的最大功绩在于向西方读者介绍了活生生的中国人。在赛珍珠的小说问世前，西方人对中国人知之甚微，或留有被扭曲的受侮辱的形象。赛女士的《大地》《儿子们》《分家》三部曲，使美国人对中国人的生活有了全新的真实而生动的了解，产生了好感和同情。”

海伦说：“在三四十年代西方人了解中国人这一过程中，有两位美国人的作品起了关键作用。一位是斯诺先生，他的作品《红星照耀中国》影响了美国上层人士。一位就是赛珍珠，她的中国题材作品受到了数以千计的西方读者的欢迎。这了不起的历史功绩，只属于赛女士一人，是任何人也无法取代的。罗斯福总统看了《大地》三部曲后，立即部分修改了他的对华政策，并亲自委派正直的史迪威将军来华，使美国援华物资能到达中共领导下的八路军、新四军手里。”

海伦接着又回忆了她和赛珍珠的交往：

赛珍珠是我和斯诺先生的朋友。我们的友谊保持了 40 年。1934—1935 年，我和斯诺在北平燕京大学教书时期的一天下午，赛珍珠打电话说要拜访我们。当时她在北京图书馆收集整理中国古典小说《水浒》的翻译资料。我们第一次见了面，畅谈了各自对中国的了解和看法。后来我们一直往来不断。斯诺认为《大地》反映中国社会似乎并不全部符合客观，但仍不失为一部具有一颗可贵的中国心的好书。斯诺爱读她的书。赛珍珠也爱读斯诺的书。

1935 年赛珍珠回美国的第二年，她创办并主持东西方协会，主编《亚洲》杂志，发表多篇斯诺和我宣传中国的稿件与有关中国的信息。她还帮我出版了我写的两本小说。1941 年美国向日本开战，我们返回美国。赛珍珠立即邀请我们去她在费城郊区的家中做客，并热情建议我们在她家附近定居。虽然我们还是回到了康涅狄格州麦迪逊镇老家，但她的盛情感人至深。

有一次，赛珍珠对我说，她认为斯诺先生的那本书和对中国革命的报道，有助于西方人民理解和支持中国的抗日战争。因此，她主编的《亚洲》杂志及时发表了其中重要章节。我认为在当时这是需要非凡的政治识见和敢冒险的勇气的。后来广大西方读者的反应也确令她鼓舞。

但赛珍珠又常常显得政治意识不强，过于坦诚率直，喜爱看到什么听到什么就说什么写什么，未免心直口快笔快，书文也出得快，往往不虑及它的政治后果。

在谈到中国文学作品迄未获诺贝尔文学奖的原因时，徐和平告以近年国内学者的普遍看法，即赛珍珠用英文写中国的书，以其简洁流畅娴熟的语言吸引住西方读者，而中国作家名作许多未能译成外文，即使译成，以英文论，一经英译便逊色，常酿成失去西方读者的遗憾。海伦听了，激动地拉着徐和平的手说："你讲得太对了！准确极了！中国也能从语言沟通的新角度来审视自己，重新评价赛珍珠了，我终于看到了中国的希望，这是你们思维上一个了不起的进步。我很高兴。我在你们中国年轻人身上看到了中国的未来、中国的希望！"

一个多小时的造访结束了，海伦很兴奋地与徐和平合影。在美国初夏阳光的照射下，身穿中式绣花长袍的海伦，显得格外明丽，风采照人。临别时，她还以饱蘸友情之笔写下了怀念赛珍珠的题词："怀念赛珍珠，我亲密的朋友，她建起了第一座沟通东西方的桥梁。"这一题词因其真诚和真实，显得格外深沉而凝重！

中国人民衷心感谢、永远怀念为加强中美人民友谊作出历史贡献的所有美国朋友！

（载《文艺报》1996 年 12 月 6 日）

徐迟与镇江赛珍珠创作讨论会

1990 年 8 月 16 日，我向时任镇江市市长的钱永波发出关于加强赛珍珠研究的建议函。8 月 25 日荣幸地受到钱永波市长的召见。在听取有关赛珍珠不同评价、国内外研究动态和具体建议之后，早已研读赛珍珠《大地》的市长钱永波果断决定，在镇江召开全国首次赛珍珠创作讨论会。

10 月底，我应邀参加筹备工作。徐迟先生自然是重点邀请对象，获悉这一讯息后，他非常“兴奋和喜欢”，很快复函，表达了赴会意愿，同时，如实告知：他古稀有七，身体衰弱，惧武汉寒冬，原计划南下，入住深圳作家楼，一边避寒趋暖，一边进行创作。筹备组市府周启明副秘书长、市委宣传部陆潮洪指导员、市文联欣士敬副主席三人商量后决定，仍由我出面复函。请他遵照以文会友的通常规划，撰写论文。大约在年底收到他题为《纪念赛珍珠》的专稿。他在文章中愉快地回忆了他与赛珍珠交往的轶事，热情地赞扬了《大地》《儿子们》《分家》三部曲的创作成就，并指出“她确实给我们写了十来本关于中国人民生活的书”“她写得不比我们的最好的作品差，但比我们最好的作家写得多得多”。文末，他还建设性地提出收集赛珍珠的著作、文章并翻译出版的建议，并认为此乃“纪念她的头等大事”，“恢复她的故居作为她的二等大事（出了她的书，故居才有意义）”。

鉴于他身体健康因素，大会筹备组慎重研究决定：尊重其固有的生活秩序和生活习惯，不打乱其南下的计划，仍由我致函奉告。大会将他的专稿打印出来，发给与会者每人一份。徐迟先生本人虽未莅会，其论文作为书面发言稿，经大会全文朗读后，颇受好评。这篇论文，实现了徐迟“表示一点悼念、关怀、感喟与感触”的夙愿。用他的直白的话来说，了却了“长久以来的一桩心事”。对镇江赛珍珠文学创作研究来说，增加了引人瞩目的亮点，并以其人格魅力对参与赛珍珠研究的青年学子产生了极大的感召与鼓舞。

经过 10 多年坚持业余搜集有关赛珍珠的资料图片，我已能出一本书。1991 年 1 月镇江赛珍珠文学创作讨论会的成功召开，让我进一步充实书稿内容，也更提高了出书的自信。关于编写原则，我向徐迟先生禀报了与出版社商定的三条：

1. 研究性原则。篇首介绍“赛珍珠自传及其对父母的回忆”，让读者了解家庭教育在她成长中的重要作用，借以体现研究性专著。

2. 求实性原则。在“获奖之作介绍”栏下，列有《大地》三部曲、《东风·西风》、《母亲》，父母传记《战斗的天使》《流放》等七本书的梗概，意在匡正对获奖之作即《大地》三部曲的片面认识。

3. 典型性原则。提供的“资料选辑”中，既有正面赞扬的，也有负面批评的，借以反映评价有褒有贬的客观现实。介绍“会议报道简述”，分国内部分和国外部分。“国外部分”有美国报道，也有英国、日本的报道，借以体现典型性原则。

最后，将 38.4 万字内容整理成“提要”。

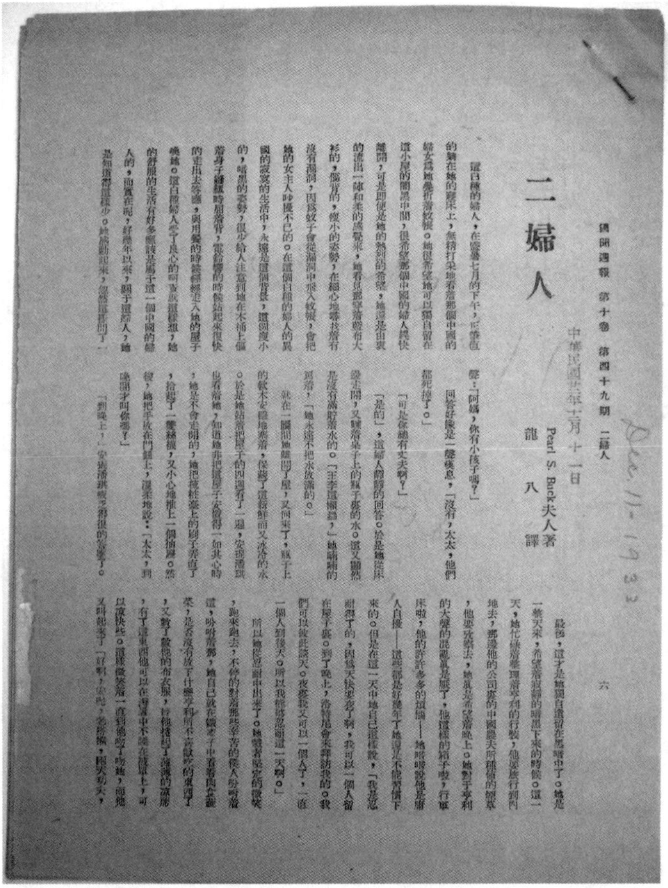

國聞週報 第十卷 第四十九期 二婦人

中華民國廿二年十二月十一日

二婦人

Pearl S. Buck夫人著

龍八譯

徐迟《二妇人》（美国赛珍珠国际基金会 藏）

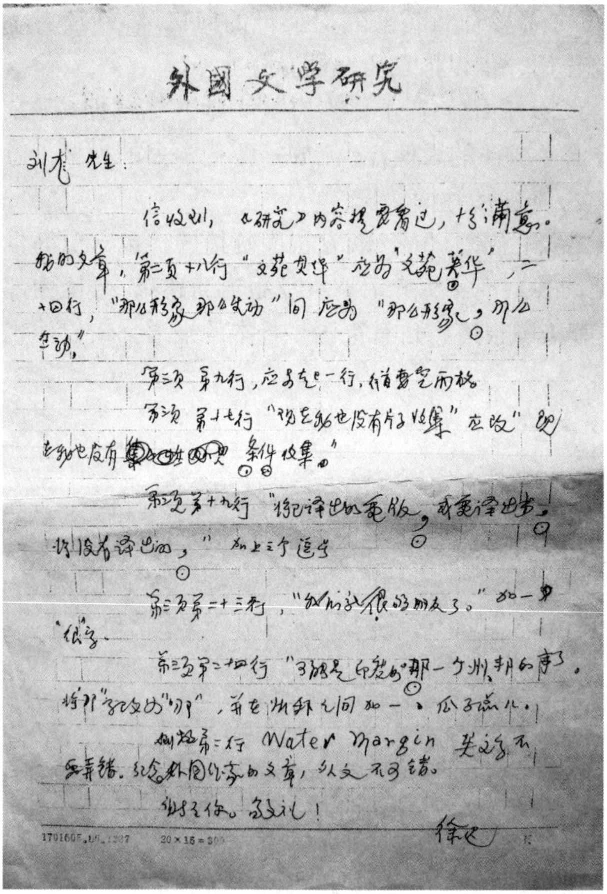
外國文学研究

刘龙先生：

信收到，《研究》内容提要看过，十分满意。

所附文章，第二页十八行"文苑英华"应为"文苑菁华"，二十四行，"那么形象那么生动"间应为"那么形象，那么生动。"

第三页第九行，应另起一行，行首要空两格。

第三页第十七行"[illegible]也没有片子收集"应改"[illegible]也没有[illegible]条件收集。"

第三页第十九行"将已译出的再版，或要译出书，将没有译出的，"加上三个逗号

第三页第二十三行，"我们就很好朋友了。"加一个"很"字。

第三页第二十四行"[illegible]那一个州、邦的事。"将"[illegible]"，并在州邦之间加一、瓜子点儿。

倒数第二行 Water Margin 英文字不要弄错。纪念外国作家的文章，外文不可错。

谢谢你。敬礼！

徐迟

徐迟给刘龙的回信

大约过了10天，即1991年11月13日，我在当时的二中寓所收到了徐迟先生的回信。他校阅专稿之细致认真令人称奇，6个错用漏用的标点、2个错字漏字及英文单词多余的3个字母均未逃过他的法眼。对于我真诚求教的编书问题，则高度概括，云"《研究》内容提要看过，十分满意"。这言简意赅的慰勉鼓励之语，也确实深含着老一辈作家的赞许、信任与期望。经过大半年艰辛努力，特别是与疾病的顽强搏斗，书稿变成了铅字。此书因系中国第一部运用历史唯物主义观点研究赛珍珠的学术专著，有幸荣获1993年全国"金钥匙"奖优秀图书提名奖、滇版优秀图书奖、江苏省教育科研优秀成果奖、镇江市首届文学奖、第二届哲社优秀成果奖等五个奖。嗣后，我受中央电视台、江苏卫视采访，拍摄《寻找赛珍珠》等专题片，2006年评为镇江市第十届精神文明建设十佳新人，又应邀访美。这些荣誉，应该说，都与当年徐迟先生的鼓励支持分不开。徐迟先生辞世已12年，但我对他的崇敬、感谢、爱戴、怀念是刻骨铭心、永难忘怀的。

谨以此文，纪念徐迟先生逝世12周年。

（载《京江晚报》2008年11月20日）

赛母墓碑今何在

读《记录赛珍珠父亲在镇江传教经历的珍贵碑刻得到抢救》（载《京江晚报》1999 年 11 月 18 日头版），喜极，即赶往观看。只见 85 cm×75 cm 的碑石上刻有 13 行 184 字，字形工整清晰，楷体端严刚劲，上有 7 只瓦当屋脊，顶部左右为两方莲花图案，采用传统的碑刻形式，刻写赛兆祥在镇 30 余年传教内容，可谓中西文化合璧。既有碑刻书法艺术的观赏价值，又有研究美国传教士在镇江活动的文物史料价值，弥足珍贵。

《异邦客》（《流放》）书影

记录赛珍珠父亲的碑刻在镇江面世，自然值得庆贺，但对于赛珍珠而言，与镇江结缘 18 年之久，除了赛氏故居及此碑之外，理应有更多的遗迹遗物。笔者在 20 世纪 70 年代曾悄悄地搜集诸种资料，后读其自传，遍访教会长者，追踪跑马山、云台山，初步认定赛珍珠之母及夭折的胞弟均安葬在云台山北麓牛皮坡下。赴京访外交部离休老干部谢和赓老人，读其著《洁白的明星——王莹》（该书由李润新著，中国青年出版社 1987 年出版——编者注），得知谢老和 20 世纪 30 年代著名影剧表演艺术家、作家王莹夫妇在 1954 年离美前夕，向挚友赛珍珠辞别，赛珍珠请他们代往庐山和镇江祭扫其父母的坟茔，还亲手画了一张详明的镇江墓地方位图。据此赛母及其胞弟的坟地在镇江，可谓依据确凿，考证无误。

当年看墓人李长青之子李成林老人向笔者介绍，方圆三亩有余的白人公墓始建于 19 世纪初叶，大小不等的白人墓很多。1964 年为镇江木建材公司征用，其时用汽车将碑石运往跑马山和南郊，抛于荒野。这些碑石或用于农家盖房，或做了路面垫脚石。笔者多次前往查访，均无结果。

其实，若问谁对赛珍珠的成长最具影响力，当推其母。1938 年赛珍珠获诺贝尔文学奖不仅“由于赛珍珠对中国农民生活史诗般的描述，这描述是真切而取材丰富的”，还由于“她传记方面的杰作”。世人知其 7 部获奖作品中的代表作《大地》《儿子们》《分家》，但少有人知道其中的传记杰作，即她描写父母的《战斗的天使》和《流放》（或译《流亡》《放逐》）这两本书。瑞典皇家学院的一位诺贝尔文学奖评委说，主要是看了这两部传记，特别是感人肺腑的《流放》，才投上那极有分量的赞成票的。因此，继续挖掘赛珍珠及其父母在镇江的遗物遗迹，有利于向世界昭示镇江拥有赛珍珠这一宗文化资源。

1994 年中美联手修缮恢复的赛珍珠故居开放后，给镇江旅游业带来了效益，并提高了镇江的世界知名度，证明了赛珍珠文化资源的价值。若是与南京、庐山等地合作，建成赛珍珠足迹跟踪旅游专线，将更具魅力，并将可能成为吸引更多中外游客的特色旅游资源。

（载《京江晚报》2000 年 1 月 28 日）

赛珍珠《群芳亭》 上银幕

《庭院里的女人》剧照

由北京电影制片厂与美国环球影片公司合拍的影片《庭院里的女人》（*Pavilion of Women*）系根据诺贝尔文学奖得主赛珍珠的中国题材小说《群芳亭》改编而成。故事发生在20世纪三四十年代中国江南都市的一个豪门家庭。吴老爷在政府为官，是地主官商集于一身的省内首富。掌管大家的吴太太出身名门，知书达礼。吴太太从40岁生日起便主动与丈夫分居。她既瞧不起无能之辈的丈夫，又不得不遵从“不孝有三，无后为大”的封建纲常，还张罗着为丈夫挑选小妾；她还不顾非议，大胆邀请意大利籍安修士做她本人及儿子儿媳的家庭教师，她自视从精神上爱恋安修士并将他作为自己的精神支柱。四个儿子中，开店记账以备承继家业的良镆、在首都谋职的泽镆和赴美留学的峰镆均先后娶亲成家。良镆与萌萌的婚姻全由双方父母包办，是典型的老式婚姻。泽镆在上海求学，与露兰自由恋爱成婚。受教于安修士的峰镆出洋留学，不愿让自己和相爱的美国姑娘深陷情网，提早返乡与妻子琳旋团聚办慈善医院。

该片自筹划至拍摄封镜，历时近四年。主演影片《女大学生宿舍》后赴美的著名女演员罗燕为了将反映东西方文化交流的此片搬上银幕，投资4000万元，与黄蓓佳合作改编，与胡雪桦（美）合作导演，自己饰演主角吴太太。美国著名演员威廉·戴福特在此片中饰演传教士安德鲁。著名电影演员陈述饰大管家。刘家栋饰康老爷。摄制组于去年5月至7月，在苏州、周庄及上海郊区东海农场拍摄了实景。

据悉，影片《庭院里的女人》将于今年9月公映，先中后美。届时，上海春秋旅行社将推出寻觅赛珍珠遗迹中国镇江旅游专线。

（载《镇江广播电视报》2000年3月9日）

赛珍珠与崇实女中

赛珍珠自美国出生随父母来到中国，在黄金十字水道口的镇江度过孩提至少年时代，这里活泼可爱的游伴、秀丽如画的山水风光、美味可口的民间食品、博学睿智的师长、瑰丽多彩的传统及东西方生活中截然不同的物质世界和精神世界，对赛珍珠的成长，其多元世界观、价值观的形成，以至影片《庭院里的女人》原著《群芳亭》等中国题材小说的创作，都产生过重要影响。

赛珍珠发蒙始于父母，求读中国课程也始于家塾。10 岁时，正式聘请了清末秀才孔先生为家庭教师。1905 年 9 月，执教三年的孔先生因霍乱逝世。

一、向往

“因为我个头很高，父母觉得，最好不要请一个陌生人教我，就让我每周到教会女子学校听两三次课。”其实，赛珍珠在自传中所讲就读教会女校（即镇江崇实女中），原因还在于女校主办者与其父母皆为美国教会人士，此校有 25 年的历史，其骄人的办学成绩已远近闻名，加之自家门至校门距离不到 200 米，举步可达。从少年赛珍珠的角度看，家中图书丰盈，兼有妹妹相伴，但下午漫长孤寂，若能结识众多中国女孩带来无限乐趣，将是令她神往与欣喜之事。

二、就读

赛珍珠 13 岁的一天，赛母找到郭偌克女校长顺利地办好入学手续。

上午，赛珍珠依然在家，随才艺颇佳的母亲学习英文写作、拉丁文等西方课程，读狄更斯小说。

下午，赛珍珠到崇实女中免读初级班，跟随中、高级班继续读“四书”、“五经”、《东莱博议》等中国古文。

崇实女中堪称一流的师资和教学质量，使聪颖好学的少年赛珍珠得到极大满足，古文知识更见扎实，知识结构也更趋完善。博大精深又极具神奇魅力的中国传统文化令赛珍珠惊叹不已，她兴味不减地研读欣赏，简直到了着迷的程度。

三年后，她先被送往上海教会学校寄读一年，然后赴美国弗吉尼亚州伦道夫-梅康女子学院深造。1914 年，毕业留校任教。后为照料病中慈母，重返中国。至 1917 年结婚这三年期间，她陪侍慈母入住新盖的妇幼医院（现为镇江二中赛珍珠楼）治疗可怕的热病直到痊愈。同时，在离家不远的山巷底小学、崇实女中和润州中学（男中）执教英语。

三、执教

由于学识渊博，精通英汉双语，讲究授课艺术，赛珍珠获得良好教学效果。20 世纪之始出生的尹珍珠老太太为本埠唯一寻访到的赛氏亲授弟子。1986 年 10 月，她以 87 岁高龄接受笔者首次采访时，仍能清晰地回忆起赛先生在崇实女中执教时的动人风采和与众不同的授课方法。

“她上课常常先用英语讲一个故事，然后叫我们用汉语讲一遍。第二天，要我们先用英语讲再用英文写。我们可以用书上的单词、语法。这样由短到长，由简到繁，逐步提高，大家觉得很有兴趣，成绩个个好。”

关心学生，帮助学生排忧解难，密切师生感情，是赛珍珠为师之道的又一特色。尹珍珠原名维贞，因赛先生帮她胞妹由靖江改派南京工作，尹家举家转忧为喜，乃以易名“珍珠”的方式表示对先生的感激、爱戴与永久纪念。

笔者得悉，在镇江崇实女中及润州中学受到赛珍珠教泽留美成才的，不乏其人。崇实女中一度成为金陵女大免试入学的预备班，足见其各科教学质量之高。赛珍珠的英语教学也功不可没。

赛珍珠之所以乐于执教，且能全身心投入，增加收入并非主要动机，广泛交友，深入了解“中国故乡”的风俗人情，才是她的兴趣与本意所在。其结果也让她得偿所愿。不少学生与她促膝而谈，倾吐真情，无所保留。她对镇江更熟悉了，热爱中国人民的感情更深沉了。

影片《庭院里的女人》及原著《群芳亭》中均有安德鲁、吴太太热心社会慈善事业，操办孤儿院、为孤儿上课的着力渲染。这些素材被信手拈来，描写又如此自然娴熟，与赛氏早年在镇江崇实女中等校教书的生活积累当是密切相关的。

崇实女中于 1952 年回到人民手中，成为镇江市第二中学，在沧桑岁月中，为国家培养了大批有用人才，其中不乏栋梁精英。目前，面临争创省重点高中的历史性机遇，二中师生振奋精神，积极开拓，一座现代化、花园式学校正在形成。

（载《镇江广播电视报》2001 年 5 月 23 日）

《庭院里的女人》 和镇江

去年初，在影片《庭院里的女人》中饰演康老爷的刘家栋先生手执拙编《赛珍珠研究》从上海来镇江嘱为题词时，告知半年前在苏州、周庄和上海东海农场拍摄实景封镜一事。当时我既为企盼已久的赛珍珠小说将上银幕而欣喜，又为改动之大而担忧。小说写紧挨“京城”的江南“省城”，分明指镇江，影片将故事发生地改为苏州附近的“金水镇”。小说没有吴老爷性虐待的内容，没有风慕与父亲小妾科明相爱的“乱伦”情节，影片却加以渲染。近日看影片及介绍，始知为了“好看”与“卖点”，罗燕大胆改编也在情理中，又切合原著精神，因而观众也给予认同，特别是保留多处依据作者赛珍珠早年在镇江的生活积累与生活体验所写的主要情节，更令镇江观众感到欣慰。

一、化解康太太难产之险

据《续丹徒县志》及《镇江二中校史简编》初稿悉知：“光绪十年（1884）美国偌女士创女学，设崇实中学一所，崇真第一、第二初等两所于松树湾，又有美国贺女医士创办妇幼医院。”1914 年建成一幢三层 40 余间大楼，为镇江市最早、最负盛名的基督妇幼医院，贺医师任院长，教会从美国派来医师，从崇实女中优秀毕业生中选拔数名为护士。此所医院与崇实女中隔以篱笆分而治之。因系同教创办，该医院免费为该校师生体检治疗（半年一次），又设门诊、病床，对外宣传并实施新式接生和妇幼保健，收治妇科病人。

赛珍珠故居距该医院近在咫尺。少年赛珍珠常耳闻中国传统老法接生导致高死亡率的弊端与悲剧，以及中国妇女对美国妇幼医院的新法接生从忧惧到接受的故事。1914 年 11 月，从美国大学毕业赶赴镇江的赛珍珠，陪侍慈母来该院治病，随时目睹各类产妇身影，耳闻她们在新旧接生的优劣对比中的亲身体会。因此，小说电影同写化解康太太难产遇险的情节，当是她耳熟能详的轶事，写来自然得心应手，真实可信。只是小说写吴太太取代老接生婆，借以表现吴太太的聪明才智，以及她同康太太的浓厚情谊，影片则改为安修士抢行接生排险，借以突出西方文明，并使情节更集中紧凑，利于吴太太与安修士情爱的自然发展。

二、创办孤儿院

赛珍珠自传写自己幼年就认识了在镇江开孤儿院收养被遗弃小孩的英国和意大利修女，与常去她家做客的三四个修女尤其熟稔。赛珍珠热爱中国，同情中国人民，更偏爱贫民及孤女，后来她成为致力收容孤儿的世界慈善事业家。应该说，她慈善事业心的萌发和起步均始于镇江。影片着力写吴太太、安修士为孤儿食宿穿衣和教育奔波忙碌，费尽心机，都是赛珍珠伟大的慈善胸怀的真实写照。

三、通电大典

影片描写金水镇通电大典，场面壮观，仪式隆重，这是牵动千家万户的大事，几千年世代因袭的“日出而作，日入而息”油灯照明的传统生活方式就要告终了，小镇男女老幼欢腾雀跃。影片关于小镇通电的创意与描写很精彩、很成功，原著未涉及此内容，因作为省会的镇江早在赛珍珠家庭教师孔先生辞世的那年，即“光绪三十一年（1905），安徽籍郭礼徵在著名实业家张謇支持下，就创办了江苏第一家公用电厂——大照电灯公司”（杨正光《历经坎坷的大照电灯公司》，《镇江文史资料》第15辑）。赛珍珠为现代文明早早进入镇江寻常百姓家而万分欢欣，她在自传中情不自禁地赞叹：我多么可爱的中国故乡啊！赛珍珠的小说，和所有作家一样，常得源于自己孩提至青少年时代身在其“中国故乡”镇江的丰富的生活经历和宝贵的生活体验。刻骨铭心的镇江生活记忆，挥之不去的镇江见闻，与影片有着难解、直接间接的关联。熟悉历史的观众，对片中人生老病死、婚丧嫁娶的描写，因其细致准确、符合江南习俗而倍感亲切，对某些虚构的情节，因与当时现实生活颇为相似而拍手叫好。《群芳亭》虽非赛珍珠小说中的力作，但经罗燕精心改编制作，影片真实地反映了中国当时复杂的社会矛盾和尖锐的民族矛盾，向世界直接揭露了日本侵略罪行，其表现反对封建、追求自由，反对侵略、热爱和平的主题的积极意义，是毋庸置疑、应予肯定的。

（载《镇江广播电视报》2001年5月23日）

赛珍珠与英语剧本《孙中山》

为纪念辛亥革命90周年，中央电视台在黄金时段推出的电视连续剧《孙中山》正以其恢宏的艺术构思、曲折的故事情节，展现伟大民主革命先行者孙中山先生光辉感人的一生，深深地吸引着广大观众。

笔者由此不禁想到，半个多世纪前海外曾出版、发行的英文话剧剧本《孙中山》，即赛珍珠和中国戏剧表演艺术家王莹、中共地下党员谢和赓在美国合作，创作剧本《孙中山传略》和筹备演出的那段历史。

1942年7月，为促进中美联合抗击日寇侵略，组织世界反法西斯统一战线，著名戏剧表演艺术家王莹和身为白崇禧机要秘书的中共地下党员谢和赓受周恩来、董必武秘密派遣前往美国。他们不辱使命，拜会“工作的重点对象”——敬慕的名人赛珍珠，并很快与其结成挚友。

1943年春，由于“中国通”赛珍珠在美国上流社会的地位和影响，以及她极富热忱又卓有成效的努力，她成功地策划并破例亲自报幕主持了王莹在白宫的演出。王莹主演了独幕剧《放下你的鞭子》，演唱了中国抗战歌曲和苏杭民歌。罗斯福总统及其夫人、华莱士副总统及其夫人及内阁高级文武官员莅临观看了王莹全部节目，既为王莹的精彩表演和东方艺术的美妙而赞赏不已，又为日寇侵华的滔天暴行而义愤填膺。这场精彩的演出，受到美国政府的欢迎与好评，也轰动了全美国，美国各大报刊头版争相报道。美国人民，特别是广大侨胞纷纷解囊。有不少侨胞激动地说：我们的父辈捐款，支持孙中山推翻清王朝，今天祖国遭难，海外儿孙岂能坐视不救？我们仍要遵从孙中山先生的遗训，捐钱打鬼子，这不就是支持“共和”、“救中国”吗？

其实，王莹、谢和赓、冀朝鼎等人在重庆就想利用孙中山先生在海外侨胞中的影响和凝聚力编写《孙中山传略》剧本，在美巡演并争取在美国拍成电影，剧中男女主角已选定，论资格、演技，王莹理所当然地饰演宋庆龄，金山也无可争议地饰演孙中山，廖仲恺、何香凝等角色需到美国再行遴选聘请。编演此剧旨在遵照孙中山先生的“和平、奋斗、救中国”三大政策和“联合世界上以平等待我之民族共同奋斗”的外交方针，指明中国必须团结一致进行全民族抗日战争，配合第二次国共合作，争取海外侨胞和美国人民的同情与支持，努力建立一个真正三民主义的、独立自由民主的新中国，即达到林肯先生所说的民有民治民享的目标。唯因难觅用英文编写此剧的高手，计划只能停留在酝酿状态。

王莹在白宫演出后，受聘为赛珍珠创建的东西方文化协会的中国戏剧部主任。王莹见时机成熟，与谢和赓二人根据重庆的初步酝酿商量了编写、排演《孙中山传略》的具体计划。他们一致认为，赛珍珠对孙中山先生十分敬仰，热爱中国人民，迷恋中国古代文化；白宫演出中的亲密合作，更表明赛珍珠女士是话剧《孙中山传略》的理想编写人选。经过商量，赛珍珠欣然允诺。有关孙中山传记材料由冀朝鼎、谢和赓提供，请拉铁摩尔做顾问，王莹、金山扮演主角的原计划不变，扮演廖仲恺、何香凝的演员也都选定。唯饰演孙中山的金山仍未能抵美。赛珍珠答应设法由东西方文化协会向美国国务院申请护照，邀请金山赴美。

一向视中国为“第二祖国”的赛珍珠早就崇敬孙中山先生。孙中山当过医学传教士的经历极易与赛珍珠拉近距离。孙中山弃医从政，医治民族创伤、推翻清政府专制政权的决心与气概，也颇令赛珍珠感动与尊敬。赛珍珠还认为孙中山“坚定善良，刚直不阿，超凡脱俗，赢得了所有了解他的人的爱戴”，“他是天生的演说家，他的演讲充满激情”，“大家相信，他有一颗真诚的心”，“虽然他过于童真，轻信他人而多次受骗，颇具悲剧色彩，但他倡导博爱平等，宽以待人，其高尚人格独具魅力”。因而，赛珍珠认为编写歌颂孙中山和当时仍健在的孙夫人宋庆龄的剧本，就是歌颂团结奋斗的中华民族精神，它必将激发美国华侨的爱国热忱，还能激发美国人民援华抗日的情怀。因此，正在为支持中国抗日而奋不顾身、日夜操劳的赛珍珠对担任编剧工作也开始心驰神往了。在熟悉孙中山生平资料后，赛珍珠立刻集中精力倾注心血，很快就完成用英语编写的剧本《孙中山传略》。后因金山未办成签证手续赴美饰演孙中山，赛珍珠、王莹、谢和赓等人痛憾不已，但英文剧本《孙中山》于 1944 年在美国正式出版，并获得广泛欢迎与好评。

王莹、谢和赓深知赛珍珠敬仰孙中山，又喜爱中国古代文化，于是商请谢父谢顺慈先生书写了孙中山所推崇的《礼运大同篇》和宋代周敦颐名篇《爱莲说》赠给赛珍珠，借以表达对赛珍珠编写《孙中山传略》剧本的感谢，争取赛珍珠不致被蒋介石方面拉过去。

《礼运大同篇》是体现中国古代“大同”思想的代表作，向赛珍珠宣传，可以从文中引申出反对独裁专制的内涵，是赛珍珠乐意接受的观点。《爱莲说》通过抒发对出淤泥而不染的莲花的喜爱与赞美，表现淡泊明志、洁身自好的高尚情操。赛珍珠收到这两幅书法珍品时，喜不自禁，视若珍宝。她把书法《礼运大同篇》放在镶金边的木框内，挂在大客厅里，下面是王莹、谢和赓合译又经赛珍珠修改润色的英文稿，写成稍小的方幅，以利外国人理解《大同篇》的思想内容，同时理解中国民主革命先行者孙中山先生思想的历史渊源。赛珍珠将《爱莲说》挂在自己的工作室，下面也配有译文。赛珍珠对王莹、谢和赓说："这是你们赠送我的最珍贵的礼物，我将永远珍藏下去，在自己百年之后，把这两幅字送给费城博物馆永远存留下去，让它不仅成为我们之间友谊的象征，也成为美中两国友谊的象征。"

新中国成立后，周恩来再次函邀赛珍珠来华，虽未成行，但她也拒绝了蒋介石、宋美龄多次恳求访台的邀请；这貌似"公允""中立"，实质上有利于新中国，及至 20 世纪 50 年代朝鲜战争爆发，她明确表示宁可触犯征兵法，也不让儿子应征赴朝与中国人打仗，再次体现她对中国人民的赤诚之爱。

赛珍珠自视在中国长大，受到中国文化熏陶和中国人民养育，因此她说："中国人民的生活多年来也就是我的生活。确实，他们的生活始终是我的生活的一部分。"她热忱地支持中国人民为争取自由而斗争，她毕生致力于向世界真实地而不是歪曲地宣传勤劳善良的中国人民，而孙中山也是以其"无私奉献的一生"从事推翻清政府腐败封建专制统治，建立共和的伟大领袖。因此，赛珍珠再次怀着崇敬与爱戴，为儿童撰写了读本《改变了中国的人——孙逸仙的故事》并于 1953 年在美国出版，以使更多的中国人、美国人乃至世界人民记住中国民主革命先行者孙中山和他伟大的历史功绩。

（载《镇江广播电视报》2001 年 12 月 20 日）

一座沟通东西方文明的人桥

——写在赛珍珠诞辰 110 周年和镇江友好交流馆开馆 10 周年之际

“要创业到镇江，镇江有金山；要长寿到镇江，镇江有南山……”每当听人提起市委书记张卫国这一串宣介镇江的如珠妙语，笔者就不由想起在名城镇江还有一座尚待开挖利用的金矿，这就是在镇江市先后生活了 18 年的诺贝尔文学奖得主、美国著名作家赛珍珠给镇江人民留下的文化资源、旅游资源和中外交流的宝库。今年恰逢赛珍珠诞辰 110 周年和镇江友好交流馆（赛珍珠故居）开馆 10 周年，笔者以为，向大家谈谈她，以及近 10 年来由她给镇江带来的诸多影响，显得尤其重要和必要。

宝贵的历史遗存吸引四海游客

1892 年，尚在襁褓中的赛珍珠被当传教士的父母带到中国，短期逗留清江浦（淮阴）后，即定居镇江。她在双语环境中生长，度过了孩提、少年至青年时代的 15 年。1909 年，她赴沪年余，然后到美国伦道夫-梅康女子学院深造，1914 年毕业重返镇江，在崇实女中（今镇江二中）、润州中学等学校执教 3 年。至此，她与镇江结缘共 18 个年头。

这段异国生涯对于赛珍珠来说，无疑丰富了她的人生经历，尤其是与底层人民的接触和交往、镇江塾师孔先生所教中国古典文学的熏陶，为她今后的文学创作奠定了坚实的基础。据笔者所知，她在中国生活的 36 年中，在淮阴约 3 年，安徽宿县 5 年，南京近 12 年，而镇江则是她生活和工作时间最长的城市，也是为她文学创作提供生活积累和创作素材最丰富的地方。

在这 18 年中，她在古城镇江留下了许多遗址。除上述故居和教会学校外，近期还发现了润州中学校名条石，记载赛珍珠父亲在镇江传教经历的碑石，埋葬在云台山下牛皮坡的赛珍珠母亲和胞弟的坟茔等遗物遗迹。目前，有关她著作中所提到的寺院、钟声、戏台、露天书场等历史遗存，尚在考证之中。

这些独一无二、不可再生的旅游资源引来了众多海外游客。据说日本著名歌星佐田雅治早在1978年中日合拍电视纪录片《话说长江》时就慕名赴镇寻觅赛珍珠留下的足迹，拍摄了大量历史资料，并在日本播放，受到广泛欢迎，引发了公众旅游的兴趣。

1992年10月，镇江和美国姊妹城市坦佩市携手修缮并开放了赛珍珠故居，迄今为止，先后接待五大洲30多个国家的友人逾万名。美国朋友艾伦·威廉斯先生在题词簿上激动地写道："是赛珍珠的书让我们对中国镇江产生了好感，并向往整整58年，今日终圆中国梦，真是太棒了。"英籍华人作家韩素音深为感动地留言："保存并修缮开放赛珍珠故居这一举动本身就证明中国共产党和政府的宽广胸怀和对外开放的坚强决心。"新西兰作家、新中友协帕默尔其顿市分会主席罗兰·阿诺德女士题词："这是对一位伟大的妇女、连接东西方的纽带的令人感动的恰如其分的纪念。"美国朋友麦尔科德·柯林斯先生写道："感谢你们把旧居当作你们和我们历史的一部分。"一位英籍学者身份的游客说："是赛珍珠的作品为数以百万计的欧洲人民提供了第一幅中国农村家庭和社会生活的长卷。"

事实也是如此，美国、英国、荷兰、日本、印度、澳大利亚、以色列、埃及等国众多学者和普通百姓都因小时候读了赛珍珠小说才开始对中国产生浓厚兴趣，并开始关注中国人民的生活和命运。中国人民的老朋友、《红星照耀中国》的作者之一海伦·斯诺在接待镇江学者徐和平时也说过："是读了赛珍珠的《大地》后才来到中国的。"

赛珍珠在镇江的遗存已被独具慧眼的旅行社相中，专门开辟了旅游线路。1999年元月，上海春秋旅行社国际部总经理孙文霞特到镇江造访笔者，称读到《赛珍珠研究》一书后立即决定将赛珍珠故居作为一个旅游景点向美欧推介，其后收到了可观的经济和社会效益。

丰富的文化资源倾倒专家学者

对赛珍珠在镇江的文化资源价值的认可，始于中国镇江赛珍珠文学创作讨论会。这次会议得以成功举办并在国内外产生重大影响，时任市长的钱永波功不可没。1988—1995年，笔者曾三次"上书"吁请镇江市领导和有关部门开展对赛珍珠的研究工作，并保护她的镇江遗存，这引起了钱永波的高度重视，他便成为赛珍珠研究中一位热情的倡导者和有力的支持者。在他的关心和直接领导下，1991年1月，中国首次赛珍珠文学创作讨论会在镇江召开。

著名学者王元化赠予题词“中美文化交流之友”，著名作家徐迟寄来书面发言《纪念赛珍珠》，来自京、沪、宁及镇江市专家、学者 20 余人在热烈、宽松的氛围中研讨赛珍珠的作品，交流研究文章，观看由好莱坞影星、奥斯卡最佳女演员路易丝·赖纳和最佳摄影师奖得主卡尔·弗洛伊德于 1937 年拍摄的英语版影片《大地》，都感到大饱眼福，甚为欣喜。

与会学者、专家高度评价了这次学术会议的成功举办，对镇江市市长表示由衷的赞赏。他们说，这次会议能够召开，领导和学者相结合是成功之道。其中，最具影响力和传播力的新华社对外电讯专稿——《学者们公正评价赛珍珠》（载于《中国日报》）引用学者们的分析指出，赛珍珠在中国生活了 36 年，这使她对中国文学有充分的理解，对她的中国题材作品不能简单地标以好或坏，必须用辩证、历史的观点去理解、评价赛珍珠，从而确认她对中美文化交流所作的贡献。那种极“左”的“棍棒式”的评论毫不足取。

这次镇江会议在国际上同样受到广泛关注，各路媒体纷纷加以报道宣传。美国《华尔街日报》、丹佛市《电讯报》，英国《伦敦晚报》，日本《朝日新闻》等报纸均用不同篇幅报道、评价了这次会议，一致认为中国学者第一次客观评价了赛珍珠关于中国题材的作品，提出了全新的见解，并肯定了会议的历史性功绩。有的国外媒体还援引了王逢振、徐迟先生的观点：“赛珍珠作品为中美文化交流作出的贡献是不可磨灭的。”

1992 年 10 月，云南人民出版社率先出版了《赛珍珠研究》（刘龙主编），中国社会科学院外国文学研究所前常务副所长吕同六说：“《赛珍珠研究》体现了我国学者迄今为止在这一领域获得的成果，也包含了编者付出的心血，它为我国的赛珍珠研究投下了一块有分量的基石。”此书遂成为专家学者研究的必读书，并被誉为“开先河之作”。漓江出版社出版了赛珍珠小说《大地》三部曲、《东风·西风》、《龙子》、《同胞》、《群芳亭》和《赛珍珠传》、《赛珍珠评论集》等书。江苏大学、河南师范大学在学报上开辟了研究专栏，为赛珍珠研究者提供发表研究论文的阵地。

这次会议后，美国宾州大学副教务长彼德·康教授专程到镇江参观了赛珍珠故居，并激动地说，赛珍珠中国故居已经融入了世界文化宝库，成为世界文化财富的一个部分，他还在专著《赛珍珠传》中留下了有关镇江的记录。

“一座沟通东西方文明的人桥”

鉴于赛珍珠在中国的人生经历及其作品对西方国家人民所产生的巨大影

响，美国前总统尼克松高度评价赛珍珠是“一座沟通东西方文明的人桥”。利用和发掘赛珍珠这一中外交流的资源已引起国内外政府的重视。

1999 年，国务院五洲传播中心派出采编人员来到镇江，制作了一档专门向海外宣传镇江的节目——《赛珍珠和镇江》，该片在海外播出后引起了较大的反响。随后，美国彩虹电视台又派出记者，不远万里专程抵镇制作了同名专题电视片，向广大美国观众介绍了赛珍珠在镇江的生活。

赛珍珠写中国题材的作品可以说影响了几代西方人，增进了中国与世界的交往。美国波士顿大学教授、哈佛大学研究员杰姆斯 · C. 汤姆森在《华盛顿邮报》发表文章称：“在她（赛珍珠）40 年异乎寻常的多产的作家生涯里，赛珍珠赢得了千百万忠实的美国及外国读者。她向美国提供的中国和中国人民的生动形象，一直延续至今。尽管政治气候在不停地变化，在很大程度上，正是由于有了赛珍珠，一代代美国人才带着同情、热爱和尊敬的目光来看待中国人。”“赛珍珠对美中两国最大的功绩，还是她在美国人民的心目中创造了一个中国人民不可动摇的良好信念。”

正如杰姆斯 · C. 汤姆森所言，上至美国高层官员，下到普通美国公众，都受了赛珍珠作品的影响来到中国。1998 年 10 月 17 日，美国前总统布什访问中国时就告诉陪同的中国朋友，他当初对中国的了解，乃至后来对中国产生爱慕之情，就是受赛珍珠的影响，这些都是从读她的小说开始的。

各个阶层的美国人民也漂洋过海，千里迢迢来到镇江探访赛珍珠的踪迹。这里有很具代表性的两个人值得一提。一位是去年来访的中国名字叫“李惠”的美国小姐，她为创作自己的话剧作品《赛珍珠和她的〈大地〉》而赴镇江寻访赛珍珠遗迹，并向笔者详细了解有关赛珍珠全家在镇江生活的历史。另一位美国教授、作家卡尔 · 朋腾在去年年底来镇江参观赛珍珠故居，并执意要去牛皮坡探寻赛母赛弟坟茔，但因天色已晚，未能与守墓人合影。今年元旦，朋腾又特来重新摄影。听说守墓人李成林老人因病住进了医院，他立即邀笔者驱车到第二人民医院看望这位年逾八旬的守墓人，向他致以敬意。病房里的护士、患者都为中美人民的友情深深感动。

作为赛珍珠生活了 18 年的中国故乡，镇江虽然拥有得天独厚的赛珍珠旅游、文化和中外交流的资源，但是，这座“金矿”的开发和利用还是初步的、不完全的，未能让这座“金矿”产生更大的效益。令人庆幸的是，赛珍珠故居的保护已被列入今年镇江市政府为民办 10 件实事内容，由市人大常委会牵头的赛珍珠旧居开发利用课题组做了大量实事。经调查和初步研究，对旧居的合理加固、花园的恢复建造、道路环境的整治及学术会议的召开，都已制订切实可行的计划，并积极准备付诸实施。

笔者以为，在当前中美关系大背景下，赛珍珠作为“沟通东西方文明的人桥”更显其重要价值。2002 年 6 月 26 日，是赛珍珠诞辰 110 周年，10 月 24 日又值镇江对外友好交流馆开馆 10 周年，我们认为借此召开学术会，举行国际名人和文化搭台、经济旅游唱戏的中西文化交流纪念活动时机业已成熟，这有利于提升镇江市历史文化品位，有利于提高镇江在国际上的知名度、美誉度，有利于推动镇江市外向型经济和旅游事业的发展。“赛珍珠的中国故乡之旅”必能吸引更多中外友人，特别是国外文化高层人物前来镇江观光旅游。

我们相信，随着这种大型活动的开展，赛珍珠这座“金矿”必能得到深入挖掘和有效利用，这座“金矿”也必能更加熠熠生辉！

（载《镇江日报》2002 年 2 月 11 日，与董晨鹏、干光磊合作）

江洪谈《神医喜来乐》 和《大地》

江洪是兼有导演才气才情和制片才能的不可多得的青年影视艺术家，早在而立之年，就作为河北电视台编导在全国崭露头角，成为多项一等奖的“三连冠”。今年春节开始，中央电视台第八频道播映由他担任制片人并执导的31集电视连续剧《神医喜来乐》（下称《喜》），广受观众欢迎与影视界好评。日前，39岁的制片人、编导江洪先生接受了笔者的电话采访。

创新：总制片人制

众所周知，在被政府“包办”几十年的文化领域，张艺谋执导的影片《英雄》已成为中国电影产业化的成功首例。电视领域产业化也已喜获成功，江洪执导的《喜》剧是一大重要标志。江洪认为，以前实行电视剧制作中心负责制，电视片拍摄制作均需导演在致力于艺术导演的同时不断为经济筹划运算，但导演又无权拍板，而掌权的“中心”人力受限，难以深入了解情况，因而决策难度大，运转费时长，存在明显弊端。现在开始实行总制片人制，总制片人被赋予了法人资格，可以直接与投资商打交道，还可以直接向银行贷款。江洪受聘为《喜》剧总制片人后，向银行贷了1000万元。《喜》剧因质优价廉被中央电视台八套一下相中买断，随即偿还了贷款。总制片人一手管理到底，虽责任重大，业务要求更高，但减少了中间报批周转诸多环节，节省了大量时间精力，电视片总运筹效率大为提高。

成功：平民文化的魅力

《喜》剧虽是用87万元从香港买来的剧本，但让江洪兴奋得着迷的是该剧着力体现出的平民文化。该剧所写是辛亥革命大背景下河北沧州“一笑堂”普通民医喜来乐悲欢离合的一生遭遇。《喜》剧的故事情节与人物形象如此贴近平民，平民百姓自然对此喜闻乐见。因此，平民文化是《喜》剧广受欢迎与好评的首要因素。

强大的演员阵容是《喜》剧成功的关键。观众熟悉的宰相刘罗锅扮演者李保田形似木讷，实则幽默，在《喜》剧中仍然保持此独特的风格。出演

《水浒》中孙二娘、《大唐情史》中高阳公主的沈傲君，东北籍，青春靓丽，是香港嘉禾影视公司签约的演员。她在《喜》剧中饰演“食为天”饭馆老板娘赛西施，与自己崇拜的影帝李保田搭档演对手戏，与片中神医喜来乐从一对偷情冤家到患难与共，终成眷属，表演十分出彩。他们在星网上获得了一片赞扬。因饰演省委书记等正角给观众留下深刻印象的杜雨露则得到尤为热烈的赞扬。他在片中饰演反角王太医，心胸狭窄，陷害贤能。虽为初试，却得到广大观众的认可与赏识。另有知名青年演员梁丽饰演常让老公喜来乐跪搓板的“母老虎”，凶狠火辣，也未让观众失望。

笔者有意谈起演员的上乘表演与导演的密切关系，江洪谦虚地说，主要是这几位大腕、明星没有架子，心态平和，其实更重要的是演员与导演所共有的敬业精神，以及导演的才气、才情和执导业务的娴熟与能力。

由于平民文化的着力体现，由于导演艺术及其人格魅力的尽致发挥，导演与演员、演员与演员默契而愉快的合作，《喜》剧喜获成功，也给各自留下了宝贵的记忆。

呼唤：《大地》电视剧

1937 年美国米高梅电影公司将赛珍珠名作《大地》拍成 3 小时长的黑白影片。该片生动地描写了 20 世纪初中国淮北勤劳的农民王龙终年辛劳种田为生，后来意外发财当地主的故事，在美国播映后产生了轰动效应。中国人民以正面形象被美国认识和接受，但看洋人演中国人，总觉得别扭。因此，西安电影厂颜学恕、银梦电影公司罗燕等多位中国电影艺术家都不约而同地尝试摄制由中国人来演的《大地》影视剧，因对赛珍珠评价褒贬不一，又涉及国外版权，尽管有识之士不懈努力，仍难见理想效果。

1995 年 12 月初，中国重大革命历史题材影视创作领导小组常务副组长阮若琳仔细审读河北电视台拍摄《大地》电视剧申请报告（含笔者所写赛珍珠支持中国抗日等材料），该申请报告终于通过审查，《大地》电视剧获准拍摄。剧本由中国电视艺术家协会录制部主任郭永江和北京鲁迅博物馆研究员、赛珍珠研究专家姚锡佩夫妇编写。该剧进入专家讨论阶段时，笔者有幸作为代表应邀出席。虽然剧本通过质量论证，被一致认为是既真实反映原作精神、又体现艺术再创作原则，同时便于开拍、又不失为优秀的电视剧本，河北电视台也决心拍成精品，及时拨出启动资金，聘请该台顶梁柱江洪执导，饰演王龙、阿兰等主要人物的演员也在积极遴选中，但因《大地》版权销售开出了令人咋舌的天价，电视剧只能就此夭折。

从无锡影视拍摄基地接手反映清末动荡社会的电视剧《金手指》导演和制片艰巨任务的江洪返石家庄临时休假，对《喜》剧侃侃而谈时，仍念念不忘我们8年前的合作，不时眷恋曾投入过心血的《大地》电视剧。得悉姚锡佩女士去年应邀赴镇江出席纪念赛珍珠诞辰110周年国际学术会议时在发言中谈及此憾事，美方负责此事的埃德加·沃尔什也应邀赴会，应有所闻，江洪先生非常欣慰，似仍充满希望。我们相信通过继续努力，定能出现新的转机。

（载《镇江广播电视报》2003年4月25日）

赛珍珠中国书法艺术解读

赛珍珠（Pearl Buck，1892—1973）不仅是驰誉世界的多产作家，杰出的国际社会慈善家，反对种族歧视、捍卫妇女儿童权益和世界和平的伟大战士，也可以说是洋人中的著名书法家。她不仅擅长小说、散文、诗歌、剧本的创作，而且能讲标准的中国“国语”（今称普通话），汉字也写得很漂亮，还能篆刻自己的名章，对中国书法有很高造诣。

一、深厚的书学渊源

赛珍珠1892年出生于美国，在襁褓中被带到中国清江浦（今江苏淮安市），在镇江度过孩童、少年学习汉语、学写汉字的宝贵时期。视传教为天职的父母对她学写汉字无疑起着决定性作用。父亲赛兆祥精通英语、德语、汉语、拉丁语、希伯来语等多种语言，他直接将古希腊语《新约全书》译成中文出版。因此，作为精通多种语言的学者型传教士，他深知世界文字按功能分为表音、表意两大类，而兼具象形、表意功能的古埃及圣书字、古巴比伦楔形文字、古克里特文字及古玛雅文字均已成博物馆珍品，也有的文字与象形文字“分道扬镳”，走上了字母文字的“不归路”。唯独中国汉字，经历过从纯粹表意到既表意又表音，象形意味逐渐淡化、隐性化的过程，从未中断使用的古今汉字之间体现着明显的传承关系，汉字的表意象形实质始终存在。

从纯粹表音的英、德、希伯来等文字看，无论将其字母如何变形、夸张与美饰，都只能是装饰层面的美化，一如汉字的美术体写法，无法表现书写者的个性、情趣和文字的内涵美。唯有中国汉字作为兼具表意象形实质的方块文字，独树一帜于世界文字之林，仍显示着中华民族数千年悠久历史的标志性独特价值。

作为中华民族灿烂文化的重要组成部分的中国书法艺术，历经篆、隶、楷、行、草等书体的变化发展，诸体风格多样，流派纷呈，历代名家辈出，碑帖如林。

因此，赛兆祥认为“很早之前，在哲学思想和宗教教义等方面的中国文明就已登峰造极”①，“值得我们尊重”②。他读写汉字兴趣盎然，热情洋溢。很多传教士对汉字苦于难读难写，而赛牧师却能于汉字结构与用笔诸方面时有领悟，不断提高，身心也为之愉悦。他在华传教50余年，使用汉字50余年。在家用毛笔，出门用“自来水笔”，写汉字已成为与中国人相同的习惯，即便短期返美休假，想到要事，“回到旅馆，他第一件事就是抽出一页纸来，用清清楚楚的正楷汉字写出来”③。赛兆祥用毛笔译写《新约全书》，在中西合璧的牧师家庭里，创造了中国书法艺术的浓厚氛围。

赛珍珠幼年在镇江读书期间，学汉语早于学英语，学写汉字也早于学写英文。她从小目睹父亲使用中国毛笔的书写习惯如此娴熟自然，颇感神奇而跃跃欲试，激发出一股学写汉字的强烈欲望。母亲也鼓励她从汉字中寻找和欣赏异民族文化之美。及至在镇江长到10~13岁，赛兆祥为她专门聘请秀才孔先生为家庭塾师。赛珍珠在自传中写道：“他是个宿儒，教我读书写字”④，始有日日临池的机缘。她“认真听课，刻苦学习”⑤，按部就班地开始了传统的描红、模仿、临帖的严格训练，对临写镇江蒙童普遍使用的馆阁体字帖和其他楷书字帖颇有兴味，打下了毛笔字书法的扎实基础。日后精通英文、中文兼及日文、韩文、法文的赛珍珠也从比较中领悟到兼具表意和象形功能的汉字的独特优势，因而终生热爱中国书法。

笔者在赛氏就读和留下教泽的学校执教过，又在师范学校教过10年书法，故特别关注并鼓励洋人写汉字。记得有一位写汉字的美国青年学者李格尔先生（Bob Riggle），仅有执教中国大学英语和与中国友人短暂交往的经历，并无接受书法培训的经历，却能用汉字给笔者写信，且能做到书写正确、整齐、清楚。在急于与笔者磋商赛珍珠专题时，怕笔者阅读英语存在困难，翻检字典而耽误时间，还是大胆写汉字。其遣词造句，表情达意，颇具水准，无愧牛津大学研究生身份，唯书写尚显稚嫩，但认真之态可掬，其热爱中国书法使然。这与20世纪30年代初美国公开出版物上宣扬什么汉字“家”就是“中国把猪放在屋檐下就成了‘家’”⑥，自是不可同日而语。前者信奉中

① 赛珍珠. 我的中国世界［M］. 尚营林，等译. 长沙：湖南文艺出版社，1991：69.
② 同①70.
③ 赛珍珠. 东风·西风［M］. 林三，等译. 桂林：漓江出版社，1998：254.
④ 同①46.
⑤ 同①46.
⑥ 彼德·康. 赛珍珠传［M］. 刘海平，等译. 桂林：漓江出版社，1998：422.

西文化平等观，虔诚来华，虚心学习历史悠久的汉字，爱我中华精神感人；后者利用中西文化差异，大肆蛊惑、取悦视野狭隘、学识浅薄的西方读者，实为污辱性反华宣传。前年，还有一位美国外教小姐来访，汉语讲得挺标准、悦耳，但写“电话”二字，将“电”的竖折向左弯，竟写成“电”。可见洋人因极少认写汉字，难免出错，要提高书写水平，则更有难度。对比之下，赛珍珠酷爱中国文化，潜心学好写好汉字而日臻精熟，委实令人感佩与钦敬。经多年探寻赛珍珠学书轨迹，不能不承认，在同类人群中，赛氏与中国书法艺术之间存在的独特而深厚的历史渊源是无法抹杀的。

二、“三美”的钢笔书法作品

赛珍珠离开镇江赴美接受西式教育后，无缘再写汉字，故其书法作品已基本失传。据悉，仅有两幅留世，今均收藏在美国西弗吉尼亚州威士林镇教会办的威士林学院图书馆。1992 年 4 月，笔者最早的研究合作者徐和平先生从美国带回一批照片。其中，1942 年 3 月赛珍珠所书支持中国抗战的中文演讲手稿显得珍贵无比。其时，赛珍珠离华返美已八载，年届半百，停写 30 余年之后，竟仍能用汉字写对华演讲稿而一举成功，完全符合繁体汉字传统规范而无一例外。她将中国方块汉字写得如此老辣，如此大气，实在令人惊诧。无怪乎赛珍珠基金会原理事长格雷丝·沈对她称羡不迭，崇拜至极，连我们有些中国字写得不好的中国人也要为之赧颜，自愧弗如了。

粗看赛氏的字，立即想到书法评论家、作家、教授李正峰先生对馆阁体书法的精辟评论：“清朝人写赵孟頫，写董其昌，规规矩矩，漂漂亮亮……皇帝带头，万人摹仿，最后形成了陈陈相因的‘馆阁体’。‘馆阁体’并非一无是处。起码，它最大限度地满足了实用的要求。看起来也比较顺眼，但作为艺术欣赏的对象就太乏味了。可是，在乾隆年间出了个名叫刘墉号为石庵的书法家，仍是‘馆阁体’，却秀出班行，卓尔不群，论者譬之以黄钟大吕之音，清庙明堂之器，推为一代书家之冠。”①

赛氏的字，受启蒙字帖影响，当属清末风行的馆阁体，规规矩矩，方方正正。细看赛氏的字，也漂漂亮亮，其线条美、结体美、章法美是显而易见的。

---

① 李正峰. 西安碑林名碑品评［M］. 西安：陕西旅游出版社，1992：75.

其一，线条美。钢笔字的线条美，反映在点画形态及用笔节奏上，此幅作品第三、五行两个“我”，线条流利、挺拔，鲜明地表现出钢笔书法“硬”的特性。从点画看，点如坠石，撇如兰叶，钩如铁钉，笔笔分明，形态各异；从用笔看，下笔有轻有重，粗细得体，速度有疾有徐，行留结合，很有节奏感。由此使线条呈现出款款美姿。

其二，结体美。钢笔字的结体，是按比例、匀称、平衡、对称、对比、照应等要求来造型的，故能符合美的规律。如“心”“有”“国”三字，造型各有特点：独体字“心”形扁，上宽大、下窄小，心钩弯势自然，出钩利索，显得重心沉稳。点画间的形断意连，似一气呵成，生动有力。“有”字，横画向右上取势，写成长横，与略向左下撇出的斜撇自然相交，与“月”字有机搭配，也显得端庄稳重。“国”字，包围结构，外框稍向左取弯势的竖画，与长短适度的横折钩，特别是稍向右取弯势的竖折紧相呼应，加上封口。诸种比例适当、取位准确的笔画，形成有机的整体，显得卓然稳固、匀称美观。

其三，章法美。整幅字篇幅不大，横竖成行，行距大于字距，章法整齐有序，自然贯气，多样而和谐，工整优美，如同颇具装饰性的图画；其气韵流动灵秀，又似极富趣味性的轻音乐小品。由此可见，称赛珍珠为洋人中不可多得的中国钢笔书法家，绝非过誉之词。

还值得一提的是，当时中国人仍普遍使用毛笔。自来水笔虽已开始进口，却尚在宫廷当稀世珍品赏玩，老百姓根本无缘见此“洋玩意儿”。美国乔治·派克发明自来水笔，至全国普遍使用，已有百年历史。赛珍珠用钢笔写中国汉字，大胆尝试着表现中国毛笔书法神韵，其为时之早，也远远超过 20 世纪 80 年代方掀起钢笔书法热潮的中国人了。此弥足珍贵的资料，大有写入中国钢笔书法史的必要。这种名副其实的东西方文化交流之佳话，确实稀若星凤。

三、独特的篆书名印

赛珍珠对篆书情有独钟。秦篆是秦始皇统一六国的重要历史功绩。“书同文”，丞相李斯用篆字书写文告，政令畅通全国，篆书实用为隆重场合的官书。在赛珍珠心目中，篆字是古老中国的象征，是古雅的传统艺术。古往今来，篆书一直显示出恒久旺盛的生命力，它也是中国人民的智慧结晶。

1965 年夏，台湾作家林海音前往美国赛珍珠基金会造访。“到了（费城德莱赛街）2019 号，是一栋三层小楼房，大门的两扇玻璃门上，各用红漆写着很大的‘赛珍珠’三个中国篆字。”① 美国赛珍珠基金会办公楼迎面两扇玻璃大门上，“赛珍珠”三个中国篆体红漆大字，迄今保留近40年，就是赛珍珠生前根据自己的意愿设计制作的。这表达了赛珍珠对中国古代璀璨文化、悠久历史的崇敬与仰慕，这也是一种刻意的宣传、醒目的招徕，它让不同国家更多的朋友认识“赛珍珠”这中国化的名字及赛珍珠所接受的高品位中国篆体书法，她压根儿不怕，其实也并不可能产生将其与“低贱”的赛金花联宗之嫌。相反，收到了弘扬中国古代优秀文化的实效。

赛珍珠不仅将篆体名字写在公众出入常见的玻璃大门上，还在设计自己的墓碑时，“没有用英语记下她的名字，取而代之的是在一个方框内用汉字（宜译‘中国篆字’——笔者注）镌刻的‘赛珍珠’三个字”②。

这方篆字名章出现在赛珍珠基金会公用信纸左下角，一直沿用至今，也是她生前自己设计制作的。信纸上端左侧是赛氏亲切拥抱孤儿的简笔画，所标单位名称、详址，皆系英文，下端横线下所标电话、传真，也系英文。左侧则排列竖式椭圆名印，上书“赛珍珠”三个篆字。此种设计真是别出心裁、独特罕见，也可谓东西合璧、中美交融。

赛真珠
（汤真洪 篆刻）

笔者多年寻觅，搜集赛氏书文，得其印拓计三枚。一为阴刻，一为阳刻，皆为椭圆形。一为方形，阳刻。皆用篆体。所异者，方印书为“赛真珠”。三枚篆书，意态均从容劲健，气息醇雅，笔法深得中锋圆笔之妙，结体大方，厚重沉稳，秀逸和平。章法稳妥，用刀冲切结合，虚实相生，一任自然。对这种极富中国传统风格的篆刻艺术品，如无说明，读者一定认为出自中国铁笔高手，谁会相信，是一位美国女作家之杰作呢？

1933年深秋，专程前往赛氏在南京居住的洋房造访的章伯雨先生亲见赛氏在会客室放置的印章。章氏“访问记”中有这样一段记载：

“这间精致的会客室，里边四周围的书架上和桌上摆满了很整齐的硬皮书籍，壁上挂着几幅中国画，一个靠在烛台下的桌上排列着一堆大的小的各种颜色的印章。”③

① 林海音. 作客美国［M］. 北京：中国友谊出版公司，1985：109.

② 彼德·康. 赛珍珠传［M］. 刘海平，等译. 桂林：漓江出版社，1998：422.

③ 章伯雨. 勃克夫人访问录［J］. 现代，1934（5）.

1938 年之前几年，赛珍珠在大学执教期间，师从中国第二位宿儒龙墨芗先生，研究中国古文，合作翻译《水浒传》。龙先生或许也精于篆刻，不时予以指点，但大小各色印章是否皆为名章，是否为赛珍珠所刻，因无实录，只能猜度而不便臆断。

至 1996 年，笔者友人孙威尔先生访美归来，始有赛氏自刻名章的肯定说法。

在位于美国宾夕法尼亚州帕卡塞镇青山农场的赛氏工作室内，“工作台旁边放着几件雕刻工具和一件未完成的木雕。写作之余，女作家喜欢搞搞雕刻，这是她的休息方式”①。孙先生引用展览上的说明文字告知，赛珍珠不仅善于在方寸印石上操刀，还喜爱摆弄刻刀工具将木头雕刻成艺术品，借以调剂紧张繁忙的文学创作生活。

如追溯这种别致的休息方式的来源，读者不禁要问：赛氏何以醉心于自己名章的篆刻？赛氏深知，中国书法艺术不仅涵盖书法艺术，还包括篆刻艺术。中国自古就有玉玺、王印、官印和私印，而私印不仅一般文人有，普通百姓也有，因而成为中国人契约、条据、重要文书、书信等社会交往中所通用的特有标识。文人挥毫作书画，题款之后，必要钤盖私章。赛氏喜爱中国书画，观赏时也像中国书画鉴赏家一样，总要对印章仔细辨认、欣赏品味一番。赛氏热爱中国人民，也爱慕中国文人的儒雅，因而不仅理所当然地自备名章，还十分讲究篆字书写布局及篆刻艺术。嗣后，一直用此名章，既是最大限度地弘扬中国书法艺术，也是永久地表达对中国文化和中国人民的由衷感激。这是何等令人感动、何等伟大的中国情结啊！

四、高雅的艺术鉴赏情趣

1942 年为促进世界反法西斯统一战线的建立，中共地下党员谢和赓和表演艺术家王莹受中共秘密派遣赴美。遵照周恩来、董必武指示，将在美国一般群众中影响很大，声望很高，又在中国生活时间很长的文化界名人赛珍珠“作为工作的重点对象”②。结果，得到赛珍珠的热情支持，取得出乎意料的巨大成功。

“王莹从与赛珍珠交谈中，知道她很敬仰孙中山先生，很喜欢中国古代文

① 孙威尔. 赛珍珠故地访问记［J］. 漓江，1996（5）.

② 李润新. 洁白的明星——王莹［M］. 北京：中国青年出版社，1987：248.

化”，于是商请谢和赓父亲，著名书法家谢顺慈写了孙中山所推崇的《礼运大同篇》和宋代周敦颐的名篇《爱莲说》，赠给赛珍珠①。

赛珍珠接受这两幅书法作品时，喜笑颜开，视若珍宝。不久，她把《礼运大同篇》用镶金边的木框挂在客厅里，把《爱莲说》挂在自己的工作室，还在下面都附上他们合译的英文。赛氏对谢和赓、王莹夫妇说：“这是你们赠送我的最珍贵的礼物，我将永远珍藏下去。在自己百年之后，把这幅字送给费城博物馆，永远保存下去，让它不仅成为我们之间友谊的见证，也将成为美中两国友谊的象征。”②

赛珍珠将这两幅书法赠品视为最珍贵的礼物，是因为她挚爱那点画苍茫雄浑、结体宽博开放、气势淳厚沉雄的魏碑书法艺术，还因为她深知《礼运大同篇》反映了中国古代“大同”思想，受到孙中山先生的推重，又与美国人民反对独裁专制的观点完全契合，她也谙熟《爱莲说》是宋代名儒周敦颐的脍炙人口的名篇。其赞莲“出淤泥而不染”的名句，表现了淡泊明志、洁身自好的高尚情操，也是古今中外文人雅士所追慕的清正品格。

由此可见赛珍珠鉴赏书法艺术的高雅情趣。

上述赛氏书法作品沉睡美国六十载而重又面世中国，为赛氏专题研究开拓了艺术新领域。赛氏“中国故乡”情结的内涵也因之更充实，它还为外国人学习中国书法提供了颇具鼓舞力的成功范例。同时，用西方传入的钢笔写中国汉字，作为洋为中用、中西结合的文化产物，向世界宣扬中华民族历史上最重要的文化现象和中华民族精神最基本的艺术表现形式，系赛氏首创，理应载入东西方文化交流史册和中国钢笔书法史册。在硬笔表现传统毛笔书法艺术方面，也有无可取代的研究价值和借鉴价值。

（载许晓霞等主编《赛珍珠纪念文集》，吉林文史出版社，2003 年）

---

① 李润新. 洁白的明星——王莹［M］. 北京：中国青年出版社，1987：276.

② 同①.

赛珍珠的杰出贡献

美国基督教长老会牧师赛兆祥夫妇，辗转于长江、运河沿岸城镇，经过近三年漂泊不定的传教生涯，于1883年在镇江安家。后乘船沿运河北上，短期旅居清江浦（今淮安市），深感镇江地处江河相交的黄金十字水道口，极具交通便捷的优势，利于开展传教工作，1896年最终全家定居镇江。在他一生传教的50年中，镇江独占30余年。他凭借语言天赋，学习半年即能直接用汉语布道；又因其博爱慈善的秉性，克己助人，故在丹徒（镇江）城乡广设教堂，赢得众多中国普通百姓的尊敬与爱戴。

1921年秋，赛兆祥刚过69岁生日，按中国习俗，镇江大港教民自发地"为他大摆筵席"，用"烫金纸寿联和用黑丝绒线绣上颂词的红缎寿幛"，祝贺他七十寿辰，赞颂他感人的品格。赛兆祥不顾年迈，连续三个月巡视教区，使教民们深为感动。"为了他平安归来，他们把他那次巡行搞成节庆一般"，还以大港等地基督教长老会名义赠他一面书有"爱人如己"四个金字的红色锦旗。今收藏在美国西弗吉尼亚州赫尔斯堡罗故居地，供人观瞻，缅怀他在中国终生传教的功德和献身精神。

1921年10月19日，其妻凯丽病逝，安葬在镇江云台山牛皮坡白人公墓。丧事办完未多日，赛兆祥应邀赴宁担任金陵神学院函授部主任。镇江长老会中美牧师及教民感念其功德非常，1925年勒石称颂，并将碑石镶嵌入赛牧师创办的镇江南门外大街教堂润南堂墙壁，以资纪念。该碑石于1999年11月12日城市改造拓宽道路时，得以重见天日。碑文如下：

从来建非常之功者，必具非常之才。具非常之才者，必为非常之人。此定理也。赛牧兆祥莅镇三十余年，不避艰难，不辞劳瘁，虽彼时人心顽固，谤讟多端，而赛牧待人以诚，爱人如己，救人之急，解人之危，卒能使教会由城而镇，由镇而乡，如江河之下流，沛然莫之能御。若非我赛牧具非常之才，为非常之人，安能建此非常之功哉！兹因师母逝世，移铎金陵，无法挽留，同深爱慕，念丰功之不朽，徒增伊人秋水之思，勒片石以长存，聊作召伯甘棠之爱，谨铭数语，以志不忘。

主降世一千九百二十五年

镇江长老会中西教牧敬勒

丹徒马逢伯撰　王纬丞书

赛兆祥牧师之所以深受镇江教民的尊敬和爱戴，“不避艰难，不辞劳瘁”“爱人如己，解人之危”等体现基督教博爱精神和人道主义思想的品德是直接而主要的原因。究其深层根源，还在于他对中国、中国人民和中国文化的挚爱，在于他对中国文明的理解和尊重。赛牧师作为学者，多年来一直潜心研究基督教、佛教及亚洲的其他宗教，研究中国语言，将希腊文《新约》和希伯来文《旧约》译成第一部明白易懂的中文本出版，又将《新约全书》译成中文，如今它们全被收藏在纽约美国《圣经》学会的博物馆里。他还撰写了一篇关于基督教和佛教共通性的论文。他认为，“在亚洲，人类文明很早之前就在哲学思想和宗教教义方面登峰造极”，“孔夫子和耶稣的圣训同出一辙”，“中国人在各个方面和我们是平等的，包括哲学和宗教在内的中国文明值得我们尊重”。

赛兆祥夫妇的女儿赛珍珠从小就随父母来到中国。她在镇江跨文化的双语环境中生活，在中美两国教育中成长。她尊崇、吸纳中国传统儒学文化，养成对中西方文化进行比较思考的独特习惯。她那超越性、前瞻性的若干见解，是她长期沟通中西方文化，努力使之融会的必然结果。

在中西文化交流史上，赛珍珠是拂去蒙尘、备受瞩目的重要人物，也是镇江中西文化交流中最具代表性的忠诚友人。

始于13世纪的马可·波罗和16世纪的利玛窦都因向西方介绍中国而闻名，而赛珍珠在这方面的贡献则更大、更新、更卓越。她身受中美两种文化教育，在中国遭受外敌入侵的危难之时向世界介绍中国，成为中西文化交流的“人桥”。特别是她一贯主张各民族文化之间的互相尊重和交流，并为之奋斗终身，走在了世界潮流的前列，更加难能可贵。

这位荣膺1938年诺贝尔文学奖的美国著名女作家，原名Pearl Sydenstricker，出嫁后改名为Pearl S. Buck，中文名为赛珍珠。1892年6月26日，出生在美国西弗吉尼亚州赫尔斯堡罗，刚满三个月，便跟随身为传教士的父母漂洋过海来到中国，1896年定居镇江。镇江秀美如画的山水、敦厚朴实的民风、凝重灿烂的文化哺育了她，她结缘镇江 18 年，常深情地称镇江为“我的中国故乡”。

她说：“我在一个双重世界长大——一个是父母的美国人长老会世界，一个小而干净的白人世界；另一个是忠实可爱的中国人世界——两者之间隔着一堵墙。”赛母严格按美国学校的课程施教辅导。赛珍珠自 7 岁开始，爱读狄更斯的《雾都孤儿》《匹克威克外传》等小说和莎士比亚戏剧全集，写日记，还初尝了发表文章的乐趣。

在中国人世界里，因人生起初“所交第一批朋友都是中国孩子”，她“讲英语前先学会了讲汉语”。赛珍珠一再庆幸父母选择的明智，不住在白人区，而与中国人为邻，“我有这样的父母，真是我的福分”。

“中国故乡”众多的饮食美餐令赛珍珠终生难忘。芝麻糖、年糕、粽子则是她幼年爱和中国孩子一起吃的美食。对花生更是爱不释手，以后到美国还常抱怨吃不到纯正中国花生，并批评美国人炒花生炒过了头，像咖啡豆。

赛珍珠回忆童年酷爱的零食时说：“每当听到沿着山间小路叫卖的货郎用一只小木槌敲响那面小铜锣时”，“不管我在看书还是在门外草地上玩耍，都要从自己的小金库里取出几个铜板，飞跑到货郎那儿……经过一番讨价还价之后，货郎拿出锋利的凿子，切下一块糖来。那糖香酥可口，有点粘牙，能嚼很长时间。这糖是卫生的，里面不含蔗糖”。

“中国故乡”欢乐多彩的节日习俗，尤其令赛珍珠陶醉不已。时逢她热切盼望的元宵节，在她家的中国佣人会给她用纸和细篾扎成小兔子灯、莲花灯。晚饭后，赛珍珠就和其他中国孩子一起拖着灯在外面到处玩耍。“一匹纸糊的马，分成两半，我绑在身上，胸前一半，背后一半，如此走来走去，就像星夜走马，使我高兴万分。”

清明节与中国孩子在山坡上放风筝，看自己扎的风筝在空中飞舞，真有说不尽的乐趣。那些十几个人才能送上天的蜈蚣、宝塔、巨龙等大风筝，更让她羡慕不已。回忆“中国故乡”这段异常珍贵的生活，赛珍珠常不禁感慨与留恋，“我多么怀念童年的时光啊！”

赛珍珠 10 岁时，清末一位年届半百的宿儒孔先生受聘任家庭教师，教赛珍珠“四书”“五经”和写汉字。不到三年，赛珍珠跟随孔先生学会了优雅纯正、抑扬顿挫的官话，写得一手气势开张、端正秀雅的规范楷体字，尤其难能可贵的是“学到了初步的人生哲理”。

“孔先生教诲我，命运不是盲目迷信，我们不能无所作为，愚蠢地等待可能发生的一切。”

“孔先生给我的最重要的教诲是：如果一个人想过得愉快，他决不能高人一头。孔先生说：‘那些高人一头的人迟早要掉脑袋的。’”

“他最喜欢引用的经文是‘种下一恶，收到十倍的恶报’。”

“中国传统文化是以‘人论’为开端的，对人的理想人格的追求，构成了中国传统文化的基本精神。”赛珍珠从孔先生的教诲中懂得，“孔夫子的君子说，就是‘贵人’”。儒家的“人贵于物”，表达了人的本质与人的价值观。赛珍珠赞美的“贵人”，就是中国的人格和中国的人文主义。她认为中国“科举制度有其民主性，为英国公务员考试所参考。英国公务员制度又成了美国公务员制度的基础”。

中国传统文化中的家庭体制，最受赛珍珠羡慕和推崇。“父子有亲，夫妇有别，长幼有序。”她将中国的家庭形容成太平盛世中的理想乐园。中国总是提倡“天下一家”“家给人足”，“因此犯罪率很低”。

“赛珍珠尊崇儒家学说，赞赏科举制度，视道德人格为‘士’的人生最高目标。”她逐步把中国传统文化观作为自己的思维模式，甚至说不将中国的一切作为参照系便不能思维。自此，她养成将中西方文化经常加以比较、反复思考的习惯，极其自然地“了解并吸取异质文化各具其美的特质，并产生了对待各民族都要一视同仁的认识”。

赛珍珠后来成立东西方协会及基金会组织，救助万千孤儿，从事跨民族的慈善事业，就是实现她这种认识的创举。她还在反对种族歧视、反对侵略战争、保卫世界和平、维护妇女儿童权益等社会问题上大力宣传、大声呐喊。她作为国际慈善事业家和社会活动家发表了若干具有前瞻性、超越性的精辟见解。凡此种种，都体现了她在中西方文化交流中积极沟通、消除隔阂的智慧和胆识。无怪乎斯诺夫人海伦·福斯特 1984 年就断言，“赛珍珠走在我们时代前面，至少超越了 40 年，而且继续走在前列”。她无愧于“美国奇人”的称号。

赛珍珠赞扬中国传统文化，其中有些难免言过其实，但其论述与对比并非纯学术式的，而是切合实际的，特别是与美国文化中的弊端相比，颇令中外读者振聋发聩、顿开眼界。

赛珍珠深切怀念哺育她长大的王妈妈。她很小的时候，就跟王妈妈学中国话、哼唱镇江最古老的童谣，听王妈妈讲自己幼年遭遇饥荒和“长毛造反”的故事，以及观音菩萨的传说。王妈妈还给赛珍珠吃些特别美味的点心，自己则常常一边补缀袜子，一边讲美丽善良的蛇精白娘子为追求爱情大战法海，引来水漫金山的民间传说。赛珍珠长大后，专门研究了白蛇传传说的由来。

“小时候，我常常长时间望着长江码头的轮船上的装卸工。他们搬运着从爪哇开来的英国船只上的一袋袋砂糖和从印度运来的一包包棉花，还有从澳大利亚运来的一箱箱听装奶油。这些箱、包、袋子都是沉甸甸的，压得那些骨瘦如柴的中国人的裸露的上身弯曲着，走起路来踉踉跄跄。”赛珍珠由搬运工的赤贫想到“他们家里人的辛苦”，因而予以深切同情，对用木签作凭证控制搬运工人的英国白人的“冷漠超然”则鄙夷不屑、愤愤不平。她又因无法改变此现状而常常忧虑不安。

赛珍珠对王妈妈的怀念，对镇江码头工人的同情，源自中国传统文化中的人文主义和西方基督教文化中的平等博爱的人道主义。这种世代承袭的文化现象的结合，可谓特殊的平民情结，它在潜移默化中渗入赛珍珠深层意识与心理结构之中，并化为她行为的强大驱动力。

1900 年，赛珍珠在镇江经历过惊心动魄的排外运动。山东义和团烧教堂杀洋人之风刚波及镇江，她就回家有所抱怨：“同学们不再争着与我同桌了”，以后更是“所有的外国人都被不分青红皂白地当成白人盗贼”，“天真无邪的我只是因为长着我种族特有的金发碧眼白皮肤而被人憎恨”，不禁倍感冤屈。尽管她父母及美国政府再三强调美国没有参加侵略战争，但耳闻目睹“白人在中国大地上杀人、强奸、为所欲为，而中国政府无权逮捕他们”的种种事实，她的头脑逐渐清醒起来。正如她后来在自传中所说：“必须看到，美国参与了镇压义和团运动，并把军舰开进了中国内河。除此之外，每当别的国家，通常是英国，强迫中国签订一个新条约时，美国也都跟着要求得到条约里的利益。”“总之，如果我们声称自己毫无自私自利之心，那纯属虚伪。”“中国人对各种各样的自私自利、虚伪见得多了，即使你手段再巧再高，任何人包括美国人，也很难或者说从未能蒙骗住中国人。所以我们根本无权要求中国人感激我们。”“我们这种族对另一种族是不公正的。”“他们是对的，我们是错的，毕竟我们是中国大地上的客人，而不是统治者，甚至公民也不是。”

赛珍珠对这段生活经历的反思表明，她非常重视西方人的心理，敢于有针对性地宣传和主持正义。尤为可贵的是，她能冷静客观地从中国平民的角度考虑，为之辩解，批评美国政府的侵略与伪善行径。她由此认为，中美人民要相互理解。

赛珍珠儿时在镇江听《水浒》故事，以后长期研究《水浒》小说，并将其译成英文本向世界宣传，留下中西方文化自然交流吸纳、走向高度融合的佳话。

赛珍珠在镇江度过的少儿时代，听故事是她不懈的追求，这使她获得持久的兴奋和莫大的满足感。

“每天晚上，油灯总是亮着。”除了听王妈妈讲故事，厨师讲中国历史故事，她还“缠着不放过”其他中国老人讲故事。赛珍珠由此知道了桃园结义是刘备、关羽、张飞这三个异姓兄弟盟誓救困扶危、报国安民、不求同生但愿共死的秘密，也知道了弱不禁风的林黛玉和封建叛逆者贾宝玉的恋爱悲剧。

为了进一步满足无休止的故事欲，少年赛珍珠来到她最神往的打谷场。

“我们也听周游四方的说书人讲故事。他们在乡村道边走边敲小锣。到了晚上，就在村中打谷场上说书。一些江湖戏班也常到村里来，在大庙前找个地方唱戏。”

赛珍珠在自传中所说的“打谷场”在何处?《镇江指南》（1922 年）“第六编 食宿游览”之“（十）说书场”（第 6 页）载：

“镇埠书场，城内外不下数十处……破桌断凳，污秽不堪……听者多中下流社会人物。其所说之书，大书以西汉、三国、水浒为重”，“此外，尚有露天书场一种，在黑桥、邹家巷、江边等处”。

此所记为 1922 年前约 10 年的露天书场，所云“黑桥”，与赛珍珠所述相距甚远。赛珍珠所云，时在 20 世纪初，即 1903—1905 年。打通宝盖山始建铁路前，并未建造黑桥，自然也就没有所谓黑桥露天书场。笔者在采编崇实女中校史时，曾寻访黑桥南一位比赛珍珠小 6 岁的阚曹氏老太，她有与赛氏相似的回忆。

那是登云山下，登云寺庙前一片开阔地，即今铁路南镇江无线电专用设备厂前。农忙，权作村中打谷场；农闲，则是农民自娱自乐的场所。听书，即称露天书场；看戏，亦名露天戏院。

说书献艺的民间艺人都是不知名的，唯一有名可稽的是王家《水浒》代表人物王少堂等。王家《水浒》是最具魅力的扬州评话，赛珍珠也最爱听。她听多了武松、李逵、宋江等 108 条梁山好汉的故事，其性格各异又栩栩如生的形象印入了脑海。日后著名评话艺术家王筱堂说，他祖父“活李逵”王玉堂、伯祖父“活武松”王金章、叔父“活时迁”王少卿，也正是那时在乡间打谷场、寺庙前露天书场进行表演，才创出“王家水浒”的美誉的。他父亲王少堂 7 岁学艺表演，继承祖辈衣钵，也正值其时，始有后来“水浒王”

的盛名。少年赛珍珠不一定知其名，但表演者仅长她 3 岁，表演却甚精湛，她那颗好奇而聪颖的童心被深深吸引了。听惯了王妈妈的扬州话，再听这字正腔圆的扬州评话，字字有情，声声入耳，格外亲切，悦耳动听，赛珍珠简直入迷了，渐渐懂得中国古典小说实为源于最底层普通劳动者的集体创作。日后，她对《水浒》小说更为钟爱，英译动机由此萌生。30 年后，她用 4 年半工夫精心挑选 70 回本，以《论语》语“四海之内皆兄弟”命名出版英译本。“因书中的事实，颇与英国的罗宾哈德相似，深受欧美读者欢迎”，迄今仍广受好评，被认为是最佳英译本。

赛珍珠在斯德哥尔摩接受诺贝尔文学奖的答谢演讲中，以“中国小说”为题，说“虽然我生来是美国人，我的祖国是美国，但恰恰是中国小说而不是美国小说决定了我在写作上的成就。我最早的小说知识，关于怎样叙述故事和怎样写故事，都是在中国学到的。今天不承认这一点，在我来说就是忘恩负义”。赛珍珠在世界文学殿堂如数家珍地专题宣扬中国古典小说的辉煌，乃首开历史先河的创举。作为在中美两个世界中成长起来的作家，自然吸纳中国古典小说，再英译向世界推介，这为镇江留下了中西方文化自然交流、有机融合的佳话。

赛珍珠用文学创作成功地体现了她对中西方文化沟通、融合的理想追求。

1917 年 5 月 30 日，赛珍珠与美国青年农学家布克在镇江老家花园举行了婚礼。赛母十分满意，赞扬道：“即令在美国，也办不了比这更美的婚礼。”在庐山度完蜜月后，赛珍珠和布克先后去宿州和南京工作，1934 年返回美国。

1921 年秋，赛珍珠从南京赶到镇江眼看着病危的慈母“诀别已无法避免”。赛珍珠的生活是植根于母女深情之中的，丧母令她撕心裂肺、哀恸至极。将母亲遗体安葬于镇江云台山牛皮坡白人公墓，办完丧事，她再次恋恋不舍地眺望母亲“度过他乡生涯最后 30 年的城市”，“回到南京，心中充满了一种想让母亲永生的愿望”。于是，“决定写母亲的传记，以此控制自己的失落感”。这后来成为她的第一本满怀爱恋的回忆录。“直到 15 年后，它才以《异邦客》为名出版”（《异邦客》又译为《放逐》《流放》《流亡》——编者注），与其写父亲的传记《战斗的天使》共属“杰出的传记作品”而获诺贝尔文学奖。瑞典学院诺贝尔文学奖评审委员会委员、著名女作家塞尔玛·拉格洛芙曾透露，她之所以投赛珍珠的票，就是因为《战斗的天使》写得出色。

《异邦客》写凯丽在镇江西郊植树种花，美化环境，精心布置家园，与女教民促膝交流，友善相处，使她逐渐消除异国生活的孤独与忧虑并感到中国

“不再是异国”。幼孩夭折，殡葬公墓的哀伤，对丈夫传教不管家庭的不满，以及爱美爱梦想的愉快、幽默，构成一个性格细腻而复杂的形象。这些无不与镇江息息相关。

一般认为，更成熟的《战斗的天使》兼具历史性、文学性。“在赛珍珠笔下，一个只有灵没有肉的天使般圣者跃然纸上。”安德鲁也是个性鲜明的人物，为了能走水路，方便到大港等更远的地方传教，他不再租船，毅然将建教堂的一千美元捐款用来打造一条船。传教团董事会指责他“不明智”，“得罪捐款者”。安德鲁立即复函，表明自己服从上帝、不服从富人乃明智之举，并反问“董事会何以向富人屈服，又何以配当上帝工作的领导”。以后他“愉快地满怀胜利地使用那条船好多年”。

这段叙事，既揭示安德鲁适应环境从而扩大教区的大胆明智、坚韧果断，也从另一侧面体现出镇江位于江河交汇点的地域特色和可资利用的区位优势。

再看获奖作品中的名作《大地》。

“赛珍珠以生动、逼真、细腻的笔触，给我们描绘了中国民国初年的婚嫁、民间信仰和岁时节日，再现了那时代中国社会各阶层人士的服饰文化和居室文化特征，可以毫不夸张地说，为我们展现了那时代一幅幅风俗民情图，一幅幅灾民流徙图。这些内容丰富而深刻的描写，固然与赛珍珠在皖北近5年深入农村和南京3所大学12年教书所得生活积累有直接关系。同时，和鲁迅、托尔斯泰、德莱赛、马尔克斯等中外作家的创作深受自己青少年生活经历影响一样，赛珍珠创作《大地》，也源于她孩提至青少年时代，亲身在其‘中国故乡’镇江的丰富多彩的生活经历和宝贵的生活体验。”

赛珍珠与镇江有千丝万缕的联系，赛珍珠对镇江有割不断的乡思之情。人生之初的18个春秋，时时唤起她清晰美好的回忆，为她文学创作提供了大量生活积累、素材、人物原型和创作技法基础，使她在执笔时游刃有余。在她前期小说与传记等多部作品中，“从人物到人物活动场景，从衣着到饮食习惯，处处闪现着镇江的影子，镇江的色彩”。

另一部故事发生在抗战时期作为江苏省省会——镇江的畅销小说《群芳亭》，经罗燕改编拍成影片《庭院里的女人》，拥有中美两代读者和观众。小说着重写吴太太和传教士灵魂深处的思想碰撞和感情上的潜移默化。真诚无私、善良热情的神父安德鲁博得吴太太的好感，在交往相处中二人萌发了爱情。赛珍珠写此二人相识相知相爱的心路历程，自然地表露了她较为开明的宗教观和婚恋观，“更重要的是体现了她对东西方文化融合的理想追求”。

综上所述，无论是宗教文化交流、英译中国古典小说的异文化互变，还是中国题材小说的英文创作，尽管视角有别、品类相异，但都同属跨文化对话。通过赛珍珠与镇江亲缘关系的剖析介绍，可以更深切地认识到中国文化在赛珍珠心目中的异文化地位和作用。“我们应该像赛珍珠所主张的那样，把陌生文化当作一面镜子，来观照出本国、本民族文化的短长，以便发挥我们的长处，克服自己的短处，而不是以本位文化作为文化沟通的起点和归宿。其实，不同国家之间、不同文化之间的相处，贵在彼此了解、相互尊重。‘中西交流，人我关系，如鸟之双翼，剪之双刃，缺一不可。’”“她教会我们注意对异文化作历史的考察，认识对方的传统，寻找价值观上的共同点，培养对不同文化的开放性和提倡虚心学习的精神。”

赛珍珠在镇江的历史遗存，赛珍珠及其创作，是中国也是世界的宝贵文化遗产，理应保护开发，深入研究，使其在今后中外交流中发挥积极的作用。

（载范然主编《江河要津》，江苏人民出版社，2004 年）

赛珍珠缘结镇江“老铁”

2004年12月30日零点，镇江城拆除“铁路三线”，火车不再挡道，市区主干道从此畅通无阻，市民莫不称快。穿城的货运火车令焦急等待的行人车辆排成长龙的尴尬终成历史，有人比之如剪去了令城市发炎灼痛的阑尾，更多的市民都理性地认为镇江百年“老铁”对社会经济的发展功不可没。迁建“铁路三线”，是优化城市环境、提升城市形象的需要，也有利于改善铁路运输条件，从而促进社会经济的持续发展。

对于镇江百年“老铁”历史功绩的赞美也好，或是对迁建后的展望也好，这些都是我们中国镇江人生活在21世纪的感受与认识。笔者不禁想到结缘镇江18年的赛珍珠这位美国女作家，与镇江“老铁”存有鲜为人知的特殊情结。

忠实记录“老铁”始建史

赛珍珠的少儿时代，恰逢镇江铁路运输的诞生。

据《镇江交通史》（张立等主编，人民交通出版社1989年版）记载：“公元1898年3月，清政府与英国签订沪宁铁路借款草约25条，并委派英国工程师勘测路线。”1903年，该路由东向西始建。1907年9月，上海至丹阳段通车，“沪宁铁路在镇江范围内行经丹阳、丹徒、句容三县，丹阳以东地势平坦，丹阳以西地势渐高，起伏较大，这段铁路最大工程位于镇江城西的宝盖山隧道，该隧道长1332英尺，全部采用混凝土结构，洞内铺设双轨。”该隧道工程于1905年7月开工，历时两年零七个月，至1908年2月才竣工。

赛珍珠在自传《我的中国世界》（尚营林等译，湖南文艺出版社1991年版）中回忆了这段铁路始建的见闻：“记得当初修筑铁路还引起了一阵骚动。因为按工程设计，有条隧道要通过那个上有要塞的丘陵。我们全社区的人都为此而坐卧不宁，唯恐火车的轰鸣会打扰安息在那座山上的亡灵，此时，老太太感到大势已去，但她又想向世人证明她是喜欢现代化的，所以最终同意了在中国修铁路——或者相传如此。于是隧道通了，火车有了。”

生活在西郊宝盖山社区的少年赛珍珠亲身经历了镇江铁路修建全过程，特别是开凿宝盖山隧道这一惊心动魄的大工程。“轰隆隆！轰隆隆！”原有清军驻守的宝盖山东西两端不时发出震天动地的巨响，牵动着全社区的安宁。男女老幼纷纷跑到施工现场观看，老城区居民也跑到城外来争睹这千载未遇的奇观。近水楼台先得月，少年赛珍珠此时因塾师孔先生逝世，每周上午在家随母学西方课程，下午到教会办的崇实女中就读中文课程，也常利用课余休息，加入这观众行列。

爆破出土最为引人注目。由于缺乏连续爆破经验，施工中民工难免有所伤亡，殁者就地掩埋。不计其数的挑土民工满布宝盖山，猬集而纵横，穿梭往来。寒暑易节，劳工忙碌不歇，直至竣工，火车通车。赛珍珠由此也认识到劳动的艰辛与伟大，由衷佩服中国人民的勤劳与智慧。

颇为壮观的劳动场面，在赛珍珠少年时代的脑海中留下了不可磨灭的印象。以至于时隔40余年，即1953年，年逾花甲的赛珍珠在大洋彼岸的美国撰写自传时，犹能准确地写出镇江铁路始建过程。这段忠实于历史的回忆，虽不算完整，但对照所写金山、焦山等镇江其他名胜，篇幅较长，内容真实而具体，笔调深情而自然，实属罕见，弥足珍贵。

感受火车的便捷、温馨与魅力

镇江铁路铺建前，赛珍珠父母出入镇江均走水路，尽享黄金十字水道之便。只是“赛珍珠和她母亲一样，讨厌坐船，动不动就晕船”（彼德·康：《赛珍珠传》）。铁路建成后，坐火车自然成了毋庸置疑的理想选择。他们直接感受到旅行的快捷与方便，感受到温馨与幸福。

1909年赛珍珠赴沪寄读英籍女校长朱厄尔执掌的教会女校，1910年赴美接受大学教育，1914年毕业返镇侍奉病中慈母，1916年与莅镇的布克相恋，1917年婚后随丈夫赴皖北工作，1921年为慈母送葬入殓，迭次离返镇江，都不再乘船而必坐火车。崇实女中亲受赛珍珠老师教泽的尹维贞（珍珠）等数批毕业生赴宁攻读金陵女子文理学院，其父赛兆祥陪送自己一手栽培的润州中学戴安邦等毕业生赴宁读金陵大学，离返镇江时也必乘坐火车。

镇江人与来自英美等国的侨民自然都成了镇江铁路的直接受益者，赛珍珠无必要也不可能记叙每次进出镇江乘火车的流水账。但对1914年返镇省亲这段人生历程中颇具关键意义的大事的重点忆述，为我们审察和研究“老铁”与赛珍珠的关系提供了可靠的翔实资料。

1914年11月，赛珍珠为侍奉病中慈母，毅然辞去大学教职，接到美国教会批准她申请执教镇江教会学校的通知，即刻搭乘轮船横渡太平洋来华，取道上海返镇江。

“当我看到站在栈桥上迎接我的高挑儿身材的父亲和瘦小的妹妹时，飞扬的思绪又回到了现实世界中。母亲没有来，这使我心忧如焚。父亲和小妹都是不会说谎的人。他们告诉我，母亲的病不算轻，来上海还有困难，她希望能在镇江车站见到我。”

“我想象不出母亲究竟病得有多厉害，直到我在镇江车站见到她时心中才有了数。”

原来，上海至镇江，乘坐中国轮船或英美大轮船，短则约需一天半，非直达班则需两天至三天甚至更长时间，而此次乘火车，上午离沪，下午即抵镇江。

“尽管已经是 11 月底的天气了，但那天下午却是风和日丽，温暖如春。”赛珍珠为探视病中慈母而来，本就焦灼不安，远涉重洋的太过漫长与晕船呕吐的防不胜防，更不啻是一种煎熬，因此相比之下，凸显火车的快捷、方便与安全，在航班飞行尚未成时尚的当时，自是无与伦比了。

赛珍珠回到镇江火车站，高兴得难以掩饰，也倍感温馨激动。这不仅因为火车快捷方便和天气晴朗，还因为她终于在镇江火车站见到了魂牵梦绕的慈母和热忱迎接她的一大群中外老朋友。

“在我的记忆中，她身体结实，腰板挺直，那浓密的白发恰似一顶玉冠，黑色的眼睛炯炯有神，双唇透着坚毅，而今，我面前站着的却是个瘦小的妇女，虽然她还像以前那样穿着考究，然而她已是骨瘦如柴了，我跑到她跟前拥抱她，竟把她抱了起来。

‘妈妈，你可瘦多了。’我惊叫道。

‘女儿，你可长大多了！’她笑着回答我。

当我看到她虚弱的身体时，我的心颤抖起来。我强忍着心酸没有哭出来。见此情景，她让我去见见来欢迎我的人，其中有我的中国老朋友，英国朋友爱格尼斯和他们一家，还有几个美国传教士，以及我们家的仆人和邻居。一股暖流涌上我心头，还是回家好啊，朋友们争着拥抱我，抓住我的手问寒问暖，并且送给我鲜花、小礼物和几盒中国式松糕、芝麻饼干。”

“我们在那里多待了一会儿，以便我能问候每一个人。车站上围上了一大群人，他们看着，评论着。”（赛珍珠：《我的中国世界》）

上列赛珍珠自传所述镇江车站，系指 1906 年建在镇江老西门京畿岭下的镇江火车站。“站场狭小，设备简陋，站房总面积仅为 254 平方米，没有旅客候车室。只有28平方米的售票处和铁皮仓库。车站周围是芦苇丛生的水塘和杂草乱石坟堆。”（程文科：《古运河畔的镇江车站》，《铁路知识》1987年第5期）

赛珍珠与前来迎接的众亲友就在那场地狭小、设备简陋的车站站场争相拥抱，热烈握手，捧着鲜花，畅叙阔别之情，品尝镇江风味的糕饼。赛珍珠强烈地感受到刻骨铭心的亲情母爱，感受到愉快地共度少年时光的友伴之爱、和睦相处的邻里之爱、志同道合的教友之爱。她深深地沉浸在无比的欢乐与喜悦之中，倍感温馨与幸福。

2002年元旦刚过，南京友人带来一对美国老年夫妇赛珍珠迷，丈夫是为赛珍珠遗产纠纷败诉方翻案的律师琼尼·史威森，与妻子为评价赛珍珠经常争辩得相持不下，甚至大动肝火。他们又是赛氏自传的细心而忠实的读者，到镇江寻觅少年赛珍珠足迹是他们的共同追求，验证其书中所写景物是他们的共同乐趣，也是缓解他们紧张气氛的有效方法。

自赛珍珠故居至风车山赛珍珠就读和执教的教会学校崇实女中（今镇江市二中），我们且行且交流不断。

“赛珍珠当年坐在大榆树上看行人看火车的那棵大榆树呢?”得悉早已与平房故居一道不复存在，老夫妇不免感叹唏嘘。

“那火车进出的古老山洞呢?”

顺着我手指的方向见到近在眼前的宝盖山隧道，他们一脸的惊喜与满足，孩子似的瞪大眼睛直点头，两位老人为跨洋之旅付出巨大代价换得这份收获，连声感叹：真不虚此行。

喜赞中国观念的更新

赛珍珠的大量著述表明，她平生热爱生活、热爱旅游，及至61岁时，她已历游五大洲数十国，足迹遍布全世界。其自传对欧美诸国起步早、发展快、现代化程度高的铁路运输鲜有提及，甚至对其无轨电车、地铁、轻轨也未见激起兴趣加以描述，我们却能看到她对中国铁路特别是镇江铁路情有独钟，赞赏有加。

在写到第一次世界大战中若干法国女郎被其中国丈夫带回中国前，对中国铁路之有无表示疑虑时，赛珍珠即刻回答道：“铁路？中国当然有了。事实上，中国确有几条很好的铁路，其中的京沪线还通过我们市。在我12岁（恐为误译或为记忆之误，应为16岁。——笔者注）那年，这条铁路就通了车。”

据悉，这是迄今为止用英文直接向美国乃至全世界读者宣扬镇江“老铁”

的最早的记录。赛珍珠将其提升到全世界大视野下来评论：

“铁路？中国当然有了。”

毋庸置疑的口吻，斩钉截铁的肯定，简直是毫不含糊的中国立场，雄辩、夸耀、欣喜、豪爽之情溢于言表，更是赛珍珠挚爱中国的直接表达。

“还通过我们市”，既富热情，又显亲切，且对作为“中国故乡”的镇江大有炫耀之意。

她还特别关注并剖析慈禧老太后审批修建铁路方案时的心态：

“之所以最终同意在中国修铁路”，是因为她“想向世人证明她是喜欢现代化的”。

其实，赛珍珠早在1923年发表的处女作《也说中国》一文中，就深情地赞扬中国兴建铁路、开禁女学、放足（即禁止女子裹足）等告别“古老文明”的改革举措。她认为，中国社会的变化与进入20世纪20年代的欧美变革相比，“现代化的力量也在重塑中国人的公众生活和私生活，尽管中国原比任何西方国家都要古老和保守得多”（彼德·康：《赛珍珠传》）。

因此，可以说赛珍珠对包含镇江“老铁”在内的中国所有进步与建设成就始终满怀喜悦、热情赞美，其中国式感情堪称一脉相承、历久未变。她在回忆镇江车站一段之首的行笔，让美国乃至世界读者都那么自然、那么乐意地接受：

“任何一个民族的基本观念的更新都不是在一日间实现的，中国亦然。”

令人遗憾的是，由于种种原因，她却再也无缘亲睹新中国翻天覆地的变化，哪怕是有了对红色中国的写作计划和详细提纲，也是枉然。1972年，这位八旬老太在《最后的倾诉》一文中发出痛苦的绝望呼喊：“不，我将永远不再看见你们，我所热爱的中国民众。我的双脚将永远不再踩踏我所如此了解的小山、村庄和城市。”（汪健译，《当代外国文学》1996年第3期）

1973年3月6日，赛珍珠郁郁而逝。她无缘再来中国，自然再也看不到镇江媲美西方大站的新客站的雄姿了。

赛珍珠因中国获得荣誉、欢乐，也因中国而经受迷惘、痛苦，演绎了20世纪东西方文化对话的悲剧，也是无法弥补的历史性遗憾。

赛珍珠结缘镇江“老铁”，与镇江的历史情结，给我们认识赛珍珠丰富、细腻的内心世界，自我审视，以及思考今日中国如何走向世界、推动东西方文化的广泛交流，提供了极佳的现实视角和宝贵的历史借鉴。

（载《镇江广播电视报》2005年4月1日，又载镇江市政协文史委编印《镇江文史资料》第41辑）

赛珍珠失信龙墨芗之谜

在接受中国传统文化和中国文学灌输、熏陶的过程中，赛珍珠师从的两位宿儒应受到特别关注与尊崇：一位是她父亲在镇江聘请的家庭塾师孔先生，一位是她丈夫布克在南京结识的塾师龙墨芗。赛珍珠在1954年自传中写下了对两位恩师的回忆、深情怀念与由衷感激。

举凡笔者所见书文涉及龙墨芗与赛珍珠关系的内容，计有三段：

我得给这女儿筹好一辈子的费用才安心呢，可是卜凯（按：即布克）先生教书的收入很有限，我呢，又两袖清风，哪里来这许多钱呢？我想还是努力来著作，用著作上的进益来解决这个问题吧①。

我很抱歉，除了我的两个小女儿之外，看起来我不能每样事情都谈到了。一个外去上学了，只有五岁的一个和我们住在家里，由一位年纪大的中国家庭教师每天教她读写中文，这位教师也曾教我中国文学多年②。

也是在那一年，日本帝国主义占据了满洲，所有的中国有识之士和一些白人都清楚这次侵略行动意味着什么，和我合作翻译《水浒传》的老学者龙先生经常忧心忡忡地跟我说：美国人和英国人难道会不理解日本占领满洲意味着什么吗？第二次世界大战就要来了③。

龙墨芗

上述第一段云，赛珍珠向龙墨芗先生坦言文学创作的动机；第二段云，龙先生既教赛珍珠中国文学，又担任她小女儿的家庭教师；第三段云，龙先生与赛珍珠在一起批评英美对日寇侵占中国东三省的无动于衷。

这三段所写，都是赛珍珠的话，都是讲在1933年与龙先生之间发生的事。笔者不禁思忖：龙墨芗

① 胡仲持．大地・序［M］∥刘龙．赛珍珠研究．昆明：云南人民出版社，1992：478.
② 赛珍珠．自传随笔［M］∥刘龙．赛珍珠研究．夏镇，译．昆明：云南人民出版社，1992：7.
③ 赛珍珠．我的中国世界［M］．尚营林，等译．长沙：湖南文艺出版社，1991：288，88.

先生既是布克、赛珍珠夫妇及女儿一家两代三人的恩师，又是赛珍珠英译《水浒传》的合作者，深受赛珍珠敬佩与尊崇的老学者，更可贵者，放眼世界局势，心系国家安危，可谓德才兼备。这位老先生家居南京何处？他后半生生活如何？有何著述？子女何在？他与赛珍珠是如何合作英译的？他做了哪些具体工作？二人关系及结局又如何？长久以来，这些问题如谜团困扰着我，得不到破解。

镇江青年文史研究者裴伟获悉，也表现出浓厚兴趣，他先从姓氏文化入手，研究龙姓的繁盛地，继则与相关文史档案组织联系，后又从沈从文替赛珍珠小说译者徐迟易名为“龙八”得到启示，试图追寻“其兄”龙七（词学大师龙榆生）、龙六……着实倾注了不少心力。作为青年学者，专注执着的治学精神与穷本究原的治学方法，十分难能可贵，然终究苦而未有所得。

正值我们迷惘困惑之际，喜讯似从天而降。中央电视台《人物》专栏（刘欣主持）播放了题为“东风 · 西风”，介绍赛珍珠生平、创作成就及国际慈善事业重大贡献的文献纪录片。龙墨芗子女以其耄耋之年收看完，十分激动，立即致函该电视片原创及主持者——南京大学外国语学院原院长刘海平教授。受刘教授委派的弟子沈艳枝硕士前往上海探访，并电告我，始有 2003 年 6 月 8 日、9 月 8 日两次专访。

时年 86 岁的龙荫绪、77 岁的龙艾文兄妹在其上海寓所热情地接待了我。执教上海大连中学退休的龙艾文老师回忆其父生平及赛珍珠相关轶事，令我困惑迷惘的若干问题顿即冰释，对赛珍珠与龙墨芗相识、相知及交往中有失诚信的遗憾，有了较为具体、深入乃至细致的了解，兹介绍如下，以期对我们今天正确、全面认识与公正、客观、历史地评价赛珍珠有所裨益。

1919 年下半年，赛珍珠的丈夫布克应邀担任金陵大学农学院农业经济系教授，赛珍珠亦随其自安徽省宿县迁至南京。布克在金陵大学任教，任系主任，直至世界反法西斯战争胜利前夕（即 1945 年初），始被迫离华返美，先后工作 25 年。布克抵宁不久延请金陵神学院秘书龙墨芗先生担任其中文教师。

龙墨芗，原籍安徽当涂，1887 年生，因其父龙承杰为前清秀才，受到家庭影响，自幼好读书，写一手好字，未及弱冠即嗣承父业，终身教书为生。他笃信基督教，南京金陵神学院成立不久，即受聘为秘书。1919 年下半年，布克应聘为金陵大学教授，因研读中国农学典籍，必须具备中国古文根基，布克又向慕儒学，更兼传教士来华拜师学中文业已司空见惯。时任系主任的挚友约翰 · 赖斯纳得悉，即推荐龙墨芗先生。二人一见如故，均甚欢喜。每天上班前，学习一小时中国经书，风雨无阻，雷打不动。老师诲人不倦，布克学而不厌，二人互敬互爱、互相帮助，师生关系维持至龙先生病逝，达整整 20 年之久。

布克学习中文的动机，执着钻研的精神，尤其是促成农学调查报告面世的成果，对赛珍珠不断产生直接影响。其时，赛珍珠师从孔先生学过《论语》《孟子》等儒学经典著作，打下了厚实基础，但自己研读仍不时碰到疑难困惑，故而常随布克一道求学于龙先生。此乃赛珍珠与龙先生相识之始。这种夫妇异邦共一师、同窗共砚学中文的经历，堪称中学西渐、中外文化交流的佳话。

究其学习动机，二人有其一致性：布克时乃农村传教士，赛珍珠虽不能算正式传教士，但 1933 年夏天之前，身份也是传教士，不仅看重可观的教会津贴，基督教与中国传统宗教之间具有超越性、包容性和神圣性相通的神性论，更对他们同时产生了诱惑力，故二人都有学习中国古代文化和研读孔孟儒学、老庄道学的共同动机。至于西方传教士找中国老夫子老秀才学中文，作为来华立足交友的敲门砖，以及传播教义的工具，更是普遍性追求，已成中美高等学府的时尚。但二人学习动机同中又有异：布克旨在提高中文认读水平，适应中国大学农学研究、主导中美农学比较交流学术讨论以及撰写《农村经济学》论著之需；赛珍珠则要研读中国古典小说名著、中国小说史，英译《水浒传》，并撰写中国题材的书文。又由于布克中文根基及领悟能力略逊于赛珍珠，龙先生安排二人学习课程也因人而异。在学习时间上，二人同窗共读，为时短暂。布克的学习特点是时间固定，课程固定，学习进度慢，周期长。赛珍珠相对较为灵活多变，时间大抵固定，但并非每课必至，中后期则为一人独学。龙先生对二人的授课方式也有讲究，对布克以讲授为主，辅以讨论，对赛珍珠须针对问题，以释疑解惑为主。

授课酬金，每月 25 元法币，布克当面支付，从未间断或短缺。赛珍珠对龙先生直言穷困："我得给这女儿（指赛珍珠自己的智障女儿）筹好一辈子的费用才安心呢，可是布克先生教书的收入很有限，我呢，又两袖清风，哪儿来这许多钱呢？我想还是努力来著作，用著作上的进益来解决这个问题吧。"龙先生自然听出弦外之音，她上课求教，不再加钱，对其率真地言穷的勇气和表白，龙先生感佩不已，岂能拉下脸再索要酬金；一贯重情重义的龙先生就不便再开金口计较了。尽管对赛珍珠的授课负担要大大超过布克，尽管龙先生家中人丁兴旺，生活开支较大，但转念一想，金陵神学院专职秘书月薪也不菲，布克支付的授课酬金稳定可靠，已成家庭收入的必要补充，家庭经济虽不宽裕，尚未受饥馑之苦，权且得过且过吧。好在大家心中有数，尤其是大有中国君子古朴谦诚之风的布克对龙先生敬慕不已，事之如师。故龙先生从未提加薪之事。两家从无龃龉，交往不辍，情谊日深。

赛珍珠与龙墨芗的师生关系，延伸至赛珍珠自美国领养的女儿，达两代人之久，实有其必然情缘。龙先生“这位老教师也曾教了我中国文学好多年”①，是他将赛珍珠领进中国文学的殿堂。

赛珍珠在镇江度过少儿时代，有幸受到孔先生开蒙。孔先生教给她人生最初的哲理，教她学习孔孟之道，培养她的读书兴趣和重在联系实际领悟的读书方法，使她终身受益而感激不尽。但同时受其视小说为纯消遣书而非文学的保守观点的消极影响，赛珍珠于《水浒传》一类小说，都是悄悄阅读的。母亲也不横加干涉，只是常常收起她的书，与童年赛珍珠“玩”捉迷藏“游戏”②。稍大，赛珍珠始自由阅读。及至青年时代，进入为起步性写作而读书的阶段；成效卓著小说的研读，则应归功于龙先生的积极引导和鼓励。

龙墨芗是既有深厚国学造诣，又痴迷于中国古代小说的老塾师。他早年曾有过编写中国小说史的打算。1924 年见北大新潮社出版鲁迅《中国小说史略》（上、下），深为兴奋，激赏其若干精辟论断和深邃见解，同时对未论及和未详论的若干小说，也有所遗憾。龙先生即着手撰写自己的书稿。对鲁迅书中未予详论的《西游记》《封神榜》等小说有关情节、人物，均详作评介，对有关作者生平详加考证，用力至深至勤。

其时，赛珍珠在金陵大学、东南大学执教之余，欣悉龙先生正在研读鲁迅关于小说史的新书并另著自己的书，不禁油然而生敬意，故郑重拜请他辅导自己学习中国小说发展史。她阅读了《天雨花》《笔生花》《金瓶梅》《太平广记》《野叟曝言》《镜花缘》《红楼梦》等大量中国小说。龙先生虑及赛珍珠课务繁忙，为节省其时间，又能让其多读书，在读书门径的辅导上着重下了功夫，即采用读前讲授提要、读后交流心得的办法，还破例准允其看自己尚未发表的书稿内容，指导略读、快读与精读相结合，使其少走甚至不走弯路，收到事半功倍的阅读效果。

对于阅读中国小说的动机，一如前文所引赛氏的一段话，由于当时和布克二人教书的收入有限，支付智障女儿在美国教养院的巨额费用，常感捉襟

---

① 赛珍珠．自传随笔［M］//刘龙．赛珍珠研究．夏镇，译．昆明：云南人民出版社，1992：7.

② 赛珍珠．我的中国世界［M］．尚营林，等译．长沙：湖南文艺出版社，1991：288，88.

见肘，唯有努力著作以求稿费进益，别无他法。

而在宿县两年余的日子，赛珍珠亲身感受到农民的勤劳、善良、机智与幽默，以及面对天灾人祸交相煎逼而抱有乐天知命的态度，常萌生创作的冲动，要写下“为敬爱的中国农民和老百姓所感到的义愤”①。

龙老先生十分理解赛珍珠当时艰难的生活处境，也非常赞赏赛珍珠为写作而读书学习的高尚动机。对辅导她学习中国小说及其发展史采取了更有针对性的有效措施：制订读书计划，指导读书要领。赛珍珠通过中国古代小说的系列阅读，特别是从《天雨花》《笔生花》《金瓶梅》《红楼梦》等俗文学作品中体会到许多在实际生活中难以觉察的中国各阶层人物的迥异心理，学到了浓郁的中国式说书及章回体小说重在用语言行动刻画人物的生动写法，为日后《大地》等中国题材的创作，做好了艺术技巧的准备。

赛珍珠在诺贝尔文学奖授奖仪式上发表的《中国小说》专题讲演中，深情表达了中国小说对她的哺育之恩。

“我在考虑今天要讲些什么时，觉得不讲中国就是错误。这完全是真实的，因为虽然我生来是美国人，我的祖国是美国，但恰恰是中国小说而不是美国小说决定了我在写作上的成就。关于最早的小说知识，关于怎样叙述故事和怎样写故事，都是在中国学到的。今天不承认这一点，在我来说就是忘恩负义。”②

这里所说学习中国小说，正是指她在南京师从龙墨芗先生而言。生性聪慧，勤奋好学，精益求精，是赛珍珠创作成功的决定因素。抚养智障女儿，改善经济力求富足，以及为中国农民言志书愤，是赛珍珠的创作动机。中国小说作为取之不尽、用之不竭的智慧宝库，成了赛珍珠吸取营养的艺术殿堂。如何构思情节、安排结构、刻画人物，赛珍珠从中得到了借鉴与启示。而龙墨芗先生作为赛珍珠走向艺术殿堂，进入智慧宝库取宝用宝的引路人，其悉心辅导，功不可没。

赛珍珠将中国古典小说《水浒传》译成英文，易名《四海之内皆兄弟》，成为西方出版的第一个《水浒传》英译本，也是被公认为翻译最准确、最精彩、最有影响的英译本。在向全世界宣传中国小说方面的贡献与成就，迄今

① 赛珍珠．我的中国世界［M］．尚营林，等译．长沙：湖南文艺出版社，1991：288，88.

② 赛珍珠．中国小说——1938 年 12 月 12 日在瑞典学院诺贝尔奖授奖仪式上的演说［M］//刘龙．赛珍珠研究．王逢振，译．昆明：云南人民出版社，1992：65.

无一人能出其右。

正如赛珍珠本人所承认的，英译《水浒传》中，有老学者龙先生合作翻译的功劳。然龙先生怎样与赛珍珠合作翻译？分工做了哪些工作？有何贡献？英译本怎样认定与评价？结果如何？

承龙荫绪、龙艾文兄妹告知，其父协助赛珍珠英译，先后做了以下工作：

1. 提供多种直排线装《水浒传》，版本大约有七十回、一百回、一百一十回、一百二十回等四种以上。

2. 考辨不同版本之真伪优劣，提出采择译本建议。

3. 撰写序言，对《水浒传》作出适当评价。

4. 口述《水浒传》内容，将诗词、俚语改换成现代西方人易懂的口语，向赛珍珠当面分段讲述以便及时英译。

5. 提供赛珍珠所需其他有关资料。

此项工作直接关系到中国小说走向世界，龙先生对担当此助译，深感无比荣耀，故欣然允承，根本未询及酬金，起先也不知工作量之巨、工作难度之大，只是全力以赴，舍命拼搏。

实践中，始知工作实在繁复艰巨，过于耗时费神。1929 年至 1933 年，整整四年之中，从未有过宽余时日，未享受过闲情逸致。此时拥有六个儿女及一个幼弟的九口之家，维持温饱即如老牛负重，精神重压不堪忍受。但在龙先生看来，天降大任于我，必苦我心志，劳我筋骨，吃苦受累，吾乃堪当此重任之君子，岂不快哉！至于报酬也可不予计较。“君子固穷”“君子安贫，达人知命”“老当益壮，宁移白首之心；穷且益坚，不坠青云之志”，此类颂扬古君子美德的古训，不时激励龙先生安贫乐道、不改初衷，故能坚持完成合作翻译。只是由于营养匮乏，精神重压，长期超负荷的工作终于摧垮了龙先生的躯体。一次，龙先生心脏犯病，晕倒在地上。事后，赛珍珠主动向龙先生承诺：俟此英译书在海外出版，发行看好，有钱可赚，一定支付稿费。龙先生听后，反安慰赛氏云，出一本书，谈何容易，如发行不好，分文不收，西人若能读到我中华此本优秀小说，即可引为自豪和欣喜，乃一大幸事也！

1933 年，《四海之内皆兄弟》在美国纽约庄台公司出版，一下跃上畅销书榜。龙先生及子女亲友毫不知情。1937 年 12 月，日寇侵占南京大肆烧杀前，龙先生举家逃难至汉口。翌年初夏一天，邂逅美国教会委派来华工作、相识于南京神学院的麦斐德小姐。龙家当时穷困潦倒，政府救济的高粱面粉与霉米饭犹不能填饱九口人的肚皮，他们终日饥肠辘辘。有时为躲避日寇飞

文學周刊

英譯水滸傳序

《中央日报》剪报

机狂轰滥炸，一日行路几十里，只能吃到一块霉米锅巴，饱受饥饿之苦。麦斐德小姐得悉此惨状，致函赛珍珠。1938 年年底，麦斐德小姐已将赛珍珠 100 美元换成近 500 元法币，从上海转寄到重庆桂花街 63 号龙宅。其时，龙先生继续教升任金陵大学农学院农业经济系主任的布克教授学习中文。贫病交加的龙先生有了赛珍珠的美国地址，从重庆给她去过两次信。第一封云收款致谢。第二封云，迫于生活难以维持，买了一批邮票寄上，请赛珍珠在美国代售，想赚点钱补贴生活，结果未函复，也未退还邮票。龙先生自然郁郁寡欢。他将《水浒传》翻译文稿资料打成一包，原十分珍爱。1937—1940 年抗战逃难三年间，一直带在身边，视若珍宝。见赛珍珠态度如此冷漠绝情，就在这包底稿材料上写上“白费了的心血”字样，借以表达他无奈无助、苦闷失望的极度哀伤与愤怒。不到一年，龙先生积劳成疾，罹患胃癌，不能进食至滴水不进。1940 年 10 月 19 日，龙先生在重庆溘然逝世，终年 53 岁。

龙荫绪、龙艾文兄妹说，与我们相识才知道赛珍珠宣传中国、支持抗日，一生成就巨大，贡献杰出，确实伟大，但英译《水浒传》出版畅销，得到稿酬而不按承诺支付其父亲助译酬金，1938 年所寄 100 美元为生活慰问金而非稿酬，这样处理，即不尊重其父四年中连续不断付出的艰苦而卓有成效的劳动，有悖常理，有失诚信，令人寒心，令人遗憾。

（载许晓霞等主编《赛珍珠纪念文集（第二辑）》，广西师范大学出版社，2006 年；《赛珍珠失和龙墨芗之谜》载于《镇江广播电视报》2005 年 7 月 1 日）

凯瑟琳·赫本与赛珍珠的一次成功合作

美国电影界“传奇女性”、四获奥斯卡“最佳女主角”桂冠的女演员凯瑟琳·赫本于不久前谢世，享年96岁。世界各大报刊纷纷载文悼念，并从多视角评价其非凡的演艺生涯与反传统个性，但她与诺贝尔文学奖得主赛珍珠的一次成功合作，却鲜为人知，迄未披露。

赛珍珠多部小说被改编为戏剧、电影，成功地搬上舞台、银幕，始于1932年10月。《大地》在美国戏剧行会第13届戏剧节上首演于纽约尼克松剧院，后盛况不衰，演出达56场之多。1937年1月，米高梅电影公司拍摄的影片《大地》在美国全国公映，获得三项奥斯卡提名，路易丝·赖纳因扮演女主角阿兰而荣膺奥斯卡金像奖。

影片在美国和欧洲公映，使小说原著的轰动效应更加持久，小说畅销图书市场达60年之久。影片展现的中国勤劳勇敢、坚韧淳朴的普通农民和灾荒连年、饥馑不断的苦难农村，一下子取代了占领银幕、流行甚广的中国男人“拖着猪尾巴”、女人缠足的“诡谲奸诈”的丑陋形象。

1942年，正值美国对日宣战之际，赛珍珠凭着自己与中国息息相通、近乎本能的感情紧急赶写出声讨日本侵华军在南京大屠杀中犯下的滔天罪行的小说《龙子》（又译《龙种》），适时地满足了美国人民阅读亚洲盟友战事的急迫需求，小说热销29万册。

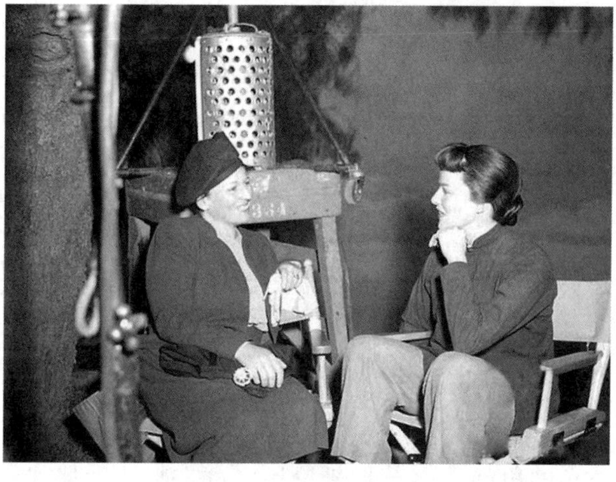

凯瑟琳·赫本和赛珍珠在一起

米高梅电影公司热望《龙子》像《大地》一样名利双收，因此毅然买下该书的电影制作权并即刻大量投资制作布景和服装，还招募了一批一流演员，凯瑟琳·赫本赫然入选名单。她因主演影片《牵牛花》于1933年获奥斯卡金像奖而声名鹊起。随后虽稍受挫折，但1940年根据她同名舞台剧改编摄制的影片《费城故事》又获巨额票房收益。因而此时凯瑟琳·赫本风头正健，拒绝饰演平庸颓废的角色，又讨厌取媚新闻媒体，却由衷钦慕诺贝尔文学奖得主、“中国通”赛珍珠，对其首部直露地描写中国抗击日军的小说情有独钟，因此欣然接受米高梅公司的拍片邀约。赛珍珠得悉，欣喜有加。当她获知凯瑟琳·赫本慨然应允饰演凌谭二媳妇阿玉时，更是乐不可支。因为凌谭大儿媳阿琪出门即被5个日本兵轮奸致死，小儿媳也在日寇抄家时被强奸。赛珍珠悲愤地写道：1937年12月13日，滥杀无辜的日军洗劫了南京，杀死至少4万战败的中国士兵，约15万平民，强奸约2万中国妇女，大部分遭奸污的妇女都被折磨致死或惨遭杀害（因限于获知渠道，与中国政府公布的遇难者30万人数字有异）。

只有二儿媳阿玉是《龙子》着力描写的女英雄人物。她读书识字，思想开明，独立顽强，既忠诚于丈夫和家庭，又不轻视家务劳动；既憎恶战争，又不畏强暴，勇敢机警地制服了日本官兵。她是集中华民族一切新旧美德于一身的优秀代表，是赛珍珠心目中的理想化身，也寄托了赛珍珠对中国妇女早日翻身、当家做主的热烈向往和美好祝愿。

就凯瑟琳·赫本的个性而言，强烈自信，敢说真话，与敢恨敢爱、敢斗善斗的阿玉形象十分接近，颇有酷似之处。同时，她深知路易丝·赖纳扮演阿兰获奖也得益于赛氏《大地》作品本身的魅力，这无疑对她也不无启迪与鼓舞。

电影经数月拍摄剪辑后，恰逢美国作战新闻处筹划一部弘扬正义战争的片子，因此《龙子》顺利地完版并获新闻处官员们一致喝彩。《纽约时报》《镜报》等报刊载文予以热情洋溢的赞美。

1944年7月下旬，米高梅公司在纽约举办电影《龙子》首发式。同年8月1日，在无线城音乐大厅举行隆重的电影首映式。中国驻美大使魏道明作为首席贵宾应邀出席，罗斯福总统夫人致函祝贺，并对赛珍珠主持的东西方协会借此募捐援华抗日活动深表支持。嗣后，电影在美国全国及欧洲一些国家公映，均受到热烈好评，整个二战期间最惨绝人寰的日寇南京大屠杀罪行，也因此受到同声谴责。

凯瑟琳·赫本虽未像路易丝·赖纳一样获奖，但赛珍珠仍对电影总体上很满意，她还对记者说：“这部片子是赫本小姐第一次饰演不同于自己（西方人）本色的角色。”《芝加哥论坛》载文则认为那“经过篡改的英语”令人惨不忍闻。所有影评几乎一致认为，白人演员出演亚洲角色分散了观众对主题的注意。

顺便要说的是，赛珍珠写中国抗战的另一部小说《群芳亭》，经罗燕女士编导、制片、主演，拍摄成影片《庭院里的女人》在中美两国同时公映，深受观众好评和喜爱。笔者深愿赛珍珠着力正面描写中国抗战，也是世界上首部揭露南京大屠杀的小说《龙子》能早日再次搬上银幕，使中国观众有缘走进赛珍珠的真实世界，借以促进中美文化交流和世代友好。

（载《镇江广播电视报》2003 年 9 月 21 日）

镇江赛氏五人墓揭秘

去年6月至今年6月，CCTV10套、CCTV9套、镇江电视台、江苏卫视先后多次播映《寻找赛珍珠》《赛珍珠和〈大地〉》两个专题片。因笔者受访，在片中有多个镜头介绍赛珍珠，故不时有中外友人来电来函来访，询及赛珍珠母亲、姐姐、兄弟五人墓的若干问题。兹根据笔者二十余年业余搜寻所得资料及潜心钻研的心得，就关注由来、墓地变迁、赛氏书文记述及个人陋见诸点，奉答于此，以飨读者诸君。

一

20世纪80年代初，电视片《话说长江》中日摄制组来镇江拍摄赛珍珠遗迹，据说源于歌星佐田雅治父女对赛珍珠父女的敬慕。有关内容日方播映，中方却未播映。“反动作家”之冠未完全摘除的问题赛珍珠愈显神秘迷离而令人却步。然却进一步激发我暗查赛氏遗迹，特别是赛氏坟茔的强烈欲望和研究兴趣。1986年，赛珍珠学生尹珍珠及崇实女中高龄老校友告知，基督教徒死后安葬地有中外之别：镇江教徒多葬于跑马山蒋怀仁购置的坟地，西人则集中葬于牛皮坡，赛母及其子女坟茔当亦葬于此。1987年，《洁白的明星——王莹》一书披露赛珍珠委托王莹、谢和赓回国代她祭扫父母坟茔，以及在自传《我的中国世界》中关于她母亲出殡下葬的翔实记述，都证实了此推断。但实地察看，牛皮坡并无任何遗迹。1991年8月，我应邀赴京专访热切关注镇江召开的全国首次赛珍珠文学创作讨论会而未莅会的谢和赓先生，其时年九秩，虽为外交部离休老干部，享受老红军待遇，但爱妻王莹惨遭江青迫害致死，自己也深受精神打击与摧残，面对我言及其受托祭扫赛氏父母墓的承诺已难兑现，颇显愧疚与隐忧，至我勇敢接受，他始转忧为喜，紧握我双手。我自视此乃赛珍珠的“中国故乡”人民应尽之责，能代表镇江人民受此信托，岂不荣耀欣慰！

爱父爱母爱姐妹，隔山隔水不隔心。我愈体验到赛珍珠孝敬父母之情、眷恋手足之情的厚重与崇高，就愈感觉到肩荷历史性托付之责的光荣与艰巨。因此，我十余年如一日坚持做出各种努力，哪怕是在病榻上，手术前，也未言弃。行将湮没的历史终又显现出其真相。

二

综合赛珍珠多种书中的文字记叙及中国书刊资料，特别是镇江档案及知情的耄耋老人的口述资料，可知19世纪至20世纪前半叶的镇江白人公墓墓址属内地会所购地界，位于云台山西麓牛皮坡小铁路巷东，面积不足1亩（档案记载为0.773亩），呈长方形，南北长，东西短而窄，南北向路径三条，东西向路径四条，铺沙的小径和几棵树相间，墓群自然安排成大小不等的20块，坟墓大小迥异，高低大小的墓碑为主要标志。有的还竖立着十字架，表明死者国籍、身份、姓名，另有国籍不明、无标志物的也为数不少。总计近60块坟墓挨挨挤挤，而井然有序。从身份看，教民、牧师居多，也有少数非教民水手。从年龄和性别看，老年病毙者和死于分娩的妇女居多，死于瘟疫的孩童也不少。该公墓建于19世纪初。砖砌的围墙甚高，木质大门紧闭，门边嵌有“镇江白人公墓”中英文标牌。绿化较好，遍植松柏、紫罗兰等草木，坟墓四周长满青苔藓。1899年赛珍珠七岁时，五岁的弟弟克莱德患白喉不治身亡葬此。赛母墓位则在北端较空松的角落，有墓碑可享受到阳光，有攀缘高墙的野生紫罗兰作点缀。

1921年10月21日，赛珍珠自南京赶来处理母亲丧事，哀恸至极。母亲生前为四个心肝宝贝夭折而痛苦得撕心裂肺，到天堂应与之团聚。经与父亲商定，将安葬在上海教会公墓的莫德、埃迪斯、阿狄三位小亲人的坟迁到镇江。翌年，基督教南长老会办妥此善后事宜，遵照赛母之嘱刻上三人名字和经文（“上帝怀抱着他们就像怀抱着羊羔”）的那块墓碑也一并移来。至此，赛氏五人葬入镇江白人公墓，便成为融入镇江这“中国故乡”而令赛珍珠魂牵梦萦的历史遗存了。

1958年，全民大炼钢铁，公墓大门镶嵌的铁皮、铜条、门环等金属饰物被拆，墓碑上古铜色金属嵌条、十字架教会标志物也难免砸、拆的厄运，被投进土高炉炼钢铁。1965年8月17日，镇江市人民委员会第122号文件批复镇江木建材分公司：“同意拨用小铁路巷东土地3.8亩（含外国人坟地0.773亩）基建仓库。”“墓地树木损失折价处理”给看墓人。木建材分公司无须发布迁坟通告，遂直接平坟，建成现仍存的平房仓库，今为冰仓巷2号。数十块大小碑石装上卡车运往钢铁厂后旷野及南郊野外。笔者亲往寻觅多次，未见踪影。2000年1月28日《京江晚报》载笔者所写题为《赛母墓碑今何在》一文，呼吁寻找赛母碑石，亦迄无音讯。

三

赛珍珠所撰书文中十多处写及她亲人葬于镇江的轶事。这里摘录三段：

1. 葬礼于次日（1921 年 10 月 22 日——笔者注）举行。那是个灰暗的秋日，淅淅沥沥地下着秋雨。一支小小的送葬队伍走下山坡，穿过山谷，来到那个小小的带围墙的白人公墓。噢！那些异国他乡土地上的白人公墓是何等凄凉啊！我那襁褓中早夭的哥哥（应为弟弟。1899 年卒，可能是错译——笔者注）几年前就是葬在这儿的。在我们来给他送花时，我和母亲常常就是走在那些墓地小径上的。那些墓碑上的诗文我都能背下来，那儿最早的几个坟墓已有一百多年历史了，那长满苔藓的坟墓下，是三个国籍不明的白人水手的尸骸。我至今犹记得刻在他们三人合碑上的那首诗："世间过客乱纷纷，昔日我亦过路人，而今我先下黄泉，明日来此轮到君。"

然而母亲看到的却总是那众多婴幼儿及许多死于分娩的妇女的坟茔。记得她拒绝看一位著名英国传教士坟墓上的高大石碑。那个传教士葬在一块舒适的土地上，他先后娶了三个妻子，她们及其几个孩子就葬在他的周围。

"这老混蛋！"母亲愤愤地骂道。

但是，我们也把母亲送到这儿来长眠了。惟一使我高兴的是，不管怎么说她的墓位于一个空空的角落里，那儿有阳光，还有攀缘在高大的砖墙的缝隙间的野生紫罗兰。（摘自赛珍珠 1953 年自传《我的中国世界》，尚营林等译，湖南文艺出版社 1991 年）

2. 我的勇敢无畏的小个儿母亲啊！她失去了四个孩子，那是婴儿时期死去的，死于热带病。假如她留在自己的国家里，留在她美丽的祖居所在的健康的环境里，同她所钟爱的兄弟姐妹们在一起，她是能够使这些孩子活下来的。但是他们都死了，还在婴儿时期就死了，死在古老的中国城市里。他们死于当时在那里是不治的急症……我敬爱的母亲也有一次差点儿死于霍乱，又有一次差点儿死于肺结核。最后她死于热带口炎性腹泻。

……她富有基督教的爱心，这种爱心传递了理解，然而却始终未在中国得到理解。她的坟墓，以及我的年幼的兄弟姐妹的坟墓都在我的中国家乡——江苏镇江的一处小小的墓地里。我最后请求准予前往镇江访问，以便去看看我的祖坟。现在我知道，我永远不会再见到它们了。也许，它们已经荡然无存。许多坟墓已被劫掠无遗，墓主被耕犁翻到了地下去肥田。我将永远不能知情。不准许我知情，我被迫离乡背井。（摘自赛珍珠《最后的倾诉》，写于佛蒙特州丹比市丹比居，汪健译，原载《当代外国文学》1996 年第3 期）

3. 我母亲的墓在镇江的洋人公墓。公墓很有些年头了，还建有一座木质大门。公墓离金山不远，但也不很近。很多西方人都葬在那里。母亲的墓也有墓碑，上面的名字是凯丽·赛顿斯特里克。在这同一座公墓里，进大门的左首是我哥哥和姐姐们的墓。他们的名字分别叫克莱德、埃迪斯和莫德（还遗漏阿狄——笔者注）。（摘自赛珍珠 1972 年 5 月出版的《中国今昔》之“申请访华始末”一章，此章由末任女秘书威廉·德雷克整理，孙威尔译。）

四

四个孩子先后归天，令赛珍珠父母肠断心碎，难以自拔，但他们依旧慨然周济中国贫民，依旧虔诚地为中国人民祈祷。嗣后，赛氏父母未能叶落归根而客死异邦，令赛珍珠抱憾终身。赛兆祥（Absalom Sydenstricker）尚被安葬在美丽的庐山牯岭风景区。（2004 年，CCTV《再说长江》电视片曝光其墓碑，不惜用长篇幅详尽介绍。）赛母及姐姐、哥哥、弟弟在我们镇江云台山牛皮坡白人公墓沉睡半个世纪之后，却因建仓库而被就地掘起，抛尸荒野，以至于赛氏后裔及国内外学者来此参拜，均只能仍茫然不知情，快快然怅怅然，徒叹奈何，扫兴而返。2001 年 12 月中旬至次年初，原美国驻以色列大使、历史学家卡尔·朋腾先生（Carl Penton）为参拜赛母坟两次访我，虽坟墓荡然无存，无可参拜，但亲睹赛母墓地原址之后犹十分满足，甚至还主动表示，如有复建计划，他愿资助。2002 年 10 月下旬，拥有哈佛大学高学历的赛珍珠养子埃德加·沃尔什（Edgar S. Walsh）火急火燎地寻到我，摊开镇江地图，让我根据他的要求在上面用圈注明他外婆坟址。那跨洋过海，寻祖觅根的辛劳、急切与焦躁，分明写在脸上，其尽孝之诚，并不亚于中国人。

我们是讲究孝道的古老民族，是盛行祭祖的礼仪之邦。祭祖省亲可以表达民族最深沉、最丰富的感情，中国忠孝仁爱的道德观念中，敬重祖先、孝敬父母是儒家思想长期积淀、千年传承的传统文化，也是中华民族传统文化的重要组成部分，海内外所有中华儿女普遍认同的道德观、价值观。西方崇尚博爱，首推对父母的尊敬爱戴，父母死后，称其墓地为人生的后花园，宁静的小村庄，还搞幽默遗言的墓地文化，借以抒发、怀念敬重与爱戴之情。

前半生40年侨居中国的赛珍珠自幼就在镇江师从孔先生，接受了孔孟的孝道伦理，后用写传记的方式表达对父母的感戴，并以父母传记成为“杰作”获诺贝尔文学奖而欣慰有加。特别是其慈母，对其既有养育之恩，又兼具引导热爱生活、教授西方文化、指导写作的为师之恩。可以说她是赛珍珠走上世界文学神圣殿堂的启蒙者与引路人。赛珍珠多次申请访华的最后一次申请中，唯恐访问时间过长、访问地过多而遭拒绝，因此只写“三周甚至两周”，访问地也缩减至北京、镇江、南京，放弃对乡村、农民的访问，忍痛割爱，不去祭拜长眠庐山的父亲，而埋葬于镇江的母亲是一定不可不祭拜的。然而在她看来这是最低标准，最起码级别与最省事的请求，竟然也遭拒绝，她的失望是无以复加的，她的痛苦又是何等刻骨铭心啊！她发出几乎绝望的呼喊：“我将永远不再看见你们，我所热爱的中国民众。我的双脚将永远不再踩踏我所如此了解的小山、村庄与城市。”

历史造成了赛珍珠的不能回归“中国故乡”的悲剧和不能祭拜父母坟茔的悲情。而今，欣逢构建和谐社会的盛世，正遵照“求同存异”“和而不同”的中国传统处世原则，并视为中国外交必须坚持的指导思想，强调“己所不欲，勿施于人”的行为准则，以及“老吾老以及人之老，幼吾幼以及人之幼”“四海同心，天下一家”的情怀，践行“以和为贵”“以人为本”的传统文化理念。因此，笔者在此追溯历史，还原历史，本意不在谴责以前政府部门的决策错误和长官意志的文化缺失，也不是清算极“左”思潮的盲动与短视，而是为了正视现实，弥补历史缺憾，开创美好未来。为此，建议抓紧城市改造的良机，在冰仓巷赛氏五人墓原址建造一座西洋风格的纪念碑（有识之士欲命名“博爱亭”），内置赛母凯丽（Carie Sydenstricker）半身石像及墓碑；另竖一座纪念碑，上书（中、英、日文）赛母客居镇江30余年，传播福音，广行慈善，精心栽培赛珍珠，引导其进入文学殿堂等功绩。挖掘、兴建此亭和碑，既可与分布在本市润州山赛珍珠故居、风车山赛珍珠就读和执教的崇实女中（今镇江二中）、大西路基督教福音堂赛氏父母传教活动中心（赛氏父女创办执教的润州中学校名碑石等教会相关遗物均应归原主存此，他人不得违法占有）等赛珍珠遗存紧相呼应，整合成片成网，供中外人士观瞻，以此得天独厚、不可再生的组合性、整体性文化遗产，提升镇江的国际知名度、美誉度，吸引四方宾朋，促进我市旅游、经济发展。赛珍珠英灵有知，必会含笑天国。

（载《镇江广播电视报》2006年12月8日；又载镇江市政协文史委编印《镇江文史资料》第42辑）

赛珍珠镇江教学生涯的又一实证

——“润州中学校”碑石考

1992 年 10 月，镇江市润州山下建筑工地发现一方有校名的碑石。该碑石通宽 184 cm，通高 45 cm，厚 14 cm，系白云石，质地坚硬仅次于汉白玉石。一行五个大字自右至左横书：润州中学校。上款，直书一行九个小字：西历一千九百二十年；下款，直书一行四个小字：韩天眷书。下为篆书名印。正文及落款均为魏碑阴刻。

“润州中学校”碑石

韩天眷（1894—1983），镇江人，上海美术专科学校毕业，曾任教江苏省立第九师范、江苏省立教育学院、南京中央大学、兰州艺术学院、西北师范大学等学校的美术课，与丹阳籍著名画家吕凤子、吕斯百等均为挚友。他不仅国画和西洋画技艺精湛、名播四海，而且书法功力雄厚，楷行隶篆各体皆精，魏碑尤为出色。1920 年，他从上海美专毕业，正逢镇江润州中学办学声誉卓著，他欣然命笔，用最擅长的魏碑写出校名。星移斗转，时隔 88 载，其结构严谨、气势磅礴、宽展舒和、浑厚生动、端庄秀丽的浓郁神韵，仍毕现无遗，跃然石上。

该碑更为重要的是其文物价值，它为研究赛珍珠在镇江的教学生涯又提供了非常珍贵的历史性实证。据《续丹徒县志》记载，光绪九年（1883），美国基督教长老会创办润州书院，1927 年 4 月停办，办学 40 余年。因赛珍珠之父赛兆祥参与创办润州中学并在该校授课，于是赛珍珠 1914 年在美读完大学重返镇江在该校教授英文约 3 年。她在与润州中学师生的接触交流中获得对中国传统文化、镇江民俗民风更多更深的了解和认识，不仅丰富了她的生活积累，还时时促发其文学创作冲动。

当年的润州中学为中国培养了一大批栋梁人才：金融家徐国懋，中科院院士、化学家戴安邦，港台资深报人卜少夫，著名民主战士、七君子之一李公朴，著名作家叶灵凤，国际著名法学家杨兆龙，物理学家李政道的恩师束星北，全国面粉大王、造船大王杨管北等，可谓群星璀璨，中外瞩目。

（载《镇江广播电视报》2008 年 9 月 19 日）

“爱人如己” 红幛释读

——赛珍珠“中国故乡”又一实物在美国被发现

美国西弗吉尼亚州希尔斯波罗（编者注：今一般译为“赫尔斯堡罗”）镇是赛珍珠诞生地，因赛氏获诺贝尔文学奖而成为美国乃至世界嘉宾向往的旅游景点及美国国家级文化重镇，其父赛兆祥屋内一幅红色寿幛十分引人注目，也令人费解。上款“兆祥牧师 旋里之庆”系指受赠者赛兆祥牧师。“旋里”，凯旋回归故里。赛兆祥牧师的故里应为希尔斯波罗，庆贺者应为美国本地亲友，为什么是中国朋友？下款“大港镇大路镇姚家桥武家桥油坊桥长老会公赠”，中国教民赠送的红寿幛又何以挂到美国来？

长老会赠送给赛珍珠之父
赛兆祥的锦幛

赛兆祥（1852—1931）笃信基督，年轻时即满怀“拯救世界”的宗教激情。1880年7月，与刚结婚的妻子凯丽远涉重洋，来到中国传教。其足迹遍及浙江、江苏、山东、安徽、湖南、江西。1882年起，在镇江从租屋置家到两次迁徙，合家团聚，不下30年。赛珍珠的五个兄弟姐妹全部出生在中国。其中三个因患流行病早年夭折，先合葬上海，后迁葬镇江云台山下，与母亲和夭折的弟弟共五人合葬牛皮坡白人公墓。赛珍珠的父亲赛兆祥是个学者型传教士。他不但将《圣经》译成中文，而且熟悉儒学，精研佛教，尊崇中国古代文明。他尊重、善待创造东方文明的中国人，他对教会的管理，对信仰形式的宽松处理，赢得了大家的尊重和爱戴。对穷苦百姓慷慨无私的援助，更是闻名遐迩，令人敬仰。赛兆祥日益深信，中国人民是他精神的慰藉，中国是他的第二祖国，镇江是他的中国故乡，也是他心灵的归宿。

1921 年 6 月，赛兆祥放弃了返回美国省亲及游览中国名山大川的机会。此时他意识到自己将终老于斯，执意开始为期三个月的探访教民的旅程。关爱他的人们获悉后，加快为他庆祝生日的筹备工作。8 月下旬，除了本地大港、大路镇等地教民，还有来自武家桥、姚家桥，甚至扬中油坊桥的众多教民纷纷聚拢来迎接赛牧师凯旋，为他祝寿。按中国的算法，小孩出世即为 1 岁。赛兆祥牧师那年 69 岁，在中国即为 70 岁的古稀寿星了。人们为他大摆筵席，送上联名寿联和寿幛，最后还有荣耀官员的标识，即悬挂在高杆上的一面红色大锦旗。上书“爱人如己”，这是赛牧师急人之所急、有求必应的大爱人生之真实写照，是镇江人民对其感恩图报的生动记录，也是他在镇江工作生活的永久纪念物之一。

赛珍珠儿时并不喜欢父亲，认为这个“活着只为事业、工作与信仰而忘记家庭和孩子”的父亲是“一个活在梦里的人”，“一个着了魔的人”。至晚年，女儿才逐渐理解他、珍爱他。除和母亲一样，写其传记《战斗的天使》留世，还特别将这面保存多年、弥足珍贵的红寿幛赠予父亲的祖居地——西弗吉尼亚州希尔斯波罗。赛珍珠认为这是父亲亲手缔造的中美人民友情的信物。这也从一个侧面告诉人们，赛珍珠之所以热爱中国，以毕生精力宣传中国，至死不改初衷的精神原动力及历史渊源即在于此。

（载《镇江广播电视报》2009 年 1 月 16 日）

赛珍珠怒视牛奶掺水

1914 年深秋，阔别多年的赛珍珠终于回到她朝思暮想的“中国故乡”——镇江。她虽然在美国伦道夫-梅康女子学院毕业获得学士学位，荣幸地在母校谋求到令人垂涎的教职，但为了探望和照料病重的慈母，赛珍珠还是毅然辞职，越洋跨海，来到养育她的慈母身边。

赛珍珠与医生们很快开始联手向病魔发动猛烈攻势，其主要手段之一是食物疗法。由于母亲所患热病是维生素与蛋白质的严重匮乏症，赛珍珠认为对此的认知为时已晚，理所当然更要争分夺秒，急于采取补给营养的措施。香蕉疗法是中国邻居收效明显的经验，提供赛母实施，竟无济于事。传闻若干患者靠草莓治愈了热病，赛珍珠立即在山坡后亲手开地种植草莓。但被公认为最佳的食物还是牛奶，特别是新鲜的牛奶，尤其适用于白种人。

为了买到新鲜优质的牛奶，赛珍珠真是煞费苦心，四处奔波，讨教行家，做了大量工作。概括言之，一是亲自调查研究。她早就听说 19 世纪末传教士才将奶牛带到中国，很多中国人对牛奶不能适应，喝了牛奶后，即腹胀或腹泻，乃至不少中国人连牛奶都不能挨近，闻了奶腥味就感到恶心。一些佛教徒更是认为喝牛奶等于剥夺了小牛犊的生命。但西方人因喝牛奶而身体强壮的事实，又令一些较为现代的中国人好奇并跃跃欲试，去上海的美国“洋货店”为自己的孩子购买听装奶粉，即所谓“洋奶粉”，其价格之昂贵是毋庸置疑的。有商业头脑的中国经纪人买进一两头母牛，挤出奶来销售。这种生牛奶奶质虽好，奶水量却不多，脂肪含量又很高，孕妇、消化功能弱的人不宜食用，自然所有牛奶均要热煮消毒，这样营养成分会被破坏，沸奶还粘肠道。

二是寻求奶牛挤生奶。几经努力，加之热心的高邻争相帮忙，赛珍珠终于寻觅到养牛经销商，只是奶牛离家过远，对生牛奶的质量不能放心。为让母亲喝到既新鲜又卫生的生牛奶，赛珍珠冥思苦想，终于根据质优价高的原则想出了一个好主意：多出钱请卖奶的商人牵牛到家门口挤奶。好在润州山宅第后院有一片空旷的地带，空气清新，又有供牛食用的多种杂草，可供经销商、养牛工牵牛在后院憩息。

三是监督查看挤奶全过程。清晨，赛珍珠来到后院，亲睹养牛工用肥皂和热水把双手洗净，再放进消毒水中浸泡，然后才去把奶挤进木桶。这样挤出的鲜奶却仍很稀，且呈现蓝色，不能令人满意。正在纳闷犯愁，长期在赛家打工的厨师将其发现的掺水秘密告诉了赛珍珠。一天，赛珍珠真的留意挤奶工那脏兮兮的耷拉在手腕上的棉袖子。经仔细观察，这才发现，在他右手腕下边有根细细的橡皮管，涓涓流水从袖口流入牛奶桶里。赛珍珠立即让他停下，把他那宽松的袖子撸上去，发现了一个他从外国人的仆人那里买来的装满水的橡胶热水袋。赛珍珠当时气得说不出话来。

挤奶工和经销商顿时满面羞惭，但片刻后即恢复平静，那经销商竟厚着脸皮说："可我用的是开水，小姐，我确实用的是开水，因为我知道外国人只是喝开水。另外，我害怕牛奶太浓会使令堂得病。"又是解释，又是开脱，完全是一副欺诈、唯利是图的奸商嘴脸。

（载《京江晚报》2008 年 10 月 23 日）

78年前的一段佳话：赛珍珠造访梅兰芳

1931年春三月，久居中国的美国女作家赛珍珠未暇顾及恢宏巨著《大地》刚面世即将带来的荣耀，却急切地携带女儿共赴北京，来到藏书丰富的国立图书馆，为英译《水浒传》搜寻古装本，拍摄插图，使即将面世的英译版尽量接近汉语原版。

赛珍珠幼年在镇江听惯了塾师孔先生讲课的那种浓重京腔，优雅纯正的官话和家庭厨师用京胡演奏的京剧曲目，培养了她欣赏中国国粹的高雅情趣，造访京剧表演艺术家梅兰芳博士也是赛珍珠北京之行的另一目的。赛珍珠很快找到名闻京城的李铁拐斜街101号的梨园世家。梅兰芳虽未见过赛珍珠，却对她久居中国、执教中央大学、酷爱中国古典小说的罕见经历，以及出版中国题材小说《东风・西风》的创作成就早有耳闻，深表敬意，亦颇欲一睹风采，加之在美国半年受到美国人民的盛情款待、隆重礼遇，不时想有所回报。因此，二人一见如故，非常投缘。梅兰芳俊俏挺拔，大气平稳，气质优雅，彬彬有礼，给赛珍珠留下了美好印象。

赛珍珠虽比梅兰芳大两岁，但皮肤白皙，化妆适度，全不像已近不惑之年的人。条顿（日耳曼）民族遗传和东方奶妈喂乳的特殊经历，养成了赛珍珠坚强结实的身体，更兼开阔的脑门、晶莹碧蓝的双眸显示出她智慧的灵性，细察便知她既有西方女性的正直率真、热情奔放，又有东方女性的端庄娴雅、温柔细腻。梅兰芳眼睛为之一亮。

二人初晤，互通姓名，寒暄即毕，谈起了大家关注的时局。同声谴责久怀扩张野心的日寇正逼近华北各主要港口的侵略行径，深为中国大好河山将遭受践踏，中国古老文明将遭受劫掠而忧心忡忡。接着，梅兰芳转换话题，气氛顿时由紧张变为轻松。他从中国旧剧到民国京剧，从中国到美国，从不同的风土人情到不同肤色的观众的欣赏习惯，打开话匣子，滔滔不绝，完全将赛珍珠视为倾诉衷肠的知己。赛珍珠也不时奉答议论，或表赞同，或抒独特见解，或引申发挥，也随心所欲，无所顾忌。梅兰芳始知这位美国女作家中国文化学养之深厚，对中西文化精研之深刻，确是深获教益，钦佩之至。

尤其是亲闻她关于将《红楼梦》等名著与古代优秀故事改编成京剧的主张与自己不谋而合，她还熟悉《木兰从军》《千金一笑》等古典京剧，对改良的京剧语言有很高评价，显示出极高的鉴赏力，梅兰芳真有欣逢知音、相见恨晚之感。他非常开心，随口表演一些唱段，又亲自弹奏琵琶，借以助兴。

时间不觉已到中午，梅兰芳将厨师召唤到身边，征询中餐意见。赛珍珠已如置身自己家中一般，亦毫不见外，云日前应邀在欧文·拉铁摩尔好友家做客有幸吃到的老北京甜点，其味美诱人，迄今仍齿颊留香。梅兰芳即吩咐厨师烹制。不一会儿，一盘香气扑鼻的老北京甜点端了上来。赛珍珠吃得心满意足，连声夸奖厨师不愧为赫赫有名的高手。梅兰芳也吃得津津有味，但又内心不安，因腰身已稍嫌发福。众所周知，要演好古剧中的坤角，必须是窈窕淑女。美如细柳的腰肢发胖，会使形象逊色。饭罢，赛珍珠在这里自由参观。主人展示了自己珍藏的各种琵琶、京胡等乐器，赛珍珠在中国京剧表演艺术家的漂亮宅院里度过了十分愉快而难忘的一天。

时隔 12 年，即 1953 年，赛珍珠将这次会晤写入自传，并对梅兰芳迁居上海再迁居香港，蓄须明志，拒绝为日本侵略者演唱的爱国精神和崇高的民族气节大加赞扬。她还怀着坚信与依恋说：“现在他已入高龄，想必他在舞台上会朱颜依旧，因为他的美是内在美。”

（载《镇江日报》2009 年 2 月 16 日）

赛珍珠的白玫瑰情结

赛珍珠自幼受到极富审美情趣、超人才气又热情幽默的母亲的熏陶和调教，所以从小爱美，懂得欣赏美，也喜好栽花植树。赛家还长年雇请花匠，建造花坛花园，栽种玫瑰、山茶、梨树、桃树、草莓、葡萄，借以美化环境，聊补饮食之需。

翻开赛珍珠的获奖代表作《大地》《东风·西风》《异邦客》，其中主人公王龙发迹后所纳之妾就叫荷花、梨花，还有以桂兰、爱兰、梅花命名的妇女群体；还有以花为书名的，如《牡丹》《羞涩的花朵》。特别在写母亲的传记中，更有多处提到了白玫瑰。

赛珍珠刚出世不足半载的那年深秋，她母亲在行将离美之前，亲手从自家门廊挖取出玫瑰树，细心裹上泥土、地衣和麻布袋，在过海的时候一路上给它浇水。抵达中国后，赛母又不顾旅途劳顿，来到上海白人公墓，寻见刻有姓名和经文（“上帝怀抱着他们就像怀抱着羊羔”）的那墓碑，即赛姐（莫德和埃迪斯）、赛兄（阿狄）三人躺着的小块土地，种上了来自美国的白玫瑰树。

“这三个人未曾见过美国，他们自己的国家，”当埃德温（赛珍珠唯一长兄）帮她植树时对她说，“他们出生并死在异国他乡，想到他们上面有某种美国东西给予他们美和遮阴，我会高兴一些。地上有一棵大的棕榈树，在它的庇护下这棵白玫瑰树茁壮成长。”

在跟随赛父外出传教途中，赛母不失时机地在烟台剪取玫瑰硬枝，带至镇江扦插入盆，玫瑰很快成活。“那初建的家本来光溜溜的，只有极少家具的房间却因为有了鲜花而显得气氛温馨。”赛珍珠曾不无骄傲地夸耀她妈妈“确有栽花的天资，种的花总是很快吐艳”。

赛母对白玫瑰情有独钟，不只为了美化家庭环境，更是为了寄托对早先夭折儿女的哀思。当不足五岁的赛弟因患白喉而被误诊为气管炎在镇江不治夭折时，赛母痛苦万分，几乎心碎肠断。小儿子下葬那天，她因悲痛难以自控，家人未让其出席葬礼。过了两天，她来到镇江云台山麓牛皮坡下的白人公墓，亲手在克莱德墓碑旁栽上白玫瑰，以示悼念。

将四个夭折的小孩合葬，成为赛母始终一贯的心愿。直至她去世后，赛珍珠父女才通过教会人士努力，将那块刻有三人姓名及经文的碑石从上海运来镇江合葬，实现了她的夙愿。至此，赛氏五人入葬镇江白人公墓，融入了他们的“中国故乡”。也正因此故，赛珍珠对此地魂牵梦绕，以至他日因为不能亲自祭扫而抱憾终身。

赛珍珠自幼对白玫瑰深怀挚爱，当她也为人母时，更加体悟到母亲对亲生骨肉的爱抚之殷，期望之忧。因此，她的中国故居都少不了白玫瑰，美国的家——青山农场更是花草遍地、树木成林的天堂乐园。在众多花树中，白玫瑰、牡丹与山茶树等都是她的最爱。

在世人看来，玫瑰似已为情人所专有，或求爱或求婚，似都用之于男女情恋的表达。不过，赛氏母女的白玫瑰情结让我们读到了另一种文化内涵，即生者对死者的刻骨思念与美好祝福，父母对夭折子女的深切的爱。

这种感情超越国界，超越民族，超越宗教信仰，成为东西方文明共识与共同表达。

（载《镇江日报》2009 年 3 月 13 日）

封建土地制末代家族的兴衰
——评赛珍珠《大地》的思想艺术得失

美国女作家赛珍珠描写中国辛亥革命前后淮河北部农村生活的长篇巨作——《大地》《儿子》①《分家》三部曲，1938 年曾以其“对中国农民生活的丰富而真实的史诗般描写”② 而获得诺贝尔文学奖，先后被 60 多个国家翻译出版。然而它的命运却像作品中的主人公那样，在半个多世纪中历经坎坷，争议不一，毁誉不同，这就给文学研究提出了一个长期悬而未决、有待重新认识的课题。特别在当今世界上各国各民族文化交流日益扩大和加深，中国文化历史积淀深厚，目前又处于改革开放的新时期，外国尤其是西方许多国家的人士，都希冀以文化作为窗口，了解中国人民的历史，进而认识中国的现实。真正反映生活的文学作品，是综合显示一个民族文化的重要方面，它提供给人们的认识也是生动形象而又丰富具体的。因此，我们研究评析反映中国人民生活的文学作品，无论是中国人写的还是外国人写的，对人们更好地了解和认识中国，应该说都是具有重大的现实意义的。

赛珍珠在中国大地上先后生活了 30 多年，可分为两个不同的阶段，前一阶段是童年和少年时期，第二阶段是在美国受完高等教育后再次来中国。由于她父母长期在旧中国担任传教士，接触面较广，她本人在教会学校供职，除了较多地往来于中国知识阶层人士之外，对动荡的社会、风云变幻的形势也有较多的感受，特别是对各种天灾人祸都可以任意加害的农民身受的空前苦难，更是目有所视、心有所动。她当然比没有在中国大地上生活过，与中国普通人民毫无情缘的外国人的感受要深得多。正因为如此，所以她才有胆量说，她“发现了她向西方介绍中国的本质与存在这一使命”③。无疑《大地》三部曲就是她试图完成“这一使命”的重要成果。

鉴于《大地》三部曲卷帙浩繁，内容比较丰富，我们将分专题研究。本

---

① 《儿子》也译为《儿子们》，此处保留文章发表时的原貌，下文多次出现亦不做统一。

② 瑞典学院常务秘书佩尔 · 哈尔斯特龙署名的赛珍珠《获奖评语》（1938 年 12 月 10 日），裕康（漓江出版社编辑）译文为“由于赛珍珠对中国农民生活史诗般的描述”。收入漓江出版社《大地》（1988）。

③ 佩尔 · 哈尔斯特龙：给赛珍珠授诺贝尔文学奖“授奖词”。

文仅对三部曲的首部——《大地》进行必要的探讨。

一

《大地》着力向我们展示的是主人公王龙艰苦奋斗，由贫到富、从农民到地主的曲折历程。当王龙告别人世时，他的三儿子虽然还没有成家，但是大儿子、二儿子已为他生了11个孙子、8个孙女；他还有两个妾，一个傻女儿，一个已出嫁的女儿。在封建社会来说，王龙可谓富贵乡里，儿孙满堂。然而在王龙断气前一段时间，已经是家族矛盾迭起，衰象显露。王龙死后，儿孙们将走什么路？命运如何？《大地》结尾部分有这样一个寓意深长的场面：王大、王二知道父亲王龙将不久于人世了，他们暗暗策划，来到王龙苦心经营、视为命根子的地头，王二说："我们把这块地卖掉，还有这块。我们把卖来的钱平分掉。你那一份我想用高利贷借过来。因为现在有铁路经过这里，我可以把稻米运到沿海一带。"他们没有想到王龙悄悄跟在后面，当听到"把地卖掉"这句话时，王龙恼怒地骂他们是"可恶的懒汉"，随即抽泣得要倒下去。两个儿子一面假意地安慰他："不要担心，爹，这一点你可以放心——地，决不会卖掉的。"一面却"隔着老人的头顶，他们互相看了看，然后会心地笑了"。这个富有喜剧意味的结尾，在客观上昭示着，在时代的门槛边，两代人有了不同的命运。王大追逐享乐，挥霍懒惰；王二经营粮行，陶醉于资本主义商品经济的诱惑。王龙从祖祖辈辈承袭下来的以大地为根的传统也就将随着他的死而中断。

我们剖析，《大地》之所以先拎出其喜剧性的结尾加以透视，旨在证明：其一，《大地》以王龙一生的奋斗为内容，起讫分明，因此在三部曲中具有较强的相对独立性；其二，王龙的死，意味着一代人生命价值取向的终结；其三，《大地》中王龙的整体形象和有关形象体系寓含着超越个体的深刻意蕴。也就是说，作品的客观存在所能提供我们认识的，不是个别农民或一般农民的命运和道德价值问题，而是封建土地制必然生发出来的家族命运问题，也正是在这一点上，折射出时代的辙印、历史的趋向。

《大地》中作者是怎样塑造王龙形象的呢？

王龙的上代有父亲、叔叔。叔叔一家虽然与他们分门立户，但由于血缘关系，始终与他们利害相连、生死与共。王龙的父亲作为大房长子，虽然因年迈而老朽无用，但按照封建家长制的体统，其权威还是绝对存在的，不仅王龙要听命于他，就是王龙的叔叔也惧怕他。王龙的父亲虽生过 10 多个子女，但剩下的只有王龙一人。王龙父亲从先辈手上承接的一块地，经过他的手又传承给王龙，它是王龙与祖祖辈辈生活道路一脉相承的纽带。现在老人虽然已不能再从事田务，也无力承担任何家庭琐事，但他的存在却是绝对需要的，他要用先辈千百年来形成的一套传统来严格地规范王龙的生活。譬如持家要勤俭，不可乱花钱，喝水不应用茶叶；尽管年轻人都纷纷剪掉头上的辫子了，但王龙头上的辫子没有老人的批准是不敢随意剪掉的。他为王龙择亲，目的只在传宗接代，只要求儿媳妇能劳动，会过日子，至于是否好看，王龙是否满意，那是不容王龙考虑的。这一切无不处处显示出长期形成的封建传统制对作为大地之子的农民顽固的约束力量！

王龙在先辈划定的框架中成家立业，开始人生的起步。他是家庭的脊梁，拼命劳作，向大地索取生活的资源；他期望妻子一个又一个地生子；为嗣育后代，他甚至不顾吃饭、不吝血汗地勤恳劳作。他更深情地眷念着大地。对此，赛珍珠带着深深的同情，合乎人性地揭示了在封建制下中国农民顽强拼搏的生存意识和生命观念。就王龙来说，正是出于这种生存、生命观，他两脚深深扎在大地上，只知道按照先辈的足印去丈量自己的人生旅程，规划儿子和家庭的存在。当他们第一次遇到旱荒，在死亡的边缘挣扎时，他举家来到远离乡土的城市谋生，这时，另一种生存之路对他而言仿佛是考验而且确有可能引诱他去开辟，而他日思夜想的还是那片乡土。城市宛若另一人生世界的灯红酒绿，充满着形形色色的人的欲望需求，他全然抱着视而不见、充耳不闻的态度。他认为只有那片土地才是他的家庭，才是他全家人的安身之所。大地就是他的家庭、家族绵延不绝的根！

王龙对自己和家族之路的选择，以及那种超越一切的执着追求，表现为一种自觉的满足。他一次又一次砌房造屋，经营得宛如一座庄园；他不断从镇上迅速败落的黄姓地主家族手中买进优质的土地；他雇用足够耕种他所有田地的破产农民为长工；他买奴纳妾……于是他从农民变为地主，儿孙满堂，一切如愿，优游自得。由于生活状况的改变，他的意识也有了变化。他不仅忘记了自己昔日贫穷时遭富人轻贱的伤痛，转而鄙视眼前的穷人，而且竟然嫌弃曾同他一起吃尽辛苦创家立业的妻子。但是与这一切变化足以形成对照的，或者说这些变化有力反衬出的另一面，却是他对土地的始终不能忘怀，因为他知道现实的一切全是大地的恩赐。以至于他不愿住在城里向黄姓财主买下的轩敞庭院，而是留恋乡土，常常走进田间，充满陶醉之情，他甚至把耘田耙土当作纯粹的享乐。王龙身上已经“变”了的一切和始终没有“变”的那一面，是否意味着王龙形象与性格的两极分裂呢？否！应该说，“变”与“不变”两者强烈的对照，正深刻地表明，在王龙身上不变的一面，正是千百年来农民以土地为命根的传统在他身上形成的潜在意识成为根深蒂固的群体无意识，这也正是农民顽固保守劣根性的深层缘由。

二

《大地》以王龙为主体的形象塑造，所能提供给我们的认识究竟是些什么呢？当然从不同的角度来说，可能是多方面的，譬如：农民的历史命运问题；文化传统问题；个体农民勤恳劳作是否必然能致富问题；在封建制下不同类型妇女的命运问题；人伦道德观念问题；等等。无疑，这些都可以作为《大地》作品的不同侧面专题评析。但是如果把这些方面的任何一点当作《大地》最主要的生活本质的反映，就很值得商榷。譬如有人企图通过对王龙形象的概括，这样说明作品的主要意蕴：“他和土地原本是互不可分的，两者将随着他平静地迎来死亡而重新合为一体。他的工作也是一项已尽的义务，这样他的良心便得到了安宁，由于欺诈丝毫无益于他的追求，他变得诚实正直。这就是他的道德观念的总和。”前面我们所展示的《大地》喜剧性的结尾清楚地表明，王龙偷听到两个儿子要以瓜分的方式出卖土地，他受到强烈的刺激，满腔愤怒，从而加速了告别人世，实际上他并不“平静”。王龙的一生，也不是一般的“道德观念”所能涵盖的。应该说，王龙在承接先辈的传统中，原是充当了正剧的替身角色，在与儿子两代人的冲突中，是以喜剧的形式演出了悲剧的内容，只不过历史在演进的过程中，总是要以喜剧向行将消逝的过去挥手告别。正剧也好，悲剧、喜剧也好，是“时代”以严峻的面孔导演了人间的悲喜剧。

因此，我们认为，《大地》反映的最主要生活本质，就是以王龙为代表的封建土地制家族必然衰落以至分崩离析的历史命运。这个历史发展的规律，是任何人也无法抗拒的。作品的客观效果超越了作者的主观自觉，这是形象大于思想的结果。

这里我们只要对王龙发家的过程，以及发家之后隐藏的和已经显露的种种危机稍加剖析就可以清楚了。王龙一生的时间跨度，从作品隐约显露的蛛丝马迹检索，大约是 20 世纪初的 20 多年中，此时中国处在旧民主主义和新民主主义革命的交替过渡时期。帝国主义列强的入侵使封建主义制度已经从根本上发生了动摇，天灾人祸使民族矛盾、阶级矛盾空前激烈，整个社会动荡不安。时代既给人民投下了灾难的阴影，又给一部分人提供了机遇。在这样的背景中，王龙的发家是由这些因素促成的：

第一，他继承了先辈勤俭持家、顽强奋斗、刻苦耐劳的精神财富。然而单靠这些还不行，因为人多地少，家底不厚，挡不住水旱虫荒的交替危害。因此第一次大旱灾就险些吞噬了他们全家人的生命。如果说这是作品情节不经意的暗示，那也是达到了非常准确的真实程度。

第二，王龙一家逃荒到城市，由于灾荒和战乱的影响，城市动荡不安。在一次穷人哄抢大户的过程中，王龙夫妻随人潮涌入，他本无意争拿什么，财主唯求安命，主动赠他两捧金子，他妻子得到许多珠宝。这些为他全家顺利回归本土，购置田地，进一步积累财富，提供了最大“资本”。后来当再一次水灾、虫灾袭来时，他们就安然无恙了。

第三，王龙叔叔是“红胡子”土匪帮的第二号人物，由于王龙以同宗关系供养他们全家，土匪对王龙也就不敢抢劫。否则王龙即使舍命劳作，财产再多，也会身家难保。

以上几点，对王龙发家来说都是非常重要的，有些看似偶然，但从时代特点来看，偶然之中蕴含着必然。

王龙发家之后，外表看似堂皇，实际是危机四伏：他本人不惜耗财买奴纳妾，寻欢作乐；勤俭持家的妻子早离人世，他失去守家的帮手；能以传统德行规范王龙的父亲也命归黄泉；两个儿子不守祖训，成了消耗家财的漏洞……王龙一生总结的主要经验就是：人要勤劳，地是命根子，“当人们开始卖地时……那就是一个家庭的末日……”。可是偏偏当王龙还有一口气时，两个儿子暗算卖地的主意已经回旋在他的耳际，冲击着他的心门了，王龙却不知道当铁路已经划破大地，资本主义商品经济的车轮呼啸而来时，死守住封建主义土地制的祖传陈规又有什么用呢？

值得注意的是，《大地》中写王龙苦心追求发家时，总是以黄姓大地主曾经达到过的鼎盛为目标，同时又写黄姓家族迅速地败落，田地、房财不断转入王龙手中，而造成黄姓家族衰落的原因，在王龙家族中也日见端倪。这难道不是预示着王龙家族也必然要重蹈黄姓家族的覆辙么？因此，这也就更加证明，在“明代”高手的导演下，同一历史舞台是演不出两样戏文的。

三

我们坚信，就像庄稼总是在大地上生长出来一样，任何有价值的艺术作品，都是时代、生活这样或那样的折光。离开时代和生活，侈谈一般的道德、人性，对道德、人性作超越时空的抽象化，都是有意或无意的对艺术的亵渎。

文学作品一旦问世，应该说它就是客观存在的实体，我们无权去猜度作者的主观意图，忠实的读者只能根据作品实际作出力所能及的评说。从前面的剖析中，我们认为赛珍珠的《大地》是有一定的思想深度和艺术表现力度的。但同时我们也认为《大地》存在着不容忽视的缺陷。

首先一个问题是，时代特点缺乏必要的明晰度。在 20 世纪的前 20 多年中，在中国大地上社会矛盾错综复杂，其中既有辛亥革命的曲折起伏，又有大小军阀的混战，更有在中国共产党领导下的波澜壮阔的新民主主义革命。如果说因为北方农村比较闭塞，感受不到时代动荡的气息，那么当王龙一家逃荒到大城市时，感受就应该强烈和明显了。可是作者只是惜墨如金地作了些许点染，如学生演说，不明旗号的军队拉夫。似乎这些写与不写都无关紧要，而读者却如坠入云雾之中。

第二，故事情节不够丰富。无论是从作品的史诗性来说，还是从通俗作品的特点来说，在这一点上都显得欠缺。因为情节的曲折丰富，不仅关系到对生活的涵盖程度，而且直接关系到对人物形象的塑造和性格的刻画。整个《大地》33 节，其中有些节次似乎调换编排亦无不可。个别节次抽掉亦无关大局。文学作品构成情节的场面也是值得重视的，它既能丰富情节，又能增加风俗化的色彩，像阿兰和王龙父亲的殡葬，写得就比较粗疏，没能使读者留下较深的印象。

第三，在语言方面，不少地方显得细而不当，使人有累赘之感。试举两例：

1. “王龙要提供肥料、豆饼和芝麻之经过榨油之后剩下的油渣。”

2. “打下谷粒后他们就扬场，用大簸箕把谷粒扬进风里，好的谷粒就近落下，杂物和秕子则一团团随风飘落在较远的地方。”

从文学作品的语言要求来说，这类叙述性的文字不够简洁明快，也谈不上传神。

（载《镇江师专学报（社会科学版）》1991 年第 1 期，与徐秉忱合作）

士的人格理想和儒家文化心态

——试析赛珍珠的中国传统文化观

中国的传统文化是由三根支柱撑持的：儒家经典学说、科举取士制度和封建宗法的伦理政治关系。对儒家经典学说的尊崇、对科举取士制度的赞赏和对中国古代宗法伦理政治关系的钦羡铸造形成了赛珍珠的中国传统文化观，在她身上烙下了中国“士”的深深印痕。

一个从襁褓中被带到中国并接受中国传统教育的人，是无法拒绝中华民族文化在其心理上的影响的。赛珍珠在她的自传《我的中国世界》一书里这样写道：“在我们山里，甚至镇江城里，是不需要警察的。每一家庭的每一成员都循规蹈矩。若有人犯了法，族长就会坐在议事堂内，决定给他们什么样的惩罚，有时还会有死罪。教育孩子如何行事，关系到一家的声望。尽管大人对七八岁以前的孩子极其宽容，但八岁以后，孩子们都要学会尊重由孔夫子一条条列出的为人处事的准则。”① 对这种“为人处事的准则”，赛珍珠深有所感：“小时候，大人一再告诫我们：长辈不坐下我们不能先坐，长辈动筷后，我们才能吃，长辈不端茶碗我们就不能先喝。……我们感受到受压制了吗？没有，想都没有这样想过。”② 赛珍珠这种“君君、臣臣、父父、子子”的中国传统文化观在瑞典学院颁奖文献中就做了肯定而突出的说明。

另一方面，赛珍珠对中国的科举取士制度也是持赞赏态度的。她认为“英国的公务员考试，是参考了中国的第试而制定的，而美国的公务员制度又是建立在英国公务员制度之上的”③。

当然，对科举取士制度的赞赏和对中国古代宗法伦理政治关系的钦羡，只是判断一个人是否具备中国传统文化尤其是封建文化观的表征之一，而衡量的真正标准还在于一个人是否尊崇儒家经典学说，是否以儒家思想来调整自己的行为规范。

就赛珍珠本人而言，她对什么是中国的封建主义和什么是中国的传统文

---

① 赛珍珠. 我的中国世界［M］. 尚营林，等译. 长沙：湖南文艺出版社，1991：12-13.

② 同①14.

③ 同①15.

化有着相当清晰的认识。正如查尔斯·W. 海福德在《〈大地〉：革命和美国在华特殊阶层》一文中所指出的：“赛珍珠……抵制了（或者说不理会）那种根深蒂固的把中国传统文化与封建主义等量齐观的种族主义简单化做法，因此理应受到人们高度的尊敬。”①

对中国传统文化的认识，在赛珍珠身上具体体现在三个方面。

首先，是对中国封建社会超稳定结构背后的文化本质的认识。赛珍珠认为，“尽管孔夫子是个哲学家，不是牧师，但实际上正是他为中国社会、为他的子孙创立了一整套与宗教、与道德作用相同的伦理纲常。恐怕还要经过相当长的时间，中国人才会重新认识孔夫子这个最伟大的人物对中华民族的贡献有多大”②。

其次，是对积淀深厚的中华民族文化潜能的把握。赛珍珠认为，中国人的社会，是一个古老而稳定的社会。她认为，尽管对她这样一个洋生土长的人来说，中国是贫穷落后、文盲充斥的国家，但中国以拥有悠久的历史和深邃的智慧而显得美丽。“对我来说，中国人似乎一生下来就具有一种世代相传的智慧，一种天生的哲学观，他们大智若愚……即使跟一个目不识丁的农民谈话，你也会听到既精辟又幽默的哲理。”“或许哲学只能为一个拥有数千年历史的民族所拥有。”③

最后，是对中国古典美的感悟。赛珍珠认为，中国的美，不在事物的表面。“这个古老的国家，几个世纪以来，一直缄默不语，无精打采，从不在乎其他的国家对它的看法，但正是在这儿，我发现了世上罕见的美。”“她的美是那些体现了最崇高的思想，体现了历代贵族的艺术追求的古董、古迹……”④

当然，对一种文化传统具有清晰的认识，并不能说明就一定具有此种文化观，关键在于是否把此种文化观作为自己的思维模式。赛珍珠恰恰是中国式的。因为她如果不把中国的一切作为参照系，她便不能思维，她这样写道：“在那些历史悠久的国家里，人性与人际关系是人们最关心的问题。对于我的中国朋友来说，了解别人在想什么重于一切，因为如果你不清楚别人在想什么，你就无法与其建立起友谊，甚至也无法在共同利益上合作共事。在我的

---

① 本文由奚兆炎译.

② 赛珍珠. 我的中国世界［M］. 尚营林，等译. 长沙：湖南文艺出版社，1991：196.

③ 同②272.

④ 同②187.

美国邻居、熟人以及那些和我有点头之交的人的中间，我也同样恪守这一处事之道。”①

二

从“士”的伦理道德化的人格出发，赛珍珠超越了个人和民族的狭隘立场，把目光投向了“民生”。她崇尚一种超历史的伦理主义，追求一种朴素的、原始的人际和谐，视道德人格的修养为人生的最高目标。她无法忍受现实中产生的“非道德”的现象。理想的主观价值原则与不可能实现的客观环境的尖锐冲突，又使赛珍珠多少产生了一种“士不遇”的心理，在她的灵魂上染上了几许忧患的色彩。而具有儒家的道德化的忧患意识，正是一个典型的中国知识分子所具有的文化心态。

在中国历史上，被称为“士”的知识分子一直是文化的自觉创造者和敏感承受者，文化塑造与自我塑造在他们的身上体现出一种高度的同一性。从孔子开始，就强调“士志于道”，强调把学术当作天下公器，视为至高无上的理想主义精神，而不为物欲和权势所扭曲。在“士”的规范上，则强调首先是“道”的得失而不是个人的利益，也即“道尊于势”。

赛珍珠自己认定的“道”是怎样的呢？她认为，应该“尽我们所能，去创造一个合理欢乐的世界”，人与人之间应该“没有种族偏见、信仰偏见、国籍偏见”，“维系自己的盟友，不是靠武力和政府间施加压力，而是靠共同利益和友谊”②。对一个政府而言，这个政府的存在只是“为了使人民生活得更好”，“政府若是对它的人民不公，就应该让它灭亡”③。

但很显然，她早先从孔先生那里接受的“普天下人是一家”的观点在现实中破灭了。杰姆斯·汤姆森评价说：“赛珍珠留恋中国农民在孔子帝国兴盛年代里的安宁与平静的生活，但从她主要描写丑恶与不公平的一些既生动又朴素的作品中可以看出，她已经意识到这样的年代不仅少有，且已一去不复返了。”④ 于是伴随而来的是一种忧患意识。“我带着这种忧患回到了自己的国家，我的忧患意识没有像花儿一样盛开，而是像一层层紧裹的花蕾留在了

① 赛珍珠. 我的中国世界［M］. 尚营林，等译. 长沙：湖南文艺出版社，1991：420.

② 同①466-467.

③ 同①278.

④ 刘龙. 赛珍珠研究［M］. 昆明：云南人民出版社，1992：406.

我的心灵深处。”①

从某种意义上讲，忧患意识正是一种“士”的文化心态。儒家的入世精神要求“士”自强不息，“兼济天下”，更要求“士”“经夫妇、成孝敬、厚人伦、美教化、移风俗”②。这一切都要求儒士必须把历史的评判原则置于审美的评判原则之上。赛珍珠在《我的中国世界》中写道，她虽然对李白承皇恩，日日醉意朦胧的逍遥生活表示钦羡，但她对现实生活中喝得烂醉如泥的人是绝不会喜欢的。她写道：“我从来不会对一个失去自控能力的人感到毫不在乎。我只感到可怕、厌恶。我想，这也是由于在中国孔先生向我灌输过传统的儒家思想的缘故，即君子应怒不失态，醉不忘形。”③ 无疑，赛珍珠的文化心态是儒家的，因此，她始终把对现实社会的关注放在第一位，“每当我看到邪恶和残酷的事情发生时，我就要全力打抱不平，帮助弱者。这成了我终身的行为准则”④。

三

赛珍珠漫游并考察过东西方许多国家，视野开阔，在文化观念上有一种超越性，具体体现在三个方面：一是对别的民族、国家的文化持有一种平等尊重的态度；二是对本民族和本国的文化在肯定的同时又持有一种自我反省和自我批判的精神，反对文学民族主义；三是在文化交流上，她确立了一条非常值得我们重视的路径——主张关注实际上正是多元共存的文化现状，以和平的方式进行多种文化的交流，反对暴力，反对一种文化传统对另一种文化传统的分割和颠覆。

查尔斯·W. 海福德在《〈大地〉：革命和美国在华特殊阶层》一文中评价说：“归根结底，赛珍珠……抵制了（或者说不理会）那种根深蒂固的把中国传统文化与封建主义等量齐观的种族主义简单化做法，因此理应受到人们高度的尊敬。”⑤

海福德的话至少告诉我们，从本质上讲，赛珍珠持有的是一种以中国传

① 赛珍珠. 我的中国世界［M］. 尚营林，等译. 长沙：湖南文艺出版社，1991：94.

② 诗·大序.

③ 同①305.

④ 同①74.

⑤ 本文由奚兆炎译.

统文化为中心的世界观。然而，客观上她并不是中华儿女，因此，当她把她的文化之根重新植入美国这片土地时，虽然她能感受到美国文化的活力，但她无论如何也不会认为西方文化比中国传统文化优越。当我们从一个外国人的角度去分析赛珍珠时，我们会发现，她对其他民族和国家的文化，尤其是东方的文化持有的是一种尊重甚至赞赏的态度。她的这种态度换个角度来看，又使我们看到赛珍珠在文化上具有自我批判精神。这二者的结合，又奠定了赛珍珠在东西方文化交流上的“桥”的地位。

首先，我们来分析一下赛珍珠对待东方文化的态度。赛珍珠受其父母思想的影响，认为“中国人在各个方面和我们是平等的，包括哲学和宗教在内的中国文明值得我们尊重”，“在亚洲，人类文明很早之前就在哲学思想和宗教教义方面登峰造极”①。她强调，“中国的文化比任何一个欧洲国家都更源远流长”，中国“是世界上最古老、最文明的国家”②。赛珍珠断言：“即使在那时，我也能看出，中国将来注定要成为举足轻重的国家。中国一向是文化的发源地，只有印度可以与它媲美，尽管印度与中国全然不同。”③

其次，赛珍珠能清醒地站在第三者的角度对西方文化进行反思和批判。在谈到美国文化时，赛珍珠说：“如果说我还时常想念中国的话，那是因为我在这里找不到一点哲学。我们的民族有自己的教义和思想，也不乏偏见和信条，只是没有哲学。或许，哲学只能为一个拥有数千年历史的民族所拥有。”④“的确，中国人由于其悠久的历史而培养出了他们的自然主义哲学，而我们美国民族也正朝这个目标奋进。”⑤

最后，赛珍珠根据自己的经验，为我们开辟了一条进行对话和交流的路径。赛珍珠认为，互相体谅尊重，还要有耐心，相信人人各有其行事的道理和待人的技巧。赛珍珠相信，如果不同国家、不同种族的人能互相理解，那么，一切令人不快的事情都是可以避免的。

通过上面的分析，我们可以看出士的人格理想和儒家文化心态在赛珍珠身上的具体体现。若干年前由于中国作家从未获得过诺贝尔文学奖，因此赛珍珠的获奖便成了我们中国某些人感情上的一个痛处，对赛珍珠的评价有失

① 赛珍珠. 我的中国世界［M］. 尚营林，等译. 长沙：湖南文艺出版社，1991：70.
② 同①115.
③ 同①120.
④ 同①272.
⑤ 同①355.

公允。一个美国人运用典型的中国思维方式，使用中国式的小说技巧，却写出了畅销的获奖作品，这同样成了一些美国人感情上的痛处。由于这种疼痛的刺激，时至今日，一些所谓权威的美国文学史仍然不愿或不敢提及曾影响几代人的“中国通”及其拥有数百万读者的《大地》三部曲，不愿或不敢去正确地评价赛珍珠和她的作品。

早在 1953 年，在写《我的中国世界》一书时，赛珍珠就给自己的定位做了精确的描述。她的话虽然是针对传教士的布道而言的，但从文化的角度来看，她的话仍然是准确无误的：“由于我知道白人在亚洲的行径，所以我不能容忍任何人的布道。即使今天，在我自己的国家，我也决不会走进一些教堂去听白人布道，因为我知道，如果有个黑人来到这个教堂，他很可能找不到座位以便坐下听上帝如何热爱全人类。这样的教堂里也没有我的座位，这是因为我长在中国：我身处中国却非其一员，身为美国人却依然不是他的一员。”①

从这个意义上讲，是不是不应该由美国文学史，而应该由中国文学史来对赛珍珠作出评述，才更为妥当呢？

（载《镇江师专学报（社会科学版）》1998 年第 2 期，与董晨鹏合作）

① 赛珍珠. 我的中国世界［M］. 尚营林，等译. 长沙：湖南文艺出版社，1991：50-51.

壮阔的中国社会民俗长卷

赛珍珠是一位世界著名的作家。她不仅在《大地》中塑造了一个平凡而离奇、生动而形象的不朽的王龙，而且在书上展现了一幅壮阔的中国社会民俗长卷。

她是一位中国通和中国民俗专家，在《大地》中，赛珍珠女士以生动、细腻、逼真的描绘，给我们展现出民国初期中国民间的婚嫁、神祠、习俗和岁时节日，再现了那时代中国各阶层人士的服饰、冠戴、发型和居屋设施，介绍了安徽、南京等地的风物和特产，描写了可怕的旱灾、水灾、蝗灾、兵灾和匪灾，用工笔手法描绘出一幅幅灾民流涉图和风俗民情图。

赛女士的风俗描绘，笔触不限于文化水平较低的下层民众，也触及文化水平较高的上层人士。她不仅描绘安徽的习俗，还写了江南风物；她不仅再现了当时人民的习俗，而且对探求潜流于人民生活深处的汉民族基本特征亦有深刻的意义。

因此，赛女士的《大地》不仅是一座文学的宝库，也是中国民俗文化宝库的璀璨明珠，它展现了中国民俗多姿多彩的画卷，给中国人文科学增添了形象的资料和耀人的光彩。

《大地》中的婚嫁形态

家庭是社会的细胞，社会是家庭的延伸和扩大。而一切家庭的组成有待于一定的婚配形式。在漫长的中国社会历史中，由于各个时代的不同，由于人们社会地位、经济地位、从事职业以及地域、民族等的差异，形成了千姿百态的婚配形式。这种种婚配形式又由于历史的变迁，有的成了传统习俗而作为民族文化的一部分被一定程度地保护和延续下去，有的则已经或正在趋于消亡。

赛珍珠是一位国际知名的作家，也是一位熟悉中国民情的民俗专家。她在中国整整生活了37年，随父母传教，从事教学工作，她的足迹遍及中国江苏、安徽、广东等省，并在镇江、南京、宿县有长期定居的历史，她既接近和了解中国最贫苦的农民，也熟知地主富豪的生活。她对中国老百姓的生老病死、婚嫁丧葬，以及有关的种种形式和仪式了如指掌，才形成了她在《大地》中关于婚姻形式的准确的、细微的、令东方民俗专家也感到惊奇的精彩的描写。

《大地》描绘的是清末民初的中国社会，王龙生活的农村是在安徽，他还逃难到过江苏。因此，王龙一家的婚嫁形态，既是中国漫长的封建社会在它晚期的一种沉淀，又带有明显的苏皖特别是皖北宿县地区的特有色彩。

《大地》中描绘的婚嫁形态是多样的，主要有聘婚、择配、纳妾、收丫头、童婚和冲喜。

“初设媒聘，始知姻娶。”聘婚，是中国数千年封建社会中最主要的婚配形式，就是“明嫁娶之礼”，实行“明媒正娶”。这种婚姻首要讲究的是门当户对，所谓“龙配龙、凤配凤、丫环配长工”。王龙的原配阿兰，是大户大家灶下的丫环，王龙是贫苦农民，身份是相配的；王龙发家后，原本是想与邻居金结儿女亲，但他想：“要给儿子定亲，总得拣一个比金门户高得多的人家，金这个人虽然是好人，但只是一个普通的佃工呢。”“我不愿随便拣一个本村的农家儿女，况且我们都姓王，这也不合适的。”最后他找到了石桥村的米店刘老板，他说：“哦！这就是我粜谷的地方，真是天缘啊，这头亲事一定办得成功。”他一阵高兴，将自己的儿子和买进他谷的人的女儿配亲，真是天缘。这个天缘巧合的核心就是门当户对。

门当户对的男女聘婚时，还要经过一系列复杂的程序和仪式。首先是请媒人“说合”，男方择吉日送衣料、首饰、银钱、糖果给女家，称为“押帖”或“下聘”。聘礼的多少视男方的社会地位和经济状况而定。王龙娶阿兰时，他和父母只买了两只包金的银戒指和一副银耳环作为订婚的证物，这是最低微的聘礼，不但礼少而且不贵重。黄家大财主三小姐出嫁就不同了：“三小姐春天就要出嫁了，男宅的财礼，足足可以在外码头买一所大房子，她的妆品衣服尽是苏州杭州织来的新花绸缎，她要从上海请一个裁缝来。”正式迎娶时，富家彩轿红灯，鼓乐前导，穷家小车推送，亲友伴随。此日，男家还要摆宴席，晚上“闹新房”。而宴席场面也是视地位和贫富而定的。王龙迎娶阿兰时，不要说彩轿，连小车也没有一乘，亦无亲友相伴，他陪着阿兰，肩上扛着阿兰陪嫁的箱子，手上提着晚上办酒席的篮子，步行回家。晚上办喜酒，邀请的是身份低微的人——堂弟、叔父，此外还邀请了住在同村的三个邻近的农人。吃的是富家们“连狗也不吃”的普通食物，而且是阿兰亲自下灶做的。对于这餐酒宴，赛珍珠有一段很生动的描写：

……客人们拥着进来了，嘻皮涎脸有些馋嘴相的叔父以及一个顽皮的十五岁的叔父儿子，还有邻人们。还有两个是和王龙在收获时节交换种子和劳力的同村人，有一个是他隔壁的邻人老金，姓金的是一个小身材，除非不得已，老不愿意说话的人。他们在堂屋里再三推让座位……他们默默地吃了那些小菜。……这样的小菜，王龙在朋友们的酒席上，是从未尝过的。那晚上，客人们慢慢地喝过茶，讲完笑话之后，女人还在灶下。王龙等到客人散完，走进灶间，便见她蜷伏在稻草堆上，熟睡在牛的旁边……他牵了她的手走进早晨为她洗过澡的房里，点着了桌上的一支红蜡烛。

粗劣的饮食、低微的客人、静默的气氛和仅有的一支红蜡烛，构成了贫家特有的婚礼气氛，描绘是细腻和传神的。待到王龙发家后为儿子办喜酒时，程序是相近的，气氛迥然不同了。作品里这样写道：

凡有他认得的，他都请，他又上城里茶馆里米店去请他相识的人。他又对他叔父说，你的朋友们，以及你儿子的朋友们，都邀他们来吃我儿子的喜酒。

屋子里天井里摆满宴席，充满了烹调的香味和笑话声，宾客济济一堂，有的是王龙邀请的，有的是他们带了同来，王龙并不认得的，原来大家知道他是富家，大家乐得来大吃一次。

按苏皖地方习俗，每年正月初二，为夫妻拜丈母娘的日子。阿兰的父母不知去向，黄家就被视为亲家了。王龙阿兰夫妇尽管很穷，仍然没有忘记这一习俗，她早早地做了猪油年糕，带花的团子：

正月初二，我要带这些团抱了小团去，当作一些礼物。

待到初二，是女人们拜望亲眷的一天，他们一大清早起身。女人给小孩穿了红衣服和自己做的老虎头鞋，还给戴了一顶带前缀着包金小菩萨的皮顶帽子；然后才将他放在床上，于是王龙自己匆匆穿了衣服，他的妻将长而黑的头发梳理了一会，打成一个髻，用他买给她的那枚镀银簪插上，她又穿了玄色的袄，于是她抱了小孩，他拿了盛团的篮子，两人一同走进残冬荒寒的田埂去。

《大地》中关于王龙大儿子新娘化妆一段的描绘更是生动、传神，而且极为符合皖省民俗。一是穿上嫁衣："自己家带来的衣服，带花的绸衫裤，外边是细毛的羊皮袄，再外边是结婚礼服。”二是开脸：“他们替她匀粉在额上，用一根系得巧妙的线，将她处女期的细发和眉上的边缘拔去了，使她的额角变得又高又光滑又方正。”三是上粉画眉：“他们给她搽上水粉胭脂，给她画上纤细的眉毛。”四是戴凤冠面纱：“他们将凤冠和珠串的面纱，戴在她的头上。”五是着花鞋：“穿了花鞋在她的小脚上。”六是搽指甲洒香水：他们在她的指甲上涂了色，在她的手掌上洒了香水，在苏皖农村生活过的人都知道，当地农村小姑娘都喜欢用一种叫“凤仙花”的粉红色花瓣，揉碎了取其汁液来搽红指甲。

择配可以说是聘婚中的一种特定形态。有的大户人家的丫环使女，在为主人服务到一定年限后，或由于容貌丑陋，或由于被男主人玩弄后遭抛弃，主人就会选择一个男仆或贫困的农户及其他地位低下的人，付出一点钱或简单的嫁妆，让其婚配。黄家灶下丫环阿兰的婚姻，表面上看是聘婚，实质上则是一种择配。阿兰在黄家的地位极其低下，她在病重说胡话时，道出了她在黄家的处境：“我送饭只送到门口，——我晓得自己丑，不能在老爷面前露面——”，“不要打我呀——我不再吃碗里的小菜了——”，“我很知道自己丑，人家不爱的——”。黄太太则把阿兰的身世及择配的原因讲得更清楚：“这丫头到我家里来还只有十岁，到现在，她已二十岁了。那年是荒年，她的爹娘因为没饭吃，从北方到这里，我就买下她。他们从山东北部来，又向那边去了，后来他们的情形怎么样，我一点也不知道。你看看，她有着那样结实的身体，方方的脸。不论是田地工作或是挑水烧饭等等，她都会给你好好儿做的。她相貌并不算好看，但你也用不着相貌好看的。她也不聪敏，然而你叫她做什么，她总做得很妥帖，她脾气很好。你带了她去，好好儿待她去。虽然笨些，总要算个好丫头。我若不是想为下世积一些阴德，还要将她使唤下去的。”很显然，阿兰从十岁进黄家门，已经整整为黄家干了十年活，她什么都会干，从种田、汲水到烧饭，脾气又好。择配的原因则是太太想为自己下世积些阴德。事有凑巧，当王龙自己后来成为富家时，他又在玩着这种择配的把戏了。那是他的堂弟在玩弄了他的一个丫头使其怀孕后，这丫环自己要求择配：“老板呀，就拿这洋钱给我当嫁妆吧，如果你不怕麻烦，请你将我嫁给一个种田人，或者一个好一点的穷人也行。你做做好事吧。”王龙寻思了一番，想到那个曾经惹得金死、牙齿突出在下嘴唇外边的相貌丑陋粗野的少年。他将这两个人叫来，说：“小厮，如果这女人你要她，她就是你的人了，她只是给我亲叔叔的儿子破过身呢。”结果那少年娶了她很感激，因为“她是柔和健壮的少女，而他是没钱娶妻的”。

纳妾是《大地》中描绘的第三种婚嫁形式，这也是中国封建社会一夫多妻制的反映。封建士大夫、官僚、地主和富豪，凭借他们特有的社会地位和财力，“三妻四妾”“金屋藏娇”，屋里养着许多的美女供他们玩弄。这种纳妾的婚嫁形式是与普通的农夫和穷人绝缘的，因为农民们尚且养不活自己的妻儿，哪有钱来娶妾。所以当王龙发家后娶荷花为妾时，他的父亲愤怒了。这位世代种田的老人说：“我只有一个女人，我爹也只有一个女人，我们是种田的。”“家里有婊子哪！”当王龙向他父亲解释“爹，你放心。这不是婊子，是我的二房”时，老人还是一叠连嚷着：“这里有婊子！”确实，妾是富家的玩物。正如赛珍珠在作品中所叙述的：“于是在他家里的这两个女人，各有各的地位了，荷花是当作他的玩物。阿兰呢？当作他的女工，当作一家的母亲，她管着家，做饭给大伙儿吃。”王龙“同黄家来的粗骨丫头过了这几年，现在可以知道酒席上八宝饭的甜味了”。正因为妾是玩物，而且荷花原是妓女，需要“赎身”，所以娶妾是很花钱的。王龙给了老鸨一百块现洋赎身钱，为荷花准备了“一副翡翠耳环，一只翡翠戒指，一只金戒指，两套缎衣，两套绸衣，十二双鞋子和两条绸被”，“买了猪肉、牛肉、鱼、竹笋和核桃。他还从南方买来了干的燕窝做汤的调料。他也买了鱼翅”办酒宴，还专门为她砌了房、盖了灶，“从此杜鹃天天上城去买各种各样珍贵食品，像是荔枝呀，蜜枣呀，胡椒呀，糕饼呀，红红的糖呀，从海里来的带鱼呀，以及许多别的东西”供她享用。这样用山珍海味供养的妾，实际上是毫无用处的。正如《大地》中所叙述的：“村上，人们妒忌着似的说起他那里天井的女人了，这是王龙觉得骄傲的一件事；这仿佛是人们讲起了稀有的珠宝，除了算是富有者的标记之外是没有用处的。”而且，她只会给这个家庭带来种种痛苦、纠纷和困扰，它是封建婚姻的怪胎。

收丫头是纳妾中的一种特殊形式。纳妾中的“妾”地位较高的是士大夫或读书人出身的女子，其次是妓院从良的女人，主人的丫头被收为妾的则地位最低下。王龙的大房是妻子阿兰，二房是妾荷花，三房是小妾梨花。梨花就是王龙由丫头而收为妾的，他们之间的婚嫁几乎没有什么形式。在初夏的一夜，天气闷热，王龙坐在院里一株桂花树下，进入了青春的梦幻。这时梨花过来了，他拉住了她的小衫，而她也俯下身去，好像梨花从枝头落下似的滑到地上了，随即抱住了他的双脚，躲在那里，他轻柔地抱了她。从此，她夜间静静地睡在他的旁边。用杜鹃的话来说：“哦，原来老板又搭上了啊！”

而王龙呢，他说："我自己也不明白。我原没有再添个女人的意思，不知怎的惹出这事情了。"王龙在收梨花为妾后，不但毫无排场，连荷花和子女的认可也遇到了麻烦。他对荷花答应了四个条件：买一只时钟，买一对红宝石戒指，买一个丫头代替梨花的位置服侍她，不要梨花再到她那儿去。这样才获得了荷花的默认。而对三个儿子，王龙采用了"小孩子给我拿茶来，给我儿子拿茶来"的方式，让梨花给儿子倒茶，才获得默认。

童婚是《大地》中描绘的第五种婚嫁形式。童婚是指未成年的男女缔结的婚姻。实际上，在苏皖地区，特别是皖省一些比较偏僻的地区，早婚现象早就存在。甚至有些相好的近邻、朋友和亲戚，常常在他们的妻子刚刚怀孕时，就开始结姻，许诺如果今后双方各生下一男一女，就结为亲家，这种在怀孕期的婚嫁叫"指腹婚"；婴儿出生后，再互相缔结的婚姻叫"摇篮亲"；儿童时期缔结的称"娃娃亲"或"童婚"。王龙的大儿子和米店刘老板的女儿定亲后，他们成了亲家，关系进一步密切，王龙又把他的二儿子送到米店里当伙计。这之后，王龙又对刘老板说："现在我们是好朋友了，你有和我的女儿相配的儿子么?"那商人满脸是笑，说道："我的老二今年十岁，未曾定亲，大姑娘几岁了?"王龙也一面笑容："她明年就是十岁了，相貌倒还不错。"于是两人一同笑了。那商人说道："赤丝系了我们的儿女，也系了我们。"就这样，一个九岁的女孩和一个十岁的男孩就结成了"娃娃亲"。

冲喜是《大地》中描绘的一种很重要的婚嫁形式，冲喜是"慌婚"的一种。所谓慌婚，是指"男女订婚后，一方出现了特殊情况，仓促成婚的"。王龙的大儿子和刘老板的女儿定亲后，大儿子去了南京。这时阿兰由于常年操劳积劳成疾，病势已逐渐沉重，眼看就要死了。但她心中尚有一件未了的心愿，她说："死我是一定要死的，我觉得这条命活不下去了，但是我要等到大儿子回来，等到他和这个贤惠的媳妇成了亲才肯死。现在我要大儿子回家来，我要他先同这个大姑娘成亲，我这才死也安心了。"王龙呢，他也觉得借此机会让大儿子成婚，也可冲冲喜，使阿兰的病情出现转机，从此好起来。他说："好的，我听你的话，今天我打发人到南边去，找我儿子，带他回家来成亲。那么你也得答应我，振奋精神，别再提起要死，使你身体好起来。家里少了你，真不成家了。"后来，当新郎新娘双双向王龙的父亲和王龙行了礼，走进阿兰的房里时，阿兰的精神似乎好了，她挣扎着设法穿上她的玄色新衣服，从床上坐起来，脸上烧成两个火样的红晕，以至使王龙产生错觉，认为她变得健康了，他高声说道："她现在还会好了！"

赛珍珠对冲喜这一民俗的了解是透彻的，她在描写冲喜的过程中，还写了这样一个细节：

一对新人走上去鞠了躬，于是阿兰拍拍床沿说道："你们坐在这儿喝合欢酒，吃合欢饭，这我都要看一看的，我一断气，就要抬出去了，这可以做你们的新床。"所谓合欢酒，作品里写道："……端着两杯热酒，俩新人分别喝过了，便将两杯酒孱和了一下再喝，表明两人合而为一了。"所谓合欢饭，是"他们又吃了饭，孱和了一下，这就表明着他们的生活也合而为一了"。而为什么死人的床要让新郎新娘去睡呢？作品虽没有解释，但实际上这是皖北农村的一种习俗，表示老人会带给年轻人好运道。

综上所述，《大地》中描绘的婚嫁形态，无论是聘婚、择配、纳妾，还是收丫头、童婚和冲喜，都是丰富多彩的、细腻的、符合皖省民俗的。

然而，尽管婚姻形态千变万化，但都离不开这种婚姻的强制性、包办性和盲目性。在这种种婚嫁形态中，妇女没有一点儿自主权，完全是家长说了算，主人说了算，男人说了算。而一经用这种种婚姻形式固定以后，妇女就再也脱不了樊笼，只好"嫁鸡随鸡，嫁狗随狗"。阿兰跟着王龙劳苦一生，操持全家，浑身染病，终于亡故而毫无反抗，甚至她藏在乳间的两颗心爱的珠子被王龙粗暴地夺去也默默服从；荷花被当作王龙的玩物供养着，只能偶尔向王龙撒撒娇，发点小脾气；梨花则一心一意侍奉主子王龙，甚至王龙死后，她也从一而终，当了尼姑。

傅立叶说过："某一时代的发展总是可以由妇女走向自由的程度来确定，因为在女人和男人、女性和男性的关系中，最鲜明不过地表现出人性对兽性的胜利，妇女解放的程度是衡量普遍解放的天然标准。"可以说，妇女的社会地位愈低下，说明当时的社会状况愈糟糕。

数十年过去了，赛珍珠在《大地》中所描绘的中国，江苏和安徽，所描绘的皖省的婚嫁形态和习俗，也发生了根本性的变化。

然而，作为主要婚嫁形式的聘婚，它的种种仪式、程序、规范，已作为一种民间习俗融入皖省的文化之中，深深扎根在民间。例如婚嫁中的聘礼，过去是绸衣缎布，现在是毛呢、的确良；过去是金戒指、首饰，现在是彩电、手表、自行车。过去娶亲用的是花轿，现在多用拖拉机，气派一点的用汽车。其他如"回门"、正月初二拜丈人等习俗仍保留着，不过增加了新的内容和时代特色而已。

《大地》中王龙的神祇观

宗教和神祇信仰是一种世界性现象，它来自人类原始的求生欲望，人类愈处于原始，求生能力愈薄弱，求生意志愈强烈，对神的渴望愈迫切。在漫长的人类社会发展过程中，宗教和神祇信仰因民族、地域等差异而呈现各自的色彩。对中国影响较大的有佛教、道教、天主教、基督教和伊斯兰教，而其中又以道教和佛教为甚。

道教是中国土生土长的宗教，包含着中国古代社会的宗教意识与民族文化。它是一种多神教，主张万物有灵，有风雨霹电诸神，五岳、五镇、四渎、四海、城隍土地。佛教虽是外来的，但由于历代帝王的崇尚，影响力已很大。中国寺庙敬奉的佛，有释迦牟尼佛和阿弥陀佛等；所敬菩萨，有文殊、普贤等，但常见的则是救苦救难的观世音菩萨。

王龙出生和生长在清末和民国初年的安徽农村，境内明朝多道教，清朝多佛教，清末民初则传来天主教。因此，王龙的神祇观便不得不受传统和地域的影响，它既祭祀属于道教的土地神，又供奉属于佛教的观世音菩萨。又由于王龙生存的环境是那样艰难，那毁灭性的水、旱、蝗灾使王龙的求生欲愈加强烈，不得不将自然力本身看作有意志的对象来加以崇拜。诸如结婚、生子、求雨、求财，都要向神顶礼膜拜；王龙在生存斗争中，时时和神对话，因为神会嫉妒、发怒、作恶、幸灾乐祸，当然也会微笑。

明朝冯梦龙在《古今谭概》中曾讲过这样一件事：明朝名士王元章居住的地方与一神庙靠近，他缺少柴草时，每每用木刻神像当薪柴烧，而他的邻居则事佛惟谨，遇到王元章毁佛像，就刻木补之。这里，表达了中国百姓中对神祇的两种态度，不信侮慢和虔诚崇敬。而王龙的神祇观却与这两种都不同，他既不一味侮慢，也不一味崇敬。他把神祇们作为一种客体，作为一个个有血有肉的人格神、与自己对话的伙伴。他以贿赂式的祭祀为手段，来诱使神的福佑，杜绝神的灾祸。他以恫吓的手段，来要挟神不得给他和人们降来灾祸。可以说，王龙的神祇观是功利主义的。

首先，我们可以从王龙供奉的对象来看，由于人们追求的利益目标不同，因此敬奉的神明也不同：灶民、渔民敬奉龙王；农民敬奉关公、财神；官吏敬奉社稷、风雨雷电之神。王龙原是个贫苦的农民，祖辈世世代代劳作在这既带来好运又带来灾祸的土地上，生儿育女，耕种收获，世代繁衍，土地即生命，而主宰这小片土地的土地神自然就是首要的膜拜对象了。因而，王龙和他的父亲精心地建造了这座土地堂：

这土地堂，只有齐肩胛这么高。王龙的父亲，从前耕种过，王龙现在藉以过活的这些田地，曾经从城里用小车运了砖头来，建造这个土地堂。

在这土地堂里，两个小而庄严的泥菩萨，平静地踞坐在神龛里，这就是土地公公和土地婆婆。他们穿了红纸和金纸的长袍，土地公公还有几根拖下的胡须，是真头发做的。每逢新年，王龙的父亲买下了红纸来，小心地剪，给那一对儿粘贴了新袍。

这时，因为新年过了不久，袍还新簇簇的，王龙见了他们端整的姿相觉得高兴。他从女人的手里接过篮子，便在那猪肉下面，细寻买来的几炷香。他深恐香折断了惹个不吉利，心里不免有些担忧，可是那几炷香倒还完整。他寻到了，便将它并排插在香灰里，掏出了火石和铁，用一片干叶作引火，将香点起来。

尽管王龙和他父亲住着用泥土砌造的简陋的草房，土地堂却是用上好的砖块砌成的，而且特地用小车从城里运送了砖头来。尽管王龙身上穿着破旧的蓝布衣，却忘不了每年给土地公公、土地婆婆用红纸和金纸制作美丽的长袍，而且胡须还是真头发做的。尽管王龙结婚理发时连扒耳朵多加几个铜板都舍不得，却忘不了给土地神买几炷香，而且生怕折断了惹个不吉利。因为土地是他赖以维持生命的保证，土地神“操纵”着他的婚姻、幸福、生命和发展，使他不得不畏惧，不得不敬奉，不得不崇拜。土地神是他的主宰。

然而，当王龙和他妻子得了珠宝发家后，他除了供奉土地神外，又在堂屋里添了一位财神，那也是从有钱人盼望发大财这一功利目的出发的：

一天，她和王龙上城去，买了床和桌子，一口大铁碗和六张凳子，为赏玩，又买了一把黑花红色瓦茶壶和六只茶碗，最后他们走进香烛店，买了一幅财神的画像，好挂在堂屋里，又买了一只锡香炉、一对锡香台和三支红蜡烛。

王龙是现实的、功利的，他发了财，自然想起财神爷的照拂，而想要发大财，就必须虔诚地供奉财神。所以他特地买了一幅财神像，挂在堂屋最重要的中间位置，还不忘买一对上好的锡香台和一只锡香炉，以及红灿灿的烛。

有趣的是，当他的大儿媳妇难产，眼看遇到危险时，“许多年来他第一次着了急，便想去求神拜佛”。而生子的事照例是观音娘娘管的，求子又是女人的事。他也顾不上了：

他起身往香烛店买了香，到城里观音菩萨庙去，他招呼了一个和尚，将钱给了他，教他将香烛插在菩萨面前，便说道：“我的长孙快要生下来了，那做娘的吃苦得很，她是城里人，身架生得太狭。我儿子的娘已经死了，没有女人来烧香。”

生子添孙是关系自己也是家族延续的大事，否则会断了“香火”，而这是中国人最大逆不道的事。因此，尽管王龙不是佛教徒，也不是女人，然而，为了这一功利目的，他不顾土地神的嫉妒，而去供奉观音菩萨了。

王龙是生活在安徽农村的一位普通男性农民，为了自己的利益，他当然不需要像帝王一样去“祀天”，也不用似贵家妇女一样去“拜月”，他崇敬的是关系自己命运生死、种族繁衍的土地神、观音菩萨和保佑他发家的财神。

从王龙对待神祇的态度亦可看出王龙的功利目的。他对待神的态度是：时而贿赂、时而威吓，时而咒骂、时而敬奉。这些，都是视神对自己的态度而定。

如果神庇护他，降福于他，满足他的欲望，他就贿赂、奖赏，否则是“一文不给”。《大地》中对王龙因生孙的事去拜观音菩萨和土地神，有段很出色的描写：

那时，和尚将香插在香炉里，他忽然忧急着想：“如果不是孙子呢，偏是女孩子，那怎么样呢？”便即叫道：“唉！如果是孙子呢，我就来助钱做一件崭新的红袍给菩萨穿；如果是女孩子，那我就没什么了！”

他走出庙，不管天气热，街上尘埃扑面，再买了香走到那坐着两尊土地菩萨的小神堂去，他插了香，点了火，便喃喃地说道：“我爹，我，我儿子，我们都是照顾你的，现在我儿子传种了，如果不是男的，那我们就再也不来理睬你们两口儿了。”

为了求个孙子，他分别给观音菩萨和土地神烧了香，还用一件崭新的红袍去贿赂神。但是如果神不帮忙的话，那王龙就会什么也不给他们，也不去理睬他们了。

可是，当神们不赐给人们慈悲和福佑，将可怕的旱灾降临到王龙和他的伙伴们身上时，王龙愤怒了，一变贿赂和福佑，而代之以咒骂，甚至向神吐口水：

王龙坐在门槛上，心里想：现在总得有个办法才好。他们不能在空屋里坐而待毙。他有着要活的决心，恰当一生最发旺的时候，他被命运夺去生命，他是不甘心的。他奔到那冷落的打禾场，向那永远蔚蓝而明净的天，扬一扬手，他孟浪地喊："啊，老天菩萨，你太可恶了！"

有一回，饿坏了的他有气无力地一步一步走到土地堂，便对准了那土地爷和土地婆婆啐了一口唾沫。

而当大水灾即将来临时，王龙更愤怒了，他诅咒神：

现在老天菩萨要乐一乐了。他望下来，看人们溺死饿死才称心。

胆小的金吓得颤颤地说：

老板不要这么说啊，菩萨究竟是菩萨。

王龙与金不同，金是胆小的，无论神们是福佑还是降祸，他都不敢反抗，甚至连老板说句诅咒的话，他都认为是罪过。金对神是一味地敬畏、顺从和侍奉。而王龙对神的态度却是功利的：你赐福，我就敬畏你、供奉你、贿赂你；你降灾，我就诅咒你、辱骂你、唾弃你。

然而，王龙深深地知道，神在地上终究是有威力的，必须时时烧炷香，以尽可能使神少发怒，得到神的庇佑。因此，王龙知道，在他这世代过活的地方，三年里就有一回饥荒，而"如果神们发慈悲的话，七年八年，甚至十年才有一回。而且仿佛神佑，王龙买了地后，七年间竟年年有收成，他每年都添佃工，很快砌起了三间新屋"。因此，他需要神。

综上所述，王龙的神祇观是复杂的、矛盾的、功利的。他既不是虔诚的道教徒，又不是佛门子弟。他相信神的威力，又时时藐视神；为了个人利益和目的，他对神时而贿赂，时而恫吓。这就是王龙，也是千千万万中国普通老百姓对神的态度。

王龙这种神祇观的核心是什么呢？闻一多先生在《从宗教论中西风格》一文中讲得十分透彻、精辟：

如果是以贿赂式的祭祀为手段，来诱致神的福佑或杜绝神的灾祸，或有时还不惜用某种恫吓式的手段，来要挟神做些什么或不做些什么——对神的态度，如果是这样，即便把神的能力看得太小了。人小看了神的能力，其实也就是小看自己的能力。严格地讲，可以恫吓与贿赂的手段来控制的对象，只能称之为妖灵或精物，而不是神。因之，这种信仰也只能称作迷信，而不是宗教。

西方人信仰的宗教和神，是一个至高无上的、神圣的、万能而慈爱的神，只有无条件地依皈和虔诚地祈祷，才能赐给你智慧和力量，才会注于你永不屈服、永远向上的精神和铁的生命意志。

王龙是有神论者，但他的神祇与西方的宗教神比起来，实在只能说是一种迷信，一种出于功利目的的迷信。

《大地》中的食俗描写

中国是一个幅员辽阔、民族众多的国家。在漫长的岁月中，各民族、各地域由于历史、自然、环境的不同，在精神生活和物质生活中形成了不同的风俗习惯。

食俗是民俗的重要组成部分，各地人民由于历史、自然、环境的不同，在其历史发展中形成了在饮食方面的喜好、风尚、习惯、禁忌和特色，这种食俗是一份宝贵的文化遗产。考察和研究各民族食俗，有利于掌握并客观地反映各民族的传统习性、观念、心理和文化等特点。

赛珍珠在中国生活了三十余年，对中国的民俗、各地食俗有很透彻的了解，也深知考察和研究中国民俗，特别是食俗的意义和价值。在《大地》一书中，赛珍珠给我们作了很精彩的食俗描写，对饮食种类、饮食习惯、地方特色菜肴等都有很准确、细致的叙述。

《大地》一书中，提及饮食菜肴的共有十余处之多，有猪肉、牛肉和鱼；有荔枝、蜜枣、胡桃和桃子；有大蒜、葱头和汤饼、糕团；有名贵的鸽蛋、燕窝、鱼翅。有汉民族过节的猪油年糕；有安徽农村家家户户悬挂的火腿、风鸡；有驰名海内外的南京板鸭、鸭肫肝；还有灾荒年月饥民们用以充饥的观音土。

在中国，春节将临之际，北方人爱吃饺子，南方人则普遍爱吃年糕。年糕是一种用黏性比较大的糯米或米粉制成的糕。它光洁如玉，柔糯细软。加水煮则糕糯汤清；用油煎则香甜柔软；如用碗隔水蒸食，其风味更佳，为其他糕点所不及。

中国南方汉族人春节必食年糕，这里有大吉大利之意，祝福人们生活

“年年（粘粘）高（糕）”。

关于年糕的制作与用途，《大地》作了很详细的叙述：

快到新年，村里家里都忙着预备……

王龙又到城里，买了猪油和白糖，那女人将它熬成油，她取了米粉，又取了猪油白糖拌在一起，照黄家吃过的那样子捏做了猪油年糕。当那糕一列一列地放在桌上，预备烧熟时，王龙高兴得很。在这村里，像他的女人那样能够做这种只有豪贵人家酒席上才吃的米团的没有第二个了。

王龙说：“吃起来很可惜的。”

老人徘徊在桌边，高兴得如同小孩子见了红绿颜色一般，他道：“去叫你叔叔和他孩子们来看看！”

但家道的兴隆却已使王龙谨慎了，请了馋嘴人来，单是叫他们看是不成的。

他慌忙回答：“不到新年就叫人家来看团是不吉利的。”于是那女人，两手满沾米粉和猪油，说：“那些不是我们吃的，只有上边没有花样的几只，可以叫客人尝尝，我们还没福吃猪油白糖的呢。这是专做给那大户人家的太太吃的。正月初二，我要带这些团抱了小囝去，当作一些礼物。”

从这段描述中，我们可以知道两点。一是年糕的用途。年糕的制作是为庆贺新春佳节的到来的，含有庆贺祝福之意，而且制作精美的年糕还是馈赠亲友的礼品。王龙的女人就是为了春节回门看望黄家老太太而专门制作的。二是年糕的种类和制作。南方年糕主要分猪油糖年糕和水磨糖年糕两大品种，水磨糖年糕是浙江宁波的特产，而猪油糖年糕则盛行于苏、皖，尤以苏州的桂花糖年糕为最。猪油糖年糕的制作方法如文中所述，将猪油和糖熬好拌和在糯米粉里制成。一种是平时即食用的，长条状，白色；另一种是作为馈赠礼品的，常制成各种吉祥的图案形状，加上各种好看的色彩。

《大地》中主人公居住地在皖省，因而食俗除汉民族共有的习俗外，还带有皖省民间特色。冬天到了，王龙家的屋舍挂着什么呢？书中写道：

冬天来了，他们便准备过冬，小小的三间屋子里有那些远比往年丰富的收获，堆积得满满的，屋梁上挂着一串串的大蒜和葱头……

在他叔父的破旧屋梁上，从没有挂着什么，但在他自己的家里却也有一只火腿，那是他的邻人，老金杀了一只买来的似乎有病的，腿是很大的猪。阿兰用盐将它渍透，挂在那里晾干。屋里还有自养的两只杀了风干的鸡，肚子里也塞着盐。

到过皖省农村的人都知道，一到冬天，户户农家的屋梁上都挂着一串串的大蒜和葱头，就像湘省农村屋梁上挂着一串串红辣椒一样。视家境状况，还在屋梁上挂着数量不等的火腿和风鸡。王龙的家境比他叔父富裕一些，不像他叔父屋梁上什么也没挂，他毕竟还挂上了一只火腿，尽管这只火腿是用一条病猪的腿腌制的，而且，还挂了两只风鸡。

火腿和风鸡是腌腊制品，也是一种地方风味食物，一般采用盐和其他调料腌制，季节大抵在冬季，因气温低，不易腐败，挂在房梁上是为腌透后便于吹干和晒干。火腿的制法，一是选择新鲜、皮薄肉嫩、精肉多的，十二斤左右的猪后腿一只，把鲜腿上的淤血排出，在踵兜骨上面仍切成椭圆形，然后在锅里将盐、花椒炒焦，将盐抹在猪腿上搓擦均匀，腌制一个月后，用卤汁冲洗干净，沥净后，在阳光下晒干，再挂在阴凉通风的屋梁上慢慢风干。风鸡的制法，一般是选新鲜肉肥的母鸡或阉鸡一只，宰杀时从颈下割断血管，出净血，在右翅下开一个约三寸长的口子，取出全部内脏，毛不需褪去，将炒热的盐、花椒擦入鸡腹腔内，把两只鸡腿按自然姿势向鸡股压紧，再将鸡头插到鸡的翅羽下，把鸡尾羽毛压到腹部，以两只鸡翅包住后，用细麻绳纵横扎捆紧，吊在屋檐下通风处慢慢风干。吃时，可切成块或用手撕碎，蘸点醋更觉味美。蒸吃，则能保持嫩、香、鲜的特点，是苏皖一带很有地方特色的风味食品。

《大地》中还写到了南京，写到了夫子庙，写到了他们爱吃的栗子煨童子鸡和南京板鸭。

这里的人们却尝着肉圆呀，笋呀，栗子煨童子鸡呀，家禽的附件呀，以及各色各样的蔬菜；每逢带着隔夜大葱气味走过来的人，他们便仰起鼻子嚷：“好臭的北边人呀！”

……

鸭铺子里，在檐下门口，挂着一排排许多酱黄色的板鸭，还有白色的盐渍板鸭和一串串的鸭肫肝。

赛珍珠在南京生活工作了多年。她对南京的食俗是了解的。她特别点出栗子烧童子鸡和南京板鸭，足能说明。栗子，是一种植物果实，它的功用是益气厚肠胃。古人有诗相传云：“老去自添腰脚病，山翁服栗旧传方。客来为说晨与晚，三咽徐收白玉浆。”这是说栗子有很好的养生功效。而童子鸡，是尚未啼鸣的小公鸡因未发情交配过而称“童身”。食之亦可得较强的滋补力。所以栗子烧童子鸡是南方的一道特色名菜。南京板鸭，明朝时就有应市，在国内外享有盛誉。其制作方法有歌云：炒盐腌，清卤伏，烘得干，焙得足，皮白肉红骨头绿。南京咸鸭肫，则是制作南京板鸭的副产品，也是南京的土特产。咸鸭肫肉质精细，滋味鲜美隽永，清香可口，煮食、蒸食均可，在农历二三月至十二月份腌制，质量最好。

赛珍珠不仅描写了各地的风味食物，甚至连灾荒年代，饥民们吃的东西也描绘得很细腻：

他没有钱了，然而现在就是有钱也没有用，因为没有食物可买了。而他这天自己也不会上城里去了。他委实没有钱了。

他起初觉得肠胃里的深烈的侵蚀现在过去了，他从田里撮起一撮泥土来，给孩子们，不想自己尝尝。这泥土浸在水里，这就叫作观音水，他们吃过几天了。里面有着些微的滋养料，当然不能维持生命，然而做成了粥的模样，这却一时充了孩子们的饥肠了。

灾荒年代，粮食吃光了，牛羊吃光了，树皮吃光了，草根吃光了，吃什么呢，只好吃观音粉。

所谓观音粉，实际上是含些微营养料的石质泥土。据苏皖史志记载：“岁荒，人凿石疗饥，但多食则溲溺不通。名观音粉者，谓观音大士慈悲以救难也。”很显然，这种泥土并不能疗饥，而且多食则大小便不通，因而导致腹胀而死。所以有经验的饥民就用观音粉来浸泡制成“观音水”，既可苟延残喘数日，又可免于腹胀而死。赛珍珠的这段描述，是辛酸的、深刻的、细腻的。

赛珍珠之所以能在《大地》中对中国尤其是苏皖的民俗做如此精彩细致的描绘，是与她对中国民俗尤其是食俗的研究分不开的。《大地》中提及的许多食品都是她亲自尝过的，有的还给她留下了终生难忘的印象。她对中国食品的精美，对各种地方风味小吃，对她小时经常吃的粽子、年糕和烧饼，均怀有深深的眷恋。

《大地》中的住宅样式描写

住宅是历史上最早出现的建筑类型，也是最基本、最大量的建筑类型。由于历史和地域的影响，各地形成了因地域气候和生活方式而异的多种住宅形式。东北沃野，散处着各族人民的暖居；东南山地，高耸着客家版筑环楼；

西北黄土，排列着组组窑洞；西南山区，矗立着少数民族居住的干栏；西藏高原，点缀着藏民独创的碉房；内蒙古草原，漂散着牧区毡包；而广袤的华北平原、江南水乡则遍布着组合灵活的砖木结构院落住宅。

《大地》描绘的故事发生在清末民初，皖省农村和江南城市，因而它所描述的住宅建筑样式，就不得不受时代和地域的影响。赛珍珠长期生活在中国，她接触过中国各阶层各种人物，既见到过皖省贫苦农民居住的泥草屋，也见过普通自耕农和富裕小地主建造的三合院，既目睹过逃荒的灾民赖以栖身的简陋的小窝棚，又亲自观瞻过豪华的江南大第宅园林建筑。因此，在她的笔下，有关各种住宅样式的描绘十分准确、逼真和细致，说明赛珍珠对中国的民情风俗、住宅样式有较真切的了解。

《大地》中所描绘的江淮地区的住宅样式主要是一列三开间、三合院、大第宅园林和窝棚四种。

1. 一列三开间。住宅建筑多因地点、气候、材料、技巧、风俗习惯及各家人口多少和财力地位而定。贫苦农民，多无立锥之地，就是自己能盖几间房子，也是很简陋的。而且由于封建礼教和宗法制度在建筑上的影响，住宅建筑也等级森严，不许平民雕饰。宋代曾有“凡庶人家，不得施五色文采为饰”，明代有“庶民庐舍，不过三间五架，不许用斗拱，饰彩色”等规定。因此，一般江淮乡间民居多是一列三间屋或一横一顺式而已，每二人住一间屋为最多，人均面积七八平方米，中间堂屋，供祖先或天地君亲师牌位，并为会客起居之用。也有的在住屋之旁砌一披屋，用作灶房、农作物储藏间，乃至牛栏等。房屋结构多为草房或土房。

王龙在发迹前，住的正是这种一列三间屋。王龙家中共三间屋：除中间堂屋，父子俩各占一间。作品这样写道：“王龙呆想在三间屋里孩子们跑来跑去的情景。自母亲死后，父子两人占了三间房子，似乎太多了”，“老人蹒跚着走进堂屋，将嘴巴放到门缝上”，“王龙走进自己的房里，又把蓝长衫穿在身上”。当时，王龙还是光棍一人，和老父亲各睡一间屋，所以王龙叔父说：“只两口儿何用这许多屋子呢？父子睡在一起不好么？年轻人身上的暖气也好暖和一下老头的咳嗽的。”实际上，王龙的房子是很简陋、狭小的。

王龙除三间正屋外，还有一间披屋，那是用砖、土和稻草盖的，用作烧灶和当牛栏。他“走到当作灶间的披屋里，在暗沉沉的门角里，一头牛转过头来向他叫。灶间是用正屋那样的砖头，自己田里掘起的泥土盖成，屋顶盖着自己田里的稻草。他父亲年轻时还用了泥土塑成一口灶，因许多年的烧炊，变焦黑了。灶上面是搁着一个深而圆的铁锅子”。王龙新婚之夜，妻子阿兰忙着烧灶，疲倦之余和牛一起熟睡在披屋里，作品对此的描绘也是十分生动的：“那晚上，客人们慢慢地喝过茶，讲完笑话之后，女人还在灶下。王龙等客人散完，走进灶间，便见她蜷伏在稻草堆上，熟睡在牛的旁边。他叫唤她，她张开眼来，用奇异而无语的眼光向他看，他便觉得仿佛对着一个小孩似的。”

从王龙新婚之夜安排妻子与牛同卧在一间土草披屋里，亦可看出王龙的赤贫和住宅的简陋。

2. 三合院。俗话叫三合头，即正房和左右厢房拼成三合院。中间是天井。王龙发家后，又娶了个妾叫荷花，他当然不能叫两个女人住一间房，这不但会令她们直接产生摩擦，还有让患重病的父亲撞见的可能。因此，他决定在一列三间屋的基础上加以改建，建成一个有内天井的比较幽静封闭的三合头住宅。文中这样写道：

他心里想：两个女人在家，就须有更多的房屋，另外的天井，有个幽静的地方。因此，他一面静候着他的婶母，一面叫佃工们来，吩咐他们在堂屋后面添造一个天井，天井周围添造三间屋，一间大的，两边两间小的。佃工们从田里掘了土来造墙，王龙差人上城去买瓦。

过后，这几间屋造成了。王龙买了红布来，做了门帘。他又买了一张新桌子，两把雕花椅子，一幅山水画，装点在新屋里。

文中的描写已俨然是乡间小地主常住的三合头住宅样式了。

3. 大第宅园林。城镇是地主和官僚富商比较集中的地方，除一般住宅外，也有大第宅园林。这种住宅一般沿纵轴线布置，形成二三重或多重四合院院落建筑群。据《仪礼》记载，春秋时期士大夫住宅的大门为三间，中央明间为门，左右次间为“塾”；门内为庭院，上方为堂，为生活起居、会见宾客、举行仪式的地方；堂的左右为“厢”，堂后为“寝”。宋代城市住宅有门屋、厅堂、廊、庑，成四合院布局，院内莳花植树，户外垂杨流水，很重视绿化美化。官僚居住的廨舍，前厅和后寝常用穿廊连接成为工字形平面。这种住宅布局和庭院园林化，对后世有很大影响，特别是江南地区及东南沿海一带明清住宅仍明显表现宋代风格。

《大地》中描绘的城镇大户黄家的宅第，当属皖省明清大户宅第，后经王龙改建，添加园林，形成一种大第宅园林建筑。这种住宅一般前为大门、下房；内为二门、中门或正厅，以及左右厢房；然后内宅，有正房和厢房；厨房等在旁院或后院；房屋间有回廊连接。宅内有小花园，养有金鱼、奇禽，置有山石树木。建筑多用砖石瓦木，雕绘门窗，富丽堂皇，且用高大围墙围起以策安全。

作品是这样描写黄宅大门的：

他自言自语道："这总要办的"，便转向双扇的大门去。这时已经过了中午，大门半开着，管门人闲立在门槛上，用竹签剔着牙齿。

他带着笑走出来，他走到大户人家的那条街去，便在两座石狮子间，流连了一会。那边树木上晒着衣服，女人们坐在各处，一面拿了针在钉鞋底，一面谈着奶奶经。龌龊的裸体孩子们滚在院子的砖地上。他向私娼住过的那门望了一下，那门半开着，现在是另外一个老头子住在那儿了。

以上是王龙发迹前后两次去黄宅大门的情景，尽管人事全非，但黄宅大门的气派仍在：两扇黑漆大门，门口蹲伏的两只威严的石狮子，进门是豪华的铺地方砖。

作品描写的黄宅内景是：

虽然他还是第一回到"大家"，他过后却什么都不记得了。他的脸烧着，头俯着，他穿过了一个又一个院子，只听得前面喧骚的声音，四下里格格的笑声，他仿佛走过了百来个院子，忽然间，那管门人默不作声地将他送到一间小客堂里，叫他站在那里。

他们走过雕花柱子的狭长的走廊去，便进一个厅，他从未见过这样的客厅呢。他昂着头对上面雕漆的栋梁正看得出神，一下子几乎给高高的门槛绊倒了，幸而管门人抓住了他的臂膀。

他穿过几个院子，直到后面，便见到通后院子的大门关锁着，大门旁边，一个老婆子在打盹……那老婆子睁开惺忪的眼站起来，舔一舔她那枯燥的嘴唇皮说："除了你要租里院子，我是不开的。"

我们从王龙发迹前后两次去黄宅内院可以看出：一是黄宅内院是多重院落组合结构，二是中间有雕花柱子长廊，三是前院和后院内宅界限分明，四是室内雕饰华美。黄宅是典型的明清大户第宅。

王龙发迹将黄宅后院租来后，他的儿子又进一步使其园林化，形成了大第宅园林住宅。

作品是这样描写的：

儿子听到这番话，生怕他父亲变更主意，便急忙走出去。他来不及似的买了苏州产的雕花桌椅，又买了挂在门口的红绸帘子，又买了大大小小的花瓶，又买了挂在墙上的很多美女的挂幅，又买了许多怪石，在天井里造起他在南边地方见过的那种假山。

他的儿子叫了木匠和聪明的泥水匠，他们便将普通人家糟蹋的那些房间的院子之间修理定当，他再造了几个池塘，买了金鱼来养在那里。一切整齐了，他又在池塘里种了荷花、百合、结红果的天竹以及他记得在南边地方见过的各种东西。

王龙的儿子去过南边，他见过江南园林，因此他把江南园林建筑的某些特点融进了皖省明清大第宅中。在这种园林里，主要题材有山石、有水、有树木、有花卉、有建筑物、有动物。王龙儿子布置设计的小园林中即有石（各种奇异石头、垒成假山）、水（池塘）、树木（不结果的花木）、花卉（荷花、百合）、动物（金鱼）。再加上室内豪华的摆设，就成了富甲一乡的大第宅园林住宅了。

值得提到的是，赛珍珠除了描绘以上三种江淮住宅样式外，还详细描绘了流亡灾民赖以栖身的一种最原始、最简陋的住宅样宅——窝棚。

4. 窝棚，或叫棚舍、滚地龙。是用数张席子弯成半圆形，作顶和墙，四周压上砖块，室内再铺上席子。这种房舍极为简陋、狭小、阴暗。

文中把这种棚舍比喻为狗身上的虱子，真是非常生动和确切：

那灰白色的高墙展延得很长，墙脚边，小的席棚像虱子钉着狗背似的钉住在那里。王龙将那些棚舍审察了一番，便将自己的席子照样地拗起来，然而不成功，于是他灰心了，那时阿兰忽然道："我会做的，我小时候做过还记得。"于是她把女小囡放下，这样那样地将席子拉了一会，就拗成了直到地面的圆圆的棚顶，人可以坐在底下，不至于碰头顶。她拿砖头，搁于拖在地面上的席子边缘上。搭好之后，他们走到棚里，用留着没有用的一条席子做地板。

这种窝棚，不但狭小、简陋，而且极其潮湿和不安全：

棚边地上因有融雪，还满是泥泞，水流进到棚舍里，这才使每家去各处寻找了几块砖头，在上面睡觉。

原来孩子们一吵闹，棚舍里就嘈杂得不成样了。那老人一手还捏了一条布索的两端，在这圈索里，女孩子摇摇摆摆地走着不跌。

上述内容描绘的简直就是一幅贫苦流民窝居图。

综上所述，赛珍珠在《大地》中描绘的住宅样式是丰富多彩的、真实的，既有地域特色，又有时代的烙印，还体现了贫富的对立和等级的森严，以及民风民俗的影响。

《大地》中的服饰描写

中国素有“衣冠王国”之称，中国古代服饰作为民俗文化的一部分，是极其辉煌灿烂的，有其自身的显著特点。

赛珍珠十分熟悉中国民风习俗，对清末民初江淮城乡的服饰文化有较深的了解，在她的笔下，无论是衣、冠、鞋、袜，袍、袄、衫、裤，还是质料、色彩、式样，都有很细致、准确的描写，体现了服饰的地域差异、身份差异和性别年龄差异。因此，可以毫不夸张地说，《大地》中对服饰文化的描绘，不仅富有文学性，而且富有民俗性。赛珍珠笔下的服饰描绘，不仅可以窥见其受地方传统的影响，而且受当时当地政治经济环境与各种思潮的影响，笔触也是细腻生动的。

《大地》中的服饰描绘具有明显的时代性、地域性。

我们知道，中国各个时期的服饰皆有其显著的特点。春秋战国时期，上衣下裙，汉代逐渐走向华丽，盛唐流行广袖，而宋代则流行半窄袖。到了清代，衙官庶民则穿长袍、短褂及背心、坎肩、短袄、裙子，男子头部都留有发辫，女子则为盘头发髻。鸦片战争后，洋装开始传入中国，农村流行穿中式服装，城市流行穿制服，而在制服基础上派生出的中山装很快在全国流行开来，一直影响至今。

《大地》描绘的是清末民初的江淮城乡官绅地主和贫苦农民的服饰。

清末民初的江淮地区，男人的服饰主要有对襟短衫、袄和大襟长衫、袄两类。按季节不同，上装又有褂子、夹袄、棉袄和背心之分，长衫也有单、夹、棉、皮之分，乡绅富户长衫上还要加外套短褂，以示气派。城市妇女则多穿旗袍，男人冠戴为瓜皮帽，城市富户还有大礼帽、裘皮帽。乡村妇女则戴顶头巾就算了。鞋袜方面，农民以穿草鞋为主，在家穿圆口布鞋。

在《大地》中，像上述“布衫、长衫、长袍、裤、袄”等描写皆十分细致，同是女人，王龙的妻子阿兰、妾荷花和儿媳妇的衣饰均是不同的。

妻子阿兰刚嫁给王龙时，是这样的装束："不一刻儿那丫头出来，搀着一个有些长长的胖身体的人，穿着的是干净的蓝布袄裤。""她的头发又整洁又光滑，布袄也清洁。但有些惆怅的，是她的脚没有缠过。"这种装束是与清末民初大户人家的粗使丫头十分相称的。

王龙妾荷花来到他家后的装束则明显不同了："那姑娘整天吃着糖果，躺在她房间里，身上只穿一套绸缎的夏服，上面是一件绷住腰身的小衫，底下是大脚管的裤子。""她到了黄昏，撒娇似的打发他出去，杜鹃又复给她洗了浴，敷了香，穿了一件白色软绸衬衫，而外边是桃色的绸夹衫。杜鹃又拿一双绣花鞋子给她穿在脚上。"这是对娼妓出身的妾的出色描绘。

王龙的儿媳妇则是另一种打扮："他们给她穿了她从自己家里带来的衣服，带花的绸衫裤，衬着她那娇嫩的处女肌肤，外边是细毛的羊皮袄，再外边是红缎的结婚礼服。"内衣是绸衫、绸裤，外罩一件羊皮袄，再外边是结婚礼服。这种描绘符合当地习俗，细致准确，确是富户出嫁新娘的打扮。

《大地》中的服饰描绘，不仅体现时代、地域和性别差异，而且体现了地位和身份的变化。

王龙在发迹前，作为一个赤贫的农民，穿的是什么衣服呢？即使临近结婚准备去迎亲，也没有一套像样的衣裤。书中是这样描绘的："他一边走一边套上蓝色外裤，把蓝布腰带在腰间系紧，匆匆走到堂屋里。他上半身赤裸着。""从冒气的水里绞了一把小手巾，使劲地擦他那瘦黑的身上。然后他走到亡母的一只箱子边，从那里取了一套蓝布的新衣。也许有些冷罢。他不愿意穿那花絮钻出的棉服，教那女人第一天看见。他在蓝布衫裤外面穿上同样料子的长衫——他那唯一的长衫，全年统计不过十天光景的节日才上身的。"

赛珍珠是中国通，她知道中国的服饰除了具有时代和地域特色外，还体现了地位的尊卑。古代服饰中，皇帝穿戴龙袍玉带，金冠粉靴，以显示富贵；文武官员和贵族女子则绫罗绸缎，珠翠满头；而劳动人民由于条件和环境的限制，多穿短装、布衣，布衣也成了平民的代名词。清末民初的江淮农民也是穿短装的，王龙穿的就是蓝布短衫、短裤，那家中唯一的一件可称体面的长衫，非到重大节日是不会穿的，一年三百六十五天，穿在身上以显光耀的日子也不过十天光景。而王龙发迹后，到城里去逛妓院，为了显示他已脱离那种贫苦农民的卑微身份而走进了上等人的行列，他特意穿上了一件新制的显示地位身份的长衫："在七月里长长的一天的傍晚，他站在家门口，忽而一声不响，转身走进房间里，穿上了阿兰做的那件光亮得几乎如绸一样的玄色布新长衫，预备吃酒穿的。他对谁都没说一句话，就沿着水边，走过田野狭小的路径，穿过城门和几条街道，直到那新开的茶馆。”为了真正使自己能跻身于城市老爷们的行列，后来，他的服饰更加考究：一是不要阿兰裁制，而是要请专门的裁缝师傅；二是服饰从长衫、背心到鞋袜都配套了；三是质料也更加考究。“他还买了新衣料，他不要阿兰裁制，他将衣料拿到城里裁缝那里去做得同城里人的一样，轻软的灰色绸长衫，裁得很称身，外面又罩上一件黑缎背心。他又买了一双鞋，这从前全是他女人做的，这双鞋是玄色丝绒鞋，同从前老爷拖后跟穿着的那双鞋一样。”

长、短衣已明显成为两个阶级的基本特征，因此从农民阶级变为地主阶级的王龙自然就特别重视那件长衫及它的质地、式样了。难怪王龙为了培养他的两个儿子，特意送他们去上私塾，而拜见老师之前，首先关心的仍是那成为身份和地位象征的“长衫”：“于是他叫阿兰进城去买布，给两个孩子做长衫，他亲自走到纸墨店，买了纸笔和两块砚石。”

赛珍珠通过王龙的眼睛观察，对一位破落的地主富户也有十分精彩的描写，既写出了这位地主过去的富有，又写出了他现在的败落，文中用重彩描绘了这位破落户地主的长袍和鞋子：“他身上穿着一件龌龊的灰色缎袍，那下缘像拖着一截污黑的皮毛，从前这本是一件精美的衣服，谁都看得出的。”“老爷不作一声，默默地踉跄走去了，且走且咳，他的丝绒的旧鞋踢嗒踢嗒地向前拖步。”袍子是缎子面、皮里，说明质地是好的，但是“龌龊”和“污黑”说明他就只有这一件衣服，因无法更换而脏污了；鞋子是丝绒的，但已破旧，走起来也踢嗒踢嗒拖步了。

赛珍珠在《大地》的服饰描绘中，为了区别各人身份地位的不同，对衣服的色彩和质地也有精确的叙述。穷人衣着色调多为蓝、黑、灰。王龙仍穿“蓝色裤”，腰间是“蓝布腰带”。那些穷苦的裁缝，为富豪“裁剪着冬令的厚重毛皮，春季的轻软的毛皮，以及织花的绸缎”，“而他们自己，抓一块蓝粗布，急忙地缝拢来，遮蔽了他的裸体”。富人衣着色彩则丰富得多，有“绿绒”“紫红缎子”“月白色薄夏布”等；质地也多以丝绸、丝绒和毛皮为主。丝绸质料柔滑，风格典雅，色彩鲜艳；丝绒则光彩耀目，手感柔软，绒面平挺，具有高贵的气质；高级皮衣更是保暖性好，显示华贵的富人的象征。文中对那些富豪的衣饰描绘可说是比比皆是，十分传神。

与服饰相关的，是发型和首饰。清代，江淮地区男人留发梳辫，前面剃半片光头，后面蓄长发，梳成辫，黑丝线垂到臀部以下。民国初，男子剪去长辫，留齐耳长发，俗称“鸭屁股”。女子出嫁后挽辫成髻，插上银簪等首饰。

《大地》中对王龙结婚前去理发一段有十分精彩的民俗描写，写出了当时的剃头匠的用具，服务的项目（包括剃头、修面、扒耳朵、捶背捏肩），以及王龙理发后心里的惬意，“清风吹到他那新剃的皮肤”，感到十分快慰。

阿兰出嫁时，首饰也仅是一副包金耳环和一只戒指。至于富人家的首饰珠宝，那就不是王龙可以想象的了：“有的红似西瓜肉，有的金黄似麦，有的绿似春天的嫩叶，有的明洁似大地的流泉。这些珠宝叫什么名目，他不知道，他一辈子没有听到过甚至见过。”所以，当后来王龙暴富后，为了娶荷花为妾，他除了准备衣料“两套缎衣，两套绸衣，十二双鞋子和两条绸被”，再就是首饰了：“一副翡翠耳环，一只翡翠戒指，一只金戒指”。这些描绘都是十分符合荷花这个人物的身份和当时当地习俗的。

总之，赛珍珠在《大地》中的服饰描写，是准确的、生动的、细腻的，既符合人物的个性、身份、年龄、性别和地位，又准确地反映了那个时代和地域的特点。《大地》既是一幅清末民初江淮城乡的人物画卷，又是一幅生动的服饰民俗画卷。

（载《赛珍珠研究》，云南人民出版社，1992 年，与周松林合作）

《滇缅公路的故事》 的独特价值

——赛珍珠早期支持中国抗日战争题材之作解读

一

《滇缅公路的故事》赛珍珠原著，以正译刊载于 1940 年 8 月美国向世界发行的英文版《星期六晚邮周刊》。该杂志刊发世界重大新闻，精粹评论。每周六出一期，颇受各国读者青睐。赛珍珠决定投此刊发表，无疑是看中其世界覆盖面广，拥有读者多且面世快捷的优势。《滇缅公路的故事》虽为 16000 言的短篇纪实故事，在该刊物上仍属令世人瞩目的重量级长文、要文。

1941 年初，中国陪都重庆一家新闻评论社在设备极其简陋的条件下刊印出版该作品，作品在全国发行后，广受欢迎与好评。很多读者盛赞赛珍珠是有良知的美国人，是与中国患难与共的真诚友人。作品表达了美国人民对中

滇緬公路的故事

新評論叢刊之一

(原名"泥金菩薩的面孔")

賽珍珠女士(即布克夫人)原著 以正編

新評論社印行

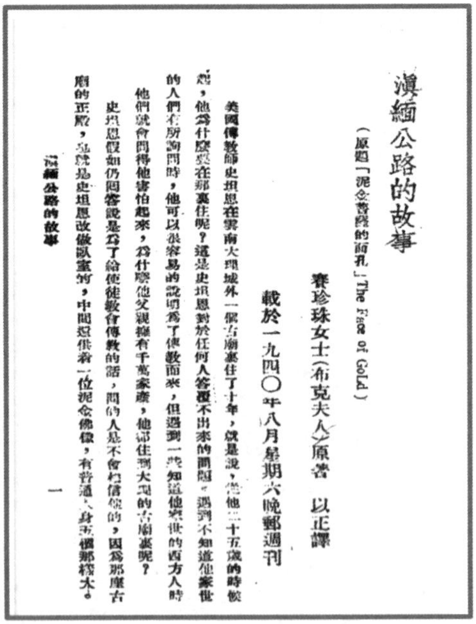

滇緬公路的故事

(原題「泥金菩薩的面孔」The Face of Gold)

賽珍珠女士(布克夫人)原著 以正譯

載於一九四〇年八月星期六晚郵週刊

美國傳教師史坦恩在雲南大理城外一個古廟裏住了十年，就是說，從他二十五歲的時候起，他爲什麼要在那裏住呢？這是史坦恩對於任何人答覆不出來的問題。遇到不知道他家世的人們有所詢問時，他可以很容易的說明爲了傳教而來，但遇到一些知道他家世的西方人時他們就會問得他害怕起來，爲什麼他父親擁有千萬家產，他卻住到大理的古廟裏呢？

史坦恩假如仍回答說是爲了給使徒教會傳教的話，問的人是不會相信他的，因爲那座古廟的正殿，也就是史坦恩改做臥室的，中間還供着一位泥金佛像，有普通人身五個那樣大。

滇緬公路的故事 一

赛珍珠著《滇缅公路的故事》于 1940 年出版，图为新评论社印行出版的中译本

国抗日战争的同情与支持。中国抗日战争不是孤立的。1942 年 4 月，赣州新赣南出版社根据原译本重新出版发行。目前仅存此两个版本，而觅得此书亦颇不易。笔者多方联系，跑了有关省市图书馆，历时十余载，未能如愿。欣逢 CCTV-4 镇江籍新闻编辑、播音员沙晨先生从北京图书馆的典籍收藏部门通过激光扫描，始成此书。忆及艰难历程，捧读此弥足珍贵的书，怎不欣喜！该书扉页上盖有一枚椭圆形印章，颇值得重视。印章上有“上海日本总领事馆特别调查班”“17. 4. 10”“01108”字样。“特别调查班”，实即窥探、秘密收集中国相关信息资源的日本文化特务组织；“17. 4. 10”则为昭和 17 年（1942 年）4 月 10 日，是收集日期；“01108”为编号。赛珍珠因同情中国，反对日本侵略，自然被日本列入特别调查对象名单。

赛珍珠 1934 年离别了生活工作近 40 年的中国返回美国。她说：“我人虽已归故国，心却没有忘掉旧日的友朋。”没有忘却“我最爱的中国农田乡村”，“我的精神上与中国仍觉与往日一样的亲近”。因而她时刻关注着中国时局的发展。搜集中美日等国报刊书籍、拜访离华返美的传教士，以及会见来自中国的友人，都成为她全力以赴、乐此不疲的日常工作。根据这些渠道获得的信息资料，撰写书文声援中国，是赛珍珠抗日援华的一个重要组成部分。《滇缅公路的故事》（下称《滇缅》）则是她在抗战前期发表的一则故事，原题为《泥金菩萨的面孔》，翻译者以正可能认为宗教色彩过浓，过于含蓄，所以易名为“滇缅公路的故事”。作品篇幅不长，但其援助中国抗击日寇侵略的重大价值却永久存在。

二

故事发生在 1938 年 7 月滇缅公路建成前夕。

美国传教士史坦恩受《马可・波罗游记》对中国云南优美描写的吸引，放弃继承万贯家财的机会，来到大理城外的一座古寺庙租住下来，饱览群书，接触穷苦民众，传播福音。很快过了 10 年。一次，在庙里结识的军阀头目黄狼前来向菩萨祷祝，表明不再滋扰百姓，袒露寻求美制短枪打日寇的心迹。而史坦恩则一心要保护善良忠诚的中国百姓，使其免遭日寇烧杀奸淫，因此他决心保卫长达 1000 公里的滇缅公路，使其成为国际支援的重要通道。决意要做军火生意的史坦恩父亲从美国运来一万支“新式短枪”，在赴缅甸腊戍运输途中，史坦恩与黄狼亲睹开挖公路的老弱妇孺一批批倒毙再也爬不起来，亲身经历毒蚊、瘴气的肆虐。历尽艰辛的人们终于完成通过滇缅公路运输首批武器的“奇迹”。

三

中央电视台科教频道《探索发现》栏目，于2003年11月下旬连续播放7集纪录片《滇缅公路》，介绍滇缅公路铺筑的艰难过程。滇缅公路成为抗战时期外援物资进入中国的唯一通道，运输异常繁忙。纪录片表现了中日军队争夺公路的惊险激战，以及滇西反攻的辉煌战果。这场鲜为人知的公路铺筑和争夺战惊心动魄，闻所未闻的若干故事扣人心弦，令人深思。据《探索发现》栏目介绍，迄今为止仅发现一本真实记录滇缅公路的书，即美国出版的，由滇缅公路管理局局长谭伯英1945年迁居美国后所写的《滇缅公路》。它真实地记录了20万云南各族人民从勘测到施工，克服种种困难建成1000公里公路的过程。但此书迄今无中译本，英文版本亦十分鲜见。

《滇缅》用故事创作形式写此公路，属赛珍珠成功的尝试。书中虽无对宏伟壮观的建路场面的直接描述，资料亦不算丰富，但较谭伯英的著作早出版整整5年，又有可供中国读者直接阅读的中译本，故其在中国影响力较大，只因新中国成立后未见宣传，未再版。《滇缅》的重要文本特色，是以简朴叙事加上极少白描式的描写，突出夜间泥浆地面施工的妇女群体。

“史坦恩在这夜半的荒林里蹲伏着，只听到四处都是怪异的声音，觉得他的皮肤在打着寒噤，头发像要站立起来，借着月亮的光，他最后看见在沼泽的那一边，有一群人开始聚集着，他看到有一片黑影在行动，黑影丛中闪动着微光。”（《滇缅公路的故事》第27页）

“当他走近的时候，他举起电筒照着，光圈射在一个强壮峻峭的脸上，这是一个女人的脸。他用电筒一个一个照过去，只见她们都是女人。”（《滇缅公路的故事》第27–28页）

“那脸是清石一样的光滑，嵌着玛瑙一样黑的大眼睛，像是什么都知道，又像什么都不知道。”（《滇缅公路的故事》第28页）

“她们每个人手里拿着一把锄或铲来修筑这条死了许多男人的路。过去吞灭许多人的身体的沼泽渐渐变成结实地带，大山石又给錾碎了铺在石块层上面，在石块与碎石的缝隙里塞满了泥土。”（《滇缅公路的故事》第30页）

“经过五天五夜功（工）夫，这条路便可通行了。”（《滇缅公路的故事》

第 30 页）

“大家公认其间有一种奇迹。”（《滇缅公路的故事》第 30 页）

擅长写女性题材的赛珍珠在这简短的故事里，选择公路合拢前最艰难的沼泽地铺路攻坚战，用白描手法热烈赞颂云南妇女的伟大群像。她们的丈夫虽死于铺路，她们自己却仍挺身而出，又来继续铺路。她们向世界宣告：云南妇女是中国人民的优秀代表，誓死捍卫祖国，巾帼不让须眉，国难家仇化成了勇敢抗击日寇的力量，化成了攻坚克难铺筑公路的激情。中国妇女爱国爱家的精神、坚毅顽强的宝贵性格堪称世界优秀民族的优秀之花。

四

赛珍珠选择滇缅公路这一中国题材来写，源于其对中国抗日时局发展走向的密切关注，以及对滇缅公路重大战略意义的超前认识。

早在 20 世纪 20 年代初赛珍珠执教东南大学与学生们讨论政事时，她就说过：“日本有野心，有扩张帝国和殖民统治的野心，这种野心由来已久。”结果没过几年，日本军阀就出兵侵略我东北，处心积虑地建立所谓“满洲国”。1931 年日本先后侵占我国东北黑龙江、吉林、辽宁、热河 4 省。赛珍珠愤懑异常，撰文抨击蒋介石“攘外必先安内”的反动政策，并预言“世界第二次大战即将来临”。10 年以后，即 1941 年 12 月 7 日，日军偷袭珍珠港，太平洋战争爆发，证实了赛珍珠预言的正确性。

1936 年西安事变促成国共合作全面抗战的统一战线，远在大洋彼岸的赛珍珠满怀喜悦地向美国读者赞扬中国“正在前所未有地团结起来，蒋介石及其追随者与共产党及其追随者之间的分歧就像我们国家里黑人与白人之间分歧一样严重不可调和，然而为了保卫中国，这些分歧被抛在一边”。

1938 年赛珍珠出席诺贝尔文学奖授奖仪式，站在这世界瞩目的国际舞台上热情赞颂中国人民的伟大斗争，并预言“中国是不可战胜的”。她这掷地有声的疾呼即刻传到世界各地，为中国抗日斗争赢得了广泛的国际同情与援助，极大地鼓舞了中国人民的斗志。同时，她也批评英美等国坐视中国百姓惨遭日寇杀戮而无动于衷及向日本出售军火的重利轻义的错误行为。

1937 年 7 月到 12 月，日本疯狂地攻占我国沿海各大城市，制造惨绝人寰的南京大屠杀。日寇所到之处，烧杀奸淫，无恶不作，举世为之震惊！在世人深表愤慨谴责、尽力援助之际，赛珍珠则已敏锐地觉察到战火会烧到中国大后方云南，而东海原本可成为国际援助物资的通道，却已被歹毒的日军堵死。赛珍珠在《滇缅》中用人物对话来表达她的严重关切与深深的忧虑。

一天，史坦恩与当家和尚一道议论为对付日本人而建筑新公路。老和尚谈古说今，由几百年前祖宗与印度、希腊、波斯、埃及等国通商，讲到现在“这条向来用骆驼背载丝绸行走的路，现在却要开起汽车来了”。

……

这时期日本正把中国沿海的商埠一个又一个地占领，想把中国塞住在瓶子里。

史坦恩说：“这样一来，瓶子底就打开了。”

“你这样说也对，但你可以说后门开了，或是万里长城凿通了一个洞。”老和尚同意地说。（《滇缅公路的故事》第8页）

这段对话生动地揭穿了日军吞并中国的狂妄气焰与罪恶阴谋。滇缅公路既是当时中国与外界联系的最后一条陆上交通线，也是援华物资唯一的国际通道，其在战略上具有举足轻重、无可替代的地位。关门打狗，与日军打恶仗，始能打消其气焰，粉碎其吞并中国的美梦。

请看《滇缅》发表后发生的与滇缅公路密切相关的部分重大事件：

1942年1月2日，中英美联合成立包括中国、泰国、越南和缅甸北部的中国战区。蒋介石为最高统帅，美国陆军中将史迪威任战区统帅部参谋长。滇缅公路顿时突显其重要的战略地位。

为援助英军和保护滇缅公路畅通，中国政府抽调10万人的精锐部队组成中国远征军第一路军，史迪威任总指挥，救出英军7000余人，轰动世界，中国军威为之大振。

1942年5月，东条英机亲赴缅甸，调集日军从仰光打进中国境内，切断滇缅公路，控制中国急需物资的补给。

1942年至1944年，美国盟军为保卫滇缅公路，创建了令日军闻风丧胆的飞虎队，歼灭日本空军王牌部队1000余人，击落日机400多架，使云南人民免遭日寇轰炸。日军再次切断滇缅公路，促成驼峰航线开通。可以说是滇缅公路造就了现代空军先驱陈纳德为首的美国飞虎队的辉煌。

1943年4月，陆军上将卫立煌接任中国远征军司令长官。同年10月至1945年1月，中国远征军为扫除中印公路日寇障碍，做出重大牺牲。缅北滇西战役，俘寇5万人，印缅战场共歼灭日军16万余人，揭开了盟军在亚洲地区全面反攻的序幕。

1945 年 1 月 28 日，蒋介石发表广播演说，充分肯定了滇缅公路作为大动脉的巨大作用，他说："现在滇缅公路已成为我们输入作战物资、击败日寇的大动脉。" 此抗战输血管的畅通，进一步增强我国军力，为夺取全国抗战胜利提供了有力的保证。

赛珍珠作为作家，未必能预料到上述重大事件的发生和诸多细节，但因她别具中美文化、中日文化比较的独特视角，以及对历史悠久、辉煌灿烂的中国传统文化的感恩情怀，故其抗日政见、时局观点，特别是对滇缅公路重大战役的超前认识丝毫不逊于政治家。正如她自述"对中国历史深刻根源的潜心钻研，使我能够理解和认识中国当时瞬息万变的时局"。与她交往 40 余年的斯诺夫人海伦・福斯特认为，在妇女解放运动中，"赛珍珠走在时代前面，至少超越了 40 年，而且继续走在前列"，并称她为"美国奇人"①。其实赛珍珠的前瞻性目光，已远超出妇女解放问题范畴，而达到世界反法西斯战争等更多更广更高的层面，不能不令人感佩。

五

第二次世界大战爆发后，美国军火商大做军火生意，密切关注中国的赛珍珠从大量信息资料中获悉中国对武器的迫切需求。她一方面竭力宣传中国人民惨遭日军杀戮的真相，要求军火商对日本禁售武器，反对用美国武器武装日军屠杀中国人；一方面热情鼓励军火商援助中国抗日。《滇缅》中所描写的在中国大理的传教士史坦恩成功地动员父亲援华一万支短枪的慷慨义举并非空穴来风、凭空虚构，而是赛珍珠根据现实生活中收集到的几个实例加工而成的，既可称艺术典型，也可谓真实的故事。两年多后，情况确有很大改观。1942 年 3 月，赛珍珠在对华演讲中就有对这些美国军火商心态的披露："一九三七年七月，日本进攻中国。美国人完全愤恨日本，同情中国。但美国并没有积极地援助中国。这是你们知道的。有时美国人还继续与日本通商往来。甚至于卖给日本种种军火原料。现在这些美国人回想起来，不免惭愧，懊恼他们未能及时了解日本军阀的野心真相。"

美国军火商从向日本销售军火原料，到向中国低价销售甚至赠送武器，

① 海伦・福斯特・斯诺的《美国奇人珀尔・S. 巴克》一文转引自姚锡佩《赛珍珠的几个世界：文化冲突的悲剧》（原载于中国艺术研究院编《中国文化》1989 年创刊号）。

是从趋利忘义、唯利是图到重义轻利、舍利取义的重大转变。这种直接支持中国人民抗日、反对日本军国主义者侵略的根本态度的重大转变，自然是中国人民求之不得的，也是与赛珍珠等美国正义人士正确有效地引导、不厌其烦地以多种形式反复宣传密不可分的战果。《滇缅》写史坦恩传教士感化其父亲援华万支枪支，是对中国军队强有力的支持。赛珍珠利用来自生活的素材，合理加工成艺术典型，大力弘扬，旨在树起一面先进旗帜，令其他军火商群起而效仿，将对日本军国主义者的愤恨化为打击其侵略气焰的实际行动。这其实也是赛珍珠抗日援华系列行动中的一件实事。其后，从赛珍珠广播演讲获悉，不少美国军火商均“惭愧”“懊恼”，纷纷走上援华抗日的正道。因此，可以说《滇缅》既有源于社会生活基础的真实性，又有深受社会欢迎的教训与指导性。

六

基督教与佛教教种有异，教义本旨却相通。故在赛珍珠看来，玛利亚可做观音菩萨的姐妹，因此，《滇缅》的主要人物美国基督教传教士史坦恩，与大理寺庙中的老和尚朝夕相处，这是完全合乎情理的。更为重要的是史坦恩对长期接触的中国民众有相当深厚的感情。他既欣赏他们善良正直的宝贵品格，又对其饱受日寇蹂躏愤懑不平；既佩服黄狼军队抗击日军的勇敢大胆，也理解他向菩萨祷祝太平的坦诚可靠。于是才有父子隔洋不隔心，携手援助抗日军队万余枪支的慷慨义举。

《滇缅》让我们坚信：西方传教虽有霸权乃至侵略因素，但大多数基督教组织及传教士不仅对饥寒交迫、无家可归的难民慷慨解囊、乐善好施，而且为遭受侵略凌辱的民族挺身而出、仗义执言。美英基督教组织还在日寇占领区向中国难民，特别是妇女儿童提供避难场所，予以保护。这些史实经《南京大屠杀》等影片播放，已广为人知。尽管赛珍珠与基督教教会人士发生龃龉，以致辞去传教士之职，但她对大多数来华传教士的评价仍客观公正、不带偏见。她在自传中说：“生活在中国的那些美国人通常是传教士，都有着无私奉献的精神和与人为善的态度。”

《滇缅》有个令人兴奋的结尾。

史坦恩完成首批武器的艰难运输，既兴奋又疲惫，他愉快地告诉黄狼，“要睡觉去了”，“我一定睡得很好”。

“是的，先生，”黄狼以中国人的感激语调说道，“谢谢，谢谢先生。”

“不必感谢我，这是一个奇迹。”他告诉黄狼。(《滇缅公路的故事》第 33 页)

这是一段超越一般施主与受恩者之间的绝妙对话，用赛珍珠在“演讲”中的话来说，“中美是联盟国家”，“美国民众以兄弟的至诚对待中国民众，也是一种友爱的自然现象”。史坦恩（美国）与《群芳亭》中的安德鲁（意大利）虽国籍不同，但同为传教士。赛珍珠刻画这类珠辉玉丽的人道主义者形象，不仅鲜明地表达其较为开明进步的宗教观，而且体现了其对东西方文化交流达于自然融合的理想追求。

（载《赛珍珠纪念文集（第三辑）》，江苏大学出版社，2009 年）

1934—1935 年赛珍珠引发创作方法讨论的三篇文章

20 世纪 30 年代初，赛珍珠因写中国题材的长篇小说《大地》获美国普利策奖而名震遐迩，中国《东方杂志》《文艺月刊》《中华月报》等报刊纷纷载文报道，引发她不少“追星族”。赛珍珠任教的金陵大学学生怀着仰慕或致函或面询，向她道贺并讨教创作经验。《金陵女子文理学院校刊》第 7 期刊载该刊编辑南枝亲往采访的笔记。1934 年上海《女青年月刊》（冰心任编辑顾问）特辟出“我的创作经验谈”专栏，向赛珍珠、冰心、王莹、庐隐、凌叔华等七位著名女作家约稿。悉知赛珍珠女士已于是年春返回美国，故该月刊 1934 年第 13 卷第 3 期摘登南枝编辑采访的笔记一文。1935 年 6 月 20 日《世界文学》（第 5 期）发表《赛珍珠忠告尚未诞生的小说家》。同年 6 月 22 日，南京《中央日报》副刊又发表赛珍珠《给未来小说家的忠告》（吴澄译）（上述两篇文章译自赛珍珠 1935 年 1 月 30 日在美国耶鲁大学的同一篇演讲稿，从纽约《星期六文学评论》第 11 卷第 33 期译出——笔者注）。沪宁两刊一报集中刊载赛氏文章，令全国读者产生兴趣而广泛关注。赛女士所谈创作经验，偏重于主张先有人物而后去结构故事，引发不少读者热议并在报上展开讨论。

1935 年 8 月 1 日，上海《大公报》“小公园”副刊在“读者与编者”栏下发表吴沸绿《两种创作法》一文。作者不完全同意赛女士观点，认为长篇创作可以先有人物，而短篇创作可以先有故事。

1935 年 8 月 13 日，上海《大公报》“小公园”副刊在“读者与编者”栏下又发表亦悄《人事合一——人物与故事的讨论》一文，该文作者阐述了文学创作过程中人物与故事的辩证关系，并补充提出创作必须先有中心思想和创作源于生活现实的实质问题。

从报纸编辑按语可以看出，编读往来频频，讨论甚为热烈，这既反映了文学创作的客观实际，也显示出对创作实践的理论指导意义。讨论正逐步深入，因 1935 年下半年，随抗日救亡运动发展，抗日文艺运动成为主流，民族革命文学的主题取代了一般文学活动，上述这场纯文学创作方法的讨论便戛然而止。

赛珍珠《给未来小说家的忠告》和《忠告尚未诞生的小说家》，实为一文，似常被引用，恕不再重发。另三篇似不大为人所知，迄未发现被人提及，即便个别研究赛珍珠文学创作观和方法论的作者也慨叹得之不易。值得重视的是，拙书《赛珍珠研究》面市不久，20 世纪 50 年代与李亚农、周谷城共同主持上海史学界，后从事军事研究的著名老学者奚原先生以耄耋之年慨赐尺素，赞誉勉励有加，并示知亦悄乃他笔名。他因发表这类文章而惨遭“文革”浩劫，受到“四人帮”多年迫害。劫后余生，斟酌再三，始同意再发表，并嘱笔者撰文评介。不料沉疴缠身而延宕多年，今始偿夙愿。赛珍珠关于文艺创作理论与方法的文献资料甚为匮乏。20 世纪 30 年代短暂讨论始于赛氏，时逢赛氏已返美，迄今未见到她撰写书文再论及此，故此为中国近代文艺史上留下的微小痕迹，显得弥足珍贵。而文艺创作如何认识处理人物与故事（情节）关系这一问题至今仍有现实意义。故既可填补一点空白，以期引起专家、学者注意，如蒙恢复对这个问题的讨论，进一步探索，对推动目前文艺创作当亦不无借鉴与促进价值。

（载镇江市赛珍珠研究会编印《赛珍珠研究文集（第二辑）》，内部资料，2009 年）

刘龙原编未刊稿后记

1992 年 3 月，独立学者徐和平君与南京大学刘海平教授作为中国两名代表应邀出席美国伦道夫-梅肯女子学院纪念赛珍珠百岁诞辰国际学术研讨会，并在会上发表讲话，刘海平文后入编《文集》。笔者虽收到邀请函，因故未能赴会，但携手合作的研友和平君返镇后带来的资料照片，对会议见闻的介绍，尤其是赛氏母校从海外寄来的《文集》，令我既在感情上获得慰藉与激励，又在研究上得到新的认知与提升。已有初步成果面世并深具潜力的青年学者姚君伟先生获读《文集》，受益良多而更坚定研读文本、深入考究的决心与信心。后多名研究生、好友在分享阅读喜悦之余，均切盼《文集》中译本面世，以利更多读者从中汲取滋养。

1995 年，上海交大退休的英语教授奚兆炎先生因见拙书《赛珍珠研究》与笔者结识。殊不料他亦患肝疾，我们同病相怜，砥砺切磋。奚先生不负众望，1996 年，花大半年时间抱病完成《文集》的全部翻译。笔者病情则绵延不绝，又经手术，一摞译稿一搁竟长达 12 年！所幸美国友人热诚相助，版税得以锐减，侨居美国的和平君办事练达，在大洋彼岸积极努力，终于克此难关。

我们编辑出版此书的共同愿望是遵照德高望重的徐迟先生生前至嘱，尽力提供研究赛氏的原始文本，展现赛珍珠真实的历史原貌，拓宽信息与知识渠道，扩大视野，以利创建新成果，推动赛珍珠研究的深入发展。

关于此书正文部分，南京大学外国文学研究所教授张子清先生已在序言中作了精要介绍，谅必能俾读者诸君从中获益。如蒙研究者在选题或写作准备时读了此书而受启迪，顿生新意，储备信息，改进研究方法，笔者则感不负苦心与辛劳而引为快慰！

关于此书附录部分，系全为赛氏原作。既有小说、广播讲话、广播剧，又有书信与随笔，可见赛氏不仅是多产小说家，非小说方面也长期广泛涉猎、耕耘不辍，且才华横溢、成果显赫。就内容而言，无不体现热爱生活、弘扬美德、热爱培育她的中华传统文化、热爱养育她的中国人民。尤其是《中国：过去与现在》一书，写于她访华申请遭拒后的 1972 年，直抒胸臆，可谓真实的绝笔之作，亦可视为探索赛珍珠思想轨迹、研究赛珍珠与中国等专题的极佳原始文本。《北京周报》高级记者汪健女士在赛珍珠那直面历史、直面现实和敢于直言的精神感召下译了其中第九章，即最后一章与结语，值得研读。

值得一提的是附录所收赛珍珠作品《支持中国抗日战争的广播讲话》、《美国对中国讲话》（广播剧）。前者源自和平君 1992 年 3 月赴美出席研讨会之余，参观威士林镇教会办的威士林学院图书馆时，据所见展品拍摄的 20 张照片。后笔者将其放大，连缀成文，予以报道。后者为 2006 年 5 月笔者应邀访美，在赛珍珠故居图书馆书库，与和平君共同拍摄制作的成果。

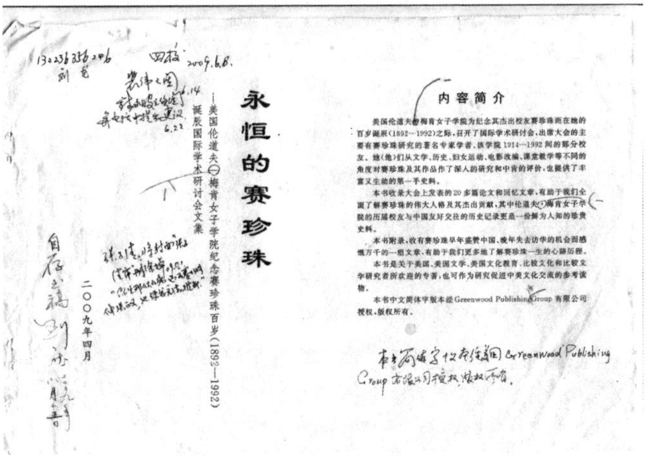

永恒的赛珍珠

——美国伦道夫·梅肯女子学院纪念赛珍珠百岁（1892—1992）诞辰国际学术研讨会文集

二〇〇九年四月

内容简介

美国伦道夫·梅肯女子学院为纪念其杰出校友赛珍珠而在她的百岁诞辰（1892—1992）之际，召开了国际学术研讨会，出席大会的主要有赛珍珠研究的著名专家学者、该学院 1914—1992 间的部分校友、她（他）们从文学、历史、妇女运动、电影改编、课堂教学等不同的角度对赛珍珠及其作品作了深人的研究和中肯的评价，也提供了丰富又生动的第一手史料。

本书收录大会上发表的 20 多篇论文和回忆文章，有助于我们全面了解赛珍珠的伟大人格及其杰出贡献，其中伦道夫·梅肯女子学院的历届校友与中国友好交往的历史记录更是一份鲜为人知的珍贵史料。

本书附录，收有赛珍珠早年盛赞中国、晚年失去访华的机会而感慨万千的一组文章，有助于我们更多地了解赛珍珠一生的心路历程。

本书是关于美国、美国文学、美国文化教育、比较文化和比较文学研究者所欢迎的专著，也可作为研究促进中美文化交流的参考读物。

本书中文简体字版本经 Greenwood Publishing Group 有限公司授权，版权所有。

刘龙存底的《永恒的赛珍珠》书稿校样（2009 年 6 月）

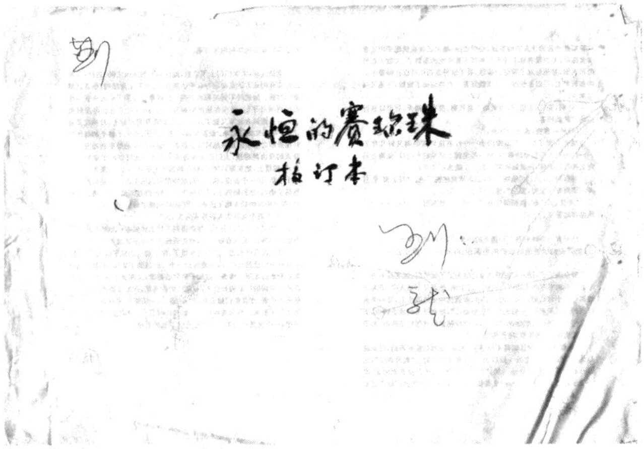

刘龙未刊《永恒的赛珍珠》自存打印稿封面（书名为刘龙自题）

中国人民抗日战争期间，赛珍珠奋不顾身地在美国各州作援华抗日演讲千余场，但多为耳闻或见于间接阅读的二手资料，并未亲见文本。上述二者集辑公开发表，尚属首次，且皆为赛氏亲写的中文原稿，实属弥足珍贵，其意义与价值，不言而喻。

和平君访美期间，不失时机地成功采访了斯诺前夫人。我真佩服他既有记者的灵敏，又有运动员的不凡身手，笔者撰写载《文艺报》的一篇报道，题词、照片均提供出来，以飨读者。

最后，在这里诚挚感谢具有强烈社会责任感、历史使命感的主译奚兆炎老先生（著名翻译家、全国高等教育英语自学考试指导委员会委员）和事业至上、勤奋执着又热诚待人、思虑周详的附文译者汪健女士（《北京周报》高级记者）。作序，原请谦虚谨慎、为人师表的刘海平君（全国美国文学研究会会长、南京大学外国语学院原院长），他因有讲话文稿编入书中，运动员自然不便兼任裁判员，我们几乎一致立即想到敦厚率真、视学术为生命的张子清君（著名翻译家、南京大学外国文学研究所教授）。承子清兄欣然允诺。感谢他写了一篇见解深邃、文质双优的序文，并担任本书审稿。更难能可贵的是他在序文中倡导翻译批评并身体力行。学术研究亦然，为惩治学术腐败，清除吹捧、剽窃歪风，为针砭忠奸不辨、是非不分乃至“抄而优则仕”的弊端，就必须大兴学术批评。

在笔者治疗编书期间，专程赴医院慰问的有镇江市赛研会会长许晓霞委派的李进法副会长、纪东秘书长和中国农工民主党镇江市委领导王建宏、陈根生、李瑶、赵丁生等领导。他们对出版此书予以切实帮助，特致谢忱。美国赛珍珠国际组织首席总裁珍妮特·明泽女士、赛珍珠故居图书馆馆长唐纳·卡尔卡西·罗德丝女士慷慨提供全部历史资料。江苏大学出版社米小鸽小姐……为此书出版做了大量细致工作，镇江美术界优秀代表严有榕先生拨冗为本书作装帧设计。谨此一并感谢。

徐和平君与我愉快合作多年，在助我成功访美的2006年5月期间，即商讨合编此书，从指导思想、架构、附录至选文标准，均达成一致。他因有讲话文稿编入书中，也不便兼任裁判员，邀笔者撰写后记，故特遵嘱记述如上。

如有疏漏差错失当之处，敬请方家不吝赐正。

刘龙写于镇江市第三人民医院住院部

2009年5月20日

下篇

跨鹤留师表

怀念刘龙老师

徐和平 *

刘龙老师离开我们已 11 年了。

他是中国赛珍珠研究最早的开拓者之一。20 世纪 80 至 90 年代，我在与他合作研究赛珍珠的过程中，受教甚多。我们相互交流，相互鼓励，共同策划，将赛珍珠研究一步步向前推进，并取得阶段性成果。他踏实工作、辛勤付出的精神令我感动。

我与刘龙老师结缘约在 1985 年前后。那时我在中国国际旅行社镇江支社（简称镇江国旅）任副经理。自 1980 年起，我在接待美国旅行团时了解和接触到赛珍珠题材。1981 年，我在镇江国旅负责旅游资源与市场开发。随着这方面资讯的增多，我对挖掘和开发赛珍珠文化资源的兴趣日渐浓厚。

此时刘老师因与崇实女中的海外校友联系需翻译英文信件而找到镇江市外办。市外办领导人介绍他到镇江国旅与我联系，所以我们认识了。在交流中我们发现彼此对赛珍珠研究有共同的兴趣，各自掌握着一些原来所不知道的赛珍珠资讯。我们对赛珍珠研究及其背后的中美文化交流价值有一致认同。我们如能合作则有助于推动赛珍珠研究，还可以促进国内各方面对赛珍珠的了解与重新评价。此外我在国旅工作还有着对外联络的便利条件。就这样，我们后来交往和合作日渐加深。随着我们得到史料的增加，国内外交流环境的改善，以及对外开放工作的需要，我们对赛珍珠题材所潜藏的巨大社会意义与文化价值有了新的认识。

那几年，我们各自在有限范围内进行资料搜集与研究。

一些好心人曾提醒我们这是“禁区”“危险话题”。他们担心我们不小心“会犯错误”。刘龙老师为了搞清楚这些批评及“禁区”的来龙去脉，查找了许多史料，列出包括鲁迅、巴金、茅盾、胡风等当时中国著名左翼作家对赛珍珠获奖的评价或批评意见，梳理出她在 20 世纪 50 年代因发表《北平来信》《梁太太的三个女儿》等书，映射批评中国当时的一些政治运动而在 60 年代

---

* 徐和平，原中国国际旅行社镇江支社副经理，现居美国。

遭到中国文艺界严厉批评的情况。这让我们对赛珍珠在中国“不被接受”的历史背景有了一个较清楚的了解，为我们重新评价赛珍珠提供了一个研究基础。这更可以让我们从历史唯物主义的角度来客观公正地再评价这些批评意见。这也是刘龙老师在赛珍珠研究领域的早期成果之一。

通过对这些评价或批评意见的了解，刘龙老师和我均认为：“文革”结束，在经历了以“实践是检验真理的唯一标准”为特征的思想解放运动后，中国人对极“左”思潮，对反右、大跃进、“文革”等重大政治运动进行了反思与重新评价。随后，许多错误、偏颇、极“左”的观念被拨乱反正，许多原来的冤假错案都被平反。因此，历史上许多对赛珍珠的极“左”偏颇色彩的批判也失去了主要根据。我们甚至设想：如果鲁迅先生多活十几年，如果巴金、茅盾、胡风等文化界名家看到或了解到赛珍珠在二战中为中国抗战所做的一切，不知会作何评论，不知会否改变他们对赛珍珠的印象或批评？

尽管如此，最初几年，因史料有限，研究刚起步，我们拿不出更多史料、实据、论文来重新评价赛珍珠。我们只能埋头继续搜集更多史料，联系更多的知情人，联系美国朋友提供更多信息。刘龙老师花费许多时间寻访到了赛珍珠在镇江的故居、童年回忆的人和事、任教学校的学生、赛珍珠母亲及兄姐弟的墓地等。同时他还联络到中国社会科学院外国文学研究所王逢振，南京大学刘海平、张子清，以及姚君伟、郭英剑等学者。我十分高兴，对他的钻研精神非常佩服。在中国赛珍珠研究历程中，刘龙老师建功至伟。

在与刘龙老师多年合作中，有三件事值得一提。

一、寻访赛珍珠在镇江的故居

寻找赛珍珠故居是赛珍珠研究的一项重要工作。1986 年，刘龙老师告诉我，他发现距离市二中不远的镇江市半导体厂所在的登云山上有一座保存基本完整的二层青砖小楼，可能是外国传教士住的房子。他约我一起去考察。我们过去一看，这座西式建筑保存基本完整，但年久失修，当时作为工会办公室与工人俱乐部使用。

后来刘龙老师去访问附近的老人。从几位老人那里了解到，以前这儿小山顶上有几幢小楼，是几家洋人牧师居住的。后因战乱毁塌，至新中国成立时仅余两座小楼，收归政府。后经了解，20 世纪 50 年代中期，在登云山上设立镇江地区肺病疗养院。这两座楼为老干部们的休养之处。原来上山的土路，也由疗养院修建成近百级水泥台阶。“文革”初期，该疗养院撤销。此地建起了镇江半导体厂。厂方保留了小山上一幢维护较好的房子（即现在的故居），而拆掉小山上另一幢已完全破旧的小楼，并在平整旧房遗址后建了一个大车间。该车间建筑至90年代还存在。现在的赛珍珠纪念馆应该就建在这座旧车间建筑的基础之上。

关于目前仅存这一座70多年的小楼房，附近几位老人还记得小时候听他们信教的父母说过，这座房子曾是洋人长老会牧师家住的。那个洋人牧师的女儿在附近润州中学当老师。因年代久远，很难再找到历史记录或照片史料。这几位老人仅存的回忆是我们能获得的唯一依据。当时（1986年）刘龙老师和我讨论，虽求证史料不足，但我们仍认为该建筑的文史纪念意义远远大于各种求证。这是长老会1913年为属下几位牧师（包括赛珍珠父亲）新建住宅中仅存的实物，必须要立即抢救性保护这座建筑。我们宁愿相信这就是赛珍珠故居。否则我们当时没有充分的理由报请市政府保留这座有代表性的文物建筑。

随后，我立即向镇江市外办写了工作简报。1988年11月10日，我正式以中国国际旅行社镇江支社的名义写了书面报告给市外办，要求市外办向市政府申报这座房子为文物保护单位。市外办领导人立即与半导体厂联系，要求该厂对该房予以保护性使用，不要对建筑做任何拆建及改动。同时告知厂方领导人，市外办即将向市政府正式提出报告。感谢厂方领导人的明智理解，他们答应一定保留好这座建筑。现在看来，如果我们当时不这样向市外办、市政府报告，这座历史性建筑将难逃在后来的城市改造中被拆毁的命运。镇江赛珍珠研究将会失去一个最有价值的文史物证！

二、邀请赛珍珠养女重返镇江

1987年，刘龙老师告诉我，他已通过原崇实女中1937届在美校友法瑞仙与美国赛珍珠基金会和赛珍珠养女珍妮丝·沃尔什取得了直接联系，并以二中校史组名义向他们发出了访华邀请信。

我则通过国旅总社纽约分社协助他们申请签证及安排旅程。

1988年6月下旬，美国赛珍珠基金会董事会主席珍妮丝·沃尔什女士（Janice Walsh）及理事长沈志洁女士（Grace C. K. Sum）第一次访问镇江。美国女作家及诺贝尔文学奖获得者赛珍珠自1934年离开中国后，因种种原因没有再返回过她的中国故乡。因此，这次赛珍珠基金会负责人第一次重返中国故乡，意义非凡。

珍妮丝·沃尔什女士是赛珍珠 1925 年在美国费城收养的第一个养女。后来她随赛珍珠夫妇到中国南京生活，1934 年随赛珍珠回美国定居。她刚抵镇江与我们见面时就激动万分，并情不自禁地回忆起幼年时曾在镇江外公外婆家居住过。这是她 50 多年来第一次返回中国，返回镇江。

珍妮丝·沃尔什女士说，赛珍珠在世时非常想念中国故乡。1971 年她曾受邀随尼克松总统访华。但遗憾的是她申请中国签证被拒而未能成行。不久赛珍珠便因抑郁与疾病辞世。作为养女，她一直想代表养母赛珍珠重返中国故乡访问。她感谢镇江方面邀请赛珍珠基金会和她们来访问。

两位贵宾在镇江逗留两天。她们参观了赛珍珠故居、第二中学（原教会崇实女中，赛珍珠曾在此任教）、镇江市博物馆（馆址为原英国领事馆）及西津渡古街、金山寺、焦山等名胜。

在参观镇江第二中学时，两位客人受到赵德成副校长及师生们的热烈欢迎。赵副校长向客人介绍了校史和现况。他特别提到了赛珍珠在本校执教的情况，以及校方在保护历史文物建筑方面的努力。

为使访问更具亲情效果，我和刘龙老师预作安排，接来了时年 80 多岁的尹珍珠老太太。她是赛珍珠的学生，受过赛珍珠的言传身教和热忱帮助。后来为了感恩老师，她甚至更名，取了与赛老师同样的名字。珍妮丝·沃尔什女士见到尹珍珠分外高兴，两人热情拥抱。

大家愉快地回顾过去，分享赛珍珠在崇实女中教书的情形。随后尹珍珠坚持陪同客人们参观校园，并在当时已有 80 多年房龄的老校舍楼前合影。

在镇江访问期间，时任市长陈璧显先生在金山饭店宴请了两位客人，并与她们进行了亲切愉快的交谈。陈璧显向客人介绍了镇江的历史文化及改革开放后镇江在经济文化等方面发生的巨大变化。他特别肯定了赛珍珠在促进中美文化交流方面所做的巨大贡献。时任市政府秘书长马德泾先生也参加了会见。我和姜纯阳担任翻译。

访问期间，我和刘龙老师全程陪同两位客人参观。我们向客人介绍了各自在赛珍珠研究方面的情况。我们告知客人："我们自 1981 年起开始研究赛珍珠，已经取得初步进展。现在正联络有关方面，申请修缮赛珍珠故居并将其列为镇江市文物保护单位，并计划在 1992 年赛珍珠百年诞辰之际在镇江举办赛珍珠纪念活动（后定名为赛珍珠文学创作讨论会）。"两位来宾也告诉我们，赛珍珠基金会届时也将举行赛珍珠百年诞辰纪念活动（后来赛珍珠母校伦道夫-梅肯学院接手举办了这个活动。我和南京大学外语系刘海平教授应邀赴美参加了这次活动）。当时双方对今后在赛珍珠研究方面的合作进行了热忱的交流。

赛珍珠基金会两位贵宾的这次来访，以及市领导的会见，为我们的赛珍珠研究打开了一扇门。它为一年后镇江市与美国亚利桑那州坦佩市结为友好城市，确定赛珍珠故居为镇江市文物保护单位，并为1992年初在镇江举办的中国首次赛珍珠文学创作讨论会，起到了积极的推动作用！

三、邀请刘龙老师访美

长久以来，刘龙老师有个愿望，即他非常想到美国亲自访问赛珍珠故居及搜集更多资料。其实那几年镇江市政府曾经有两次派出赛珍珠主题访美代表团。但那时刘老师手术后正在休养中，领导们担心他的身体状况不能适应跨洋长途旅行而未作安排。对此他非常遗憾。他多次联系我，表示此生一定要去美国参访赛珍珠故居，看到更多一手资料，并亲自到赛珍珠墓前凭吊。他在电话中告诉我，这是他此生的最大，也是最后一个愿望。他希望我能帮助他实现这个愿望。我被深深感动，决心帮助刘老师达成夙愿。

2003年，刘老师曾与我商量当年2—3月份访美。后因故搁浅。2006年4月初，他自觉身体尚好，遂又一次向我提出访美愿望。我为他拟定了访美日程，并用自己公司名义向他发出访美邀请信，同时给美国驻上海总领事馆发信，以便刘老师获得访美签证。2006年5月下旬，刘老师终于实现了他的访美愿望。我抽出时间陪同他访问了纽约、费城、青山农场赛珍珠故居、华盛顿、洛杉矶，后又安排他去旧金山访问。那时我的经济条件还不是很好。我们商定刘老师自费购买往返国际机票，我则负责他在美国的食宿和交通费用。

刘龙老师2006年访美日程

5月20日，北京—纽约，下午国航981航班，14：30抵达。
15：30会见赛珍珠养子埃德加·沃尔什。
17：00—19：00，游览纽约市区。

5月21日，纽约—费城—帕卡塞（Perkasie）。

5月22日，帕卡塞—都柏林镇（Dublin），青山农场，访问赛珍珠基金会及参观故居。

5 月 23 日，都柏林镇，赛珍珠基金会，全天查阅资料。

5 月 24 日，都柏林镇，赛珍珠基金会，全天查阅资料。

5 月 25 日，都柏林镇—费城—华盛顿，上午查阅资料。

5 月 26 日，华盛顿—洛杉矶，下午航班。

5 月 27 日，洛杉矶，酒店休息。

5 月 28 日，洛杉矶，参观。

5 月 29 日，洛杉矶—旧金山。

5 月 30 日，旧金山，自由活动。

5 月 31 日，旧金山，自由活动。

6 月 1 日，旧金山—北京。

5 月 20 日下午 3 点，我提前飞到纽约肯尼迪机场，迎接刚入境的刘老师。随后我们在机场停车场会见了赛珍珠养子埃德加·沃尔什。他收藏有一些赛珍珠照片。我们希望他能提供。他提出收费要求，数字令人惊讶。我们无奈，只能放弃要求。

刘龙老师此次访美的一个主要目的是在赛珍珠基金会和故居查阅资料。5 月22 日上午 9 点我们抵达青山农场。我们首先拜谒赛珍珠墓地。我们以晚辈身份向这位镇江老乡和中国人民的老朋友致以最亲切的问候。随后我们参观了赛珍珠故居，并拜会了赛珍珠养女暨基金会董事长珍妮丝·沃尔什和基金会总裁明泽。对于我们的到访，她们显得特别高兴，热情地与我们交谈，介绍情况，回答我们的提问。听到我们计划用两天半时间查阅资料的请求，她们回答："你们两人是中国最早研究和重新评价赛珍珠的人，也是最早邀请赛珍珠基金会访华的中国朋友。我们非常感谢你们所做的工作。为此我们的资料室对你们完全开放。你们可以查阅所有资料，并用于你们的研究工作。"我们知道一般情况下，访问查询资料是事先提供书面要求，然后由工作人员帮助查阅。珍妮丝和明泽允许我们直接进入资料室，随意查阅，不设限制。这让我们激动万分，同时也感到意外。刘老师随口说："这真是给家人的礼遇，太感谢了!"她们笑着说："你们就是我们的家人。"

遗憾的是，资料室史料太少了。其主要原因有两点：首先，赛珍珠逝世前，已将 85%的手稿捐赠给了西弗吉尼亚州威士林学院。其次，她逝世前，她的男秘书私下拿走了很多重要文件、信件和照片。她逝世后，她的养子女们出于各种原因，也各自到赛珍珠故居拿走了许多信件与照片。所以埃德加·沃尔什手上有一些赛珍珠的照片。

赛珍珠基金会的资料室不大，一大一小两间，约 20 平方米，位置在二楼。我和刘老师每天早上 9：30 进入会议室，下午 4：30 下班离开。除去午餐时间，我们每天待在资料室至少 6 小时。中午休息时就用早餐时购买的汉堡充饥。资料室的隔壁是会议室。我们两人分工。刘老师查阅中文资料，我查阅英文资料。一旦发现有价值或我们感兴趣的珍贵史料，我们就一起看一下聊一下，然后立即拍照。

就这样，两天半约 15 小时的查阅资料时间，我们几乎翻遍了资料室的所有存档，拍了几十个富士胶卷。以每个胶卷 36 张照片计，大约拍了上千张照片。这些资料中包括了几十期《亚洲》杂志的目录和有关中国抗战的文章。其中最有意义的是刊载的埃德加·斯诺访问延安的连载文章。它们后来被斯诺编辑成《红星照耀中国》（又译《西行漫记》）一书出版。还有赛珍珠夫妇创办的东西方协会的资料，赛珍珠丈夫理查德·沃尔什 1943 年以“废除排华法案公民委员会”主席名义写给社会名流的信件，王莹率领华侨剧团在美国演出的资料（包括纽约中国戏院的演出海报），与林语堂夫妇的部分往来信件，赛珍珠 1943 年为 NBC 战时对华广播编写的支持中国抗战的 2 万字的中文剧本手稿，赛珍珠与白宫的部分往来信件。

每天查阅资料结束，我们即找个餐厅边吃晚餐边讨论当天的重要发现。我们根据这次查阅资料情况，商量了一个合作计划。因为此次查阅到的有价值资料，绝大部分与赛珍珠参加社会活动有关，我们拟合作编辑一本《赛珍珠和她的多彩世界》，内容以史料、照片为主，并附文字介绍与评论。刘龙老师还拟就了编写提纲。

一、跨世纪的伟大作家

二、反侵略战争的人道主义卫士

三、反种族歧视的民权先锋

四、废除排华法案的积极推动者与组织者

五、倡导男女平等的女权斗士

六、美亚混血儿慈善事业的奠基人

我们讨论了每一章采用哪一些文献照片、具体分工和权责等。后因一些照片涉及版权问题，此计划搁置。

回国后，刘龙老师又提议由我们合作编写《永恒的赛珍珠》一书，主要内容为伦道夫-梅肯女子学院 1992 年举办的赛珍珠百年诞辰研讨会的发言稿和 2006 年春天我们在赛珍珠基金会一起查阅到的赛珍珠于 1943 年为 NBC 广播公司编写的支持中国抗战的中文剧本手稿。2008 年他委托访美的南京大学外国语学院的张宇老师将《永恒的赛珍珠》一书原稿送交我修改。因为我当时业务繁忙，无暇顾及此事。而且此书的全部编著翻译等工作均由刘龙老师一手负责。我仅参与了英文稿翻译成中文的使用版权联络等少量工作。因此《永恒的赛珍珠》一书的作者还是以刘龙老师一人为宜。据悉直到生命最后关头，刘龙老师还在努力争取他的这一研究成果的出版事宜。

回顾刘龙老师的后半生，他把赛珍珠研究当成他生命中最大的意义。赛珍珠研究及其成果也给了他支撑生命的巨大力量与快乐。其精神可嘉，其贡献至伟。

怀念你，刘龙老师！

刘龙和镇江二中校史组琐忆

王联元*

在上世纪 80 年代某日，我曾听刘龙谈起，他调到镇江市第二中学任教后，校图书馆负责人刘利和老师曾给他看过一本《江苏文史资料》，其中有一条美国作家赛珍珠在崇实女中（镇江市第二中学前身）的消息。

我是 1982 年调市第二中学任职的，1985 年按上级布置组织人员编写校史时，语文教师刘龙从新疆支教结束返校不久，即与刘利和（已任教历史课，不在图书馆）均为校史编写组成员，在编写组成员会上，“二刘”又提及此条讯息，然始终未见此“资料”。是经十多年时间从图书馆散失了，还是本就是从校外借阅的？两名当事人都语焉不详。至今我已无确凿记忆。盖因当时大家兴趣并不在赛氏，而后来有心挖掘赛氏资料的刘龙也未再去追索仅载一条消息的“资料”。

刘龙在市第二中学工作期间编写校史开始是“半脱产”，即从教两个班语文中减去一个班级的教学任务，语文教研组副组长的工作放一放，不再过问，事实上组内有些工作和安排，组长仍会出于尊重他的意见，去和他商量。数月后，采、编任务重了，工作量大，加之常常出差，为保证一头，就不再教一个班语文课，成了“全脱产”。

当时，编写校史是上级布置给学校的任务，二中又是一所百年老校，学校当然十分重视。校史编写组连我在内共 9 人，学校分工由我抓此项工作。刘龙有钻劲，文字功底好，明确他为主编（执笔），而采集资料的任务又全让他兼了。他有困难就来找我帮他解决。除重大问题需到行政办公会上议决外，其他均由我一个人定了。

1986 年底完成了二中校史上编“崇实女中”部分，遂打字油印成“征求意见稿”向校内外广泛征求意见，进行修改。当时曾雄心勃勃力争 1987 年 3 月完成二中校史下编部分。因刘龙后来调市教研室工作，编写校史任务由政治教研组长、民进教育支部负责人谈晨钟接替。然谈晨钟校内外教学、党派

＊ 王联元，原镇江市教育科学研究所所长。

工作繁忙，无法脱产为之。我于 1989 年调市十一中任职，抓编校史的任务移交新任校长倪春生。

直到 2004 年 8 月底，时任校长李鸿庆邀我参加镇江市第二中学 120 周年校庆筹备工作，明确主要任务是校史和校庆文章选编。从 9 月初至 10 月 16 日召开庆祝大会的一个半月里，我一直忙于校史和选编的《文集》和《文选》。关于校史，经开会研究，新中国成立前即崇实女中部分，启用 1986 年年底的“征求意见稿”，请刘龙根据 17 年来收集和保存的意见及目前的共识，做必要的修改与补充，交我审阅；新中国成立后即市第二中学部分，则将近期4 位教师分工编写的初稿交我修改。虽编写者按我的修改意见作了几番删改，又经 10 人开会审稿，最后再经李鸿庆等校领导审定，收入镇江二中 120 周年校庆《纪念文集》，两部分校史合称“校史篇”，然终因时间仓促，错讹不当之处定然难免，仅祈日后匡正了。此即历经 20 载才完成的跨度 120 年的二中校史印本。

市二中前身崇实女中乃美国教会所办，有些教会人士、崇实教工、毕业生等知情人士，当时健在者大都散居海外，要收集崇实女中历史资料，必定要与之联系。我们 1986 年年底编成的崇实女中部分的校史“征求意见稿”也发出征求意见。刘龙收集赛珍珠材料是收集崇实女中的一部分（因赛氏曾在崇实女中读书，后又在崇实任教），是可以结合进行的。当时关于一些征集到的资料、实物、信件等是由图书馆的陈莉帮助登记的。因非专职、工作忙，登记存档也就不能及时了。我调离二中时，保存在校长室壁橱里的校友提供的资料、书籍、信件等，打开橱门向新校长作了移交。

我在二中任职期间，学校有几次相关的重要外事接待，至今未忘。1986 年 10 月 3 日，经刘龙联系，接待了美国友人倪恩义夫妇。他们究系哪个领域的专家学者，我已无印象，似乎是赛珍珠的崇拜者，特地来寻访赛氏生活过的地方。

1988 年 6 月 28 日，美国赛珍珠基金会董事会主席、赛珍珠养女珍妮丝·沃尔什，赛珍珠基金会理事长沈志洁女士应校史编写组邀请访问二中。之前我正生病在家，前三天我请副校长赵德成出面主持接待。赵似觉不妥，来我家谈，希望我上山，我告诉他副校长完全可以出面，再不然那就代表校长接待、介绍也行。事后包颐庭（教务处副主任）和刘龙来谈，赵校长接待得很好，两位女士很高兴。

刘龙比我小两岁，我和他不仅是同事，还在丹阳县中（今吕叔湘中学）、省丹中（今江苏省丹阳高级中学）、镇江师专中文科三度同学，彼此比较了解。我们读书时的师专所在的这座山叫登云山。我在这片土地上读书两年，任教三年（最后一年是师专留此继续办学的镇江地区教师进修学院）。我们当时与周边居民几无接触，只是看到少数居民为走近路借道校园而过，此外也见几位妇女为住校的单身教师洗衣服，经常来宿舍楼取、送衣服。

我读书时不知道赛珍珠，我留校任教后，因在外国文学教研组，关注外国文学史，始知美国有女作家赛氏，因未见其作品的中译本，又传说伊有不友好言论，所以印象较深的是马克·吐温、杰克·伦敦、海明威、德莱赛等作家。而我的重点则在俄罗斯苏维埃文学。

当前镇江的赛珍珠研究成绩斐然，一个地级市能如此已属佼佼。镇江市的赛研除贡献于世界文学和促进中美乃至东西方文化交流外，有很大成分是在为自身发展经济和旅游打造“名片”，当然这也是必要的，无可非议的。然而即使这方面也还有诸多工作要做，仅有赛氏故居和以其芳名命名的广场、路、桥，仍然不够。我认为深入研究作家作品，阐发诺奖得主的作品在文学与社会各个领域的深远影响和意义是第一位的。

刘龙已逝，赛研团体和赛研专家任重而道远。

长者·师者

李 臻*

历史上的镇江曾有过各类思想层出不穷的繁荣时期，镇江诸山也都是文人骚客“另立山头”之地，从而在创造出了琳琅满目的文化的同时，也留下了不朽的人格精神，形成了先天下之学而学的文化传统，影响了今天依旧在思想文化领域追踪先贤、耕耘不已的镇江赛研人。

如果从风生水起的1991年首次赛珍珠文学创作讨论会算起，镇江市的赛研工作已开展了31年，赛珍珠文化早已成为城市的名片和国际交往的窗口。在赛珍珠诞辰130年之际，当我们在对赛研工作进行回顾和展望之时，我们依然怀念为赛珍珠文化的正名和弘扬而呕心沥血的刘龙老师。

说是“长者”，是因为刘龙是赛研领域的先驱。镇江市第二中学的前身即为赛珍珠曾经任教过的崇实女中，刘龙是该校的一个普通教师。1972年在接触校史资料过程中，刘龙老师意外地发现了赛珍珠的资料。此时的刘龙刚刚32岁，一个动荡年代的“新青年”。这一重大发现在他年轻的生命中洋溢起无比的兴奋和满怀的踌躇，他感觉到了赛珍珠研究价值的不可估量，同时也感觉到了作为一个发现者的责任重大。于是，在改革开放的春风吹拂了大地之后，刘龙老师便开始为合法、合情、合理地开展赛珍珠研究而四处奔波。他渴望通过自己的起笔造势，求得历史对赛珍珠、对赛珍珠文化、对赛珍珠“世界”的“斧正”，赛学研究也正是在此时开始成为“概念”。

对于笔者而言，刘龙是“长者”，更是师者。笔者当时在镇江市外事办公室工作，在很长的一段时间内，接待“上访”的刘龙老师、耐心聆听他的“倾吐”、拆读他的“人民来信”，是上级交给笔者的“艰巨”任务。现在回想起来，那时的刘龙虽看似身体瘦弱、文质彬彬，衣着也非常朴素，但每每谈及赛珍珠便毫不掩饰地透露出天将降大任于斯人的雄心壮志。在刘龙老师一次又一次的语言陈述中，在他的一封又一封“人民来信”中，既饱含了对赛氏人品的深情赞美，也饱含了对冰雪消融、大地回春的热情期待。就这样

---

* 李臻，镇江市赛珍珠研究会理事，镇江市旅游培训中心原主任。

一来二去，久而久之，在刘龙老师人格魅力的影响之下，笔者的接待工作从“例行公事”转变成与师者的畅谈。那时在笔者眼里，刘龙老师已经是一名“职业”的赛研学者，近水楼台，顺理成章地成为笔者开始关注赛珍珠其人其事的启蒙师者。

1990 年，镇江市做出了一个具有破冰意义的决策：举办全国首次赛珍珠文学创作讨论会。赛珍珠出生在一个外国来华传教士的家庭，身份敏感。因此，在赛学研究工作开展初期，对于赛氏家庭背景的政治定位是绕不开的课题。围绕此课题进行调研成了由笔者承担的首次赛珍珠文学创作讨论会的一项会前准备工作。

初涉赛研一头雾水，此时笔者首先想到了师者刘龙。刘龙老师首先“手把手”地告知了调研前必须要做的知识准备，然后将调研主题分解为若干子课题，并根据课题设计出“线路图”，提供“联络图”。镇江市档案馆、镇江市图书馆、南京大学、南京师范大学、江苏省档案馆、南京图书馆、中国第二历史档案馆、南京市档案馆、金陵协和神学院等，都是“线路图”上的地理坐标；戴安邦、李美筠、钱佼汝、张子清等“知情者”在“联络图”中赫然在目。在刘龙老师的帮助下，近一年的调研终于形成成果，客观上增加了举办讨论会的“底气”。

刘龙老师以呕心沥血的心力，沿着赛学研究的路子，一步步走入了人生的辉煌阶段，而且这一“走”就是整整 50 年。赛研工作甚至成了他生命的支撑，即使在晚年受病魔折磨之时仍然对研究工作欲放难舍，显露出流咏千年的镇江文人特有的锲而不舍、坚韧不拔的文化精神，演奏出“命运交响曲”的动人乐章。今天，刘龙老师虽然已经作古 11 年，但他的精神，他的研究成果依然能够代表镇江赛研人的人格光辉，同时也给后人留下了丰富的思考空间和利用价值。

1992 年，由刘龙主编的《赛珍珠研究》终于问世，这是改革开放后全国第一本研究赛珍珠的专著。报有报眼，诗有诗眼，书也有书眼，这本书的作者简介中有这样一句话：“他为公正评价赛珍珠，恢复其名誉而艰苦备尝，曾遭误解仍乐此不疲。”这句话，应该就是此书的书眼。

永不消逝的微笑

——沉痛悼念刘龙老师

朱坤领*

近闻赛珍珠研究的先行者刘龙老师仙逝。噩耗传来，我不胜哀痛，为一位执着不馁的学者，为一位珍爱生命的强者，更为一位慈祥宽厚的长者。

我第一次认识刘老师，是在九年前召开的“2002 中国镇江赛珍珠学术研讨会”上。那时我已确定把赛珍珠研究作为我的博士论文选题，在会议召开的前一天给南京师范大学的姚君伟老师打电话才得知会议的消息，于是急急忙忙坐火车从广州赶往数千里之外的江苏镇江。抵达镇江时，会议已近尾声。当时我印象最深的是，刘龙老师和善地微笑着，热情接待了我这个不请自到、素昧平生的年轻人，并介绍我认识了赛珍珠的养子养女（都已年迈）和王逢振、姚锡佩、刘海平等国内赛珍珠研究的专家，让我非常感动。会议结束后，我去刘老师家拜访，才知道刘老师还是画家和书法家。记得他的住处面积不大，书架上有很多赛珍珠研究方面的书籍，墙上挂着他自己的书画作品。他慷慨地送我一幅他自己的墨宝，以及他收集的赛珍珠手迹的复印件。他还带我参观了在他住处附近、赛珍珠曾执教过的镇江二中。也就是那时，他告诉我自己身患癌症，要经常去上海治疗、检查。他气色还不错，只是显得有些消瘦。这次镇江之旅，刘老师的微笑和乐观精神给我留下了深刻的印象，让我心里感到无比温暖。回去后，我特意给他寄去了一些广州的特产，以示感谢和尊敬。现在回想起来，此情此景，历历如在眼前。

之后见到刘老师，分别是在“2005 中国镇江赛珍珠国际学术研讨会”和“2008 中国镇江赛珍珠国际学术研讨会”上。我们一见面，刘老师就像见到老朋友一样握着我的手，微笑着跟我寒暄，询问我的研究进度，讨论一些与赛珍珠相关的问题。2005 年那次去镇江，我也登门拜访了他，聆听他的见解和体会。感觉他精神总体上还好，脸上永远挂着不向病魔屈服的微笑，身体没表现出明显的虚弱。之后我们一直以电子邮件的方式保持着联系，他时而

---

* 朱坤领，文学博士，中山大学教师。

会把自己的最新研究成果和举办师生书画展的消息告诉我。直到 2009 年我出国访学，我们的联系才中断了。谁知，这个中断竟然意味着刘老师病情的加重！

刘老师在赛珍珠研究方面的丰硕成果是有目共睹的，我不必赘述。而他多年坚强地与绝症抗争，从未表现出弱者的怯懦，这是最让我钦佩和感动之处。斯人已去，但他脸上的微笑永远不会消逝，将永远留在热爱他的人们的心中，铭刻在赛珍珠研究的荣誉柱上。

多年前读大学时，我写过一篇随感《放风筝的日子》，其中写道："天空中风云变幻不定，风筝在天上飞得如何，全靠人在地上把握那根线。把握得好，纵使狂风暴雨大作，它也能傲然飞翔；把握得不好，它便会失去方向，一个跟头栽进泥沼，再也不能重返蓝天。其实，人生不就像放风筝一样吗？每个人就是靠自己手里的那根线在操纵它。只有不畏狂风骤雨和热爱生活的人，才能让人生的风筝高高飘扬在天上；而那些风暴中的胆怯者，注定只能和污泥为伴。"

哀悼刘龙老师时，我又想到了这几句话。与那些只能和污泥为伴的胆怯者相比，刘老师就是一个不畏狂风骤雨、热爱生活的人，让自己人生的风筝高高飘扬在天上。死神能够夺去他的生命，但却不能夺去他不屈的意志、乐观的精神！

愿刘龙老师在天堂安息，脸上永远洋溢着微笑！

追忆师友

——启蒙我识珍珠

干光磊*

伴随着改革开放，赛珍珠研究事业蓬勃发展，成长为社会科学园地的一朵“奇葩”。

而说到镇江的赛研，有一人肯定是绕不过去的，他就是被誉为“镇江赛研第一人”的刘龙先生，其开拓性功绩是公认的。刘龙是一介布衣，他与我之间亦师亦友。回忆与他的交往，往事历历在目，时常令我感怀于心。

清贫的“教书匠”

我是较早参加赛研活动的一名爱好者，这离不开刘老师的启蒙和帮带。在长期交往中，刘老师还在如何做人上给予我言传身教。

他是个拿死工资的“教书匠”，家境是比较清贫的。住在镇江二中教工宿舍时，无论冬夏，无论雨雪，他每天都要先爬上大坡子再登上五层楼，才能回到家。多年之后，他买了二手房搬了家，是市区最大老小区——江滨新村的普通居室，一直住到离世。

尽管家境并不富裕，但他对赛研工作不仅投入了大量的时间、精力和心血，而且舍得花钱。为了深入开拓赛研工作，他追踪赛珍珠的足迹，努力搜集研究资料。他前往宿州、庐山等赛珍珠及其亲人在中国留有屐痕之地，还远渡重洋赴美造访了赛珍珠故居等处，并用相机拍摄到了一批资料。这次访问中他意外地发现赛珍珠还是中国书法爱好者，其室内挂有书法作品《礼运大同篇》；另外，赛珍珠支持中国抗战的讲演中文手稿也见证了她对书法艺术的热爱和学习。然而，这些旅行活动的差旅费都是刘老师从他有限的工资中省吃俭用“抠”出来的。

刘老师还很有个人风采。记得有一段时间，他头戴黑色礼帽，神采奕奕地骑车往返于家附近的润州山路，可是很多人并不知道，他当时已经身患重

---

* 干光磊，镇江市赛珍珠研究会理事，镇江报业传媒集团记者。

病并做过多次手术。他一直乐观地与病魔做斗争，即使在生命最后的日子，他在病房里还挂着孙辈的书法作品，向后辈传授自己的另一特长爱好——书法艺术。

辟蹊径的“研究人”

1991 年 1 月，中国首次赛珍珠文学创作讨论会在镇江成功举办。我从刘老师处知道会议筹备和召开的点滴情况。是他“上书”时任镇江市市长的钱永波，并由钱市长拍板决定，促成这次会议顺利召开的。尤其是在这次会议召开之后，他竭尽全力昼夜写作研究文章，主编《赛珍珠研究》一书，我是亲眼所见。

因为痴迷于赛研事业并有一定贡献，他被公认为“镇江赛研第一人”。我也耳闻目睹了他从事研究工作中的一些事情。林语堂、徐志摩、王莹、谢和赓、徐迟、舒乙等与赛珍珠有过交集的现当代文化名人或革命人士，还有回忆恩师赛珍珠与自己逸事的崇实女中学生、高龄老人尹珍珠，这些人物我都是从刘老师处得知的；他还向我讲了在赛研过程中得知的 1931 年长江水灾、美国的麦卡锡主义等。我还了解到他与镇江某旅行社副经理一起共同开展早期赛珍珠研究并取得初步成果的一些情况。

他教导我，写论文需要研究新动向，要陈言之务去，要有新的见解。记得他特别推崇北京鲁迅博物馆研究员姚锡佩的赛研文章，认为她站在了时代高度，客观、理性、公允地重新评价了赛氏其人其文其事，是社会科学战线的嚆矢之作，对新时期赛珍珠研究影响深远。

欣闻江苏大学出版社即将出版刘老师的赛研论著汇集——《永恒的赛珍珠：刘龙先生文札选集》，这些文章凝集着他的心血，都是他某一方面的心得，也是他治学理念的结晶。例如，为了写《〈大地〉和中国镇江》一文，他不仅仔细研读了赛珍珠书中关于寺庙钟声的描写，而且进行实地探访，考证了福善禅林的三足宝鼎的具体位置。

坚持不懈的“拓荒者”

对于赛珍珠研究，刘老师当时已有独到的见解。他说，赛珍珠在她那个时代“西风东渐”的大背景下，以自己接受东西方文化共同抚育的美国人的特殊身份，运用文学这一表达方式，向世界传播和介绍了 20 世纪初至 30 年代的中国社会风貌，塑造了中国人尤其是中国农民的全新形象，从而改变了西方人对中国及中国人的刻板印象。赛珍珠是“东风西渐”的倡导者和践行者，她被尼克松誉为“一座沟通东西方文明的人桥”是当之无愧的。

刘老师对赛氏文章研读很深。在新时期赛研起步阶段，新中国成立之后国内翻译赛氏作品的书籍还很少，他在有限的中文译本（文）中尤为重视对《我的中国世界》这本书的深入研究，他甚至可以随口说出从多少页到多少页是此书叙写镇江最为集中的部分。据我所知，刘老师是在镇江二中校史组收集整理校史的过程中，发现了赛珍珠这位曾经在中国长期学习、工作和生活，以写中国题材获得诺奖却在新中国成立后沉寂多年的“洋校友”的。也许是出于好奇心，也许是因为自己是语文教师，他开始了他的“探秘之旅”，并通过艰辛备尝的奋力开拓打通了堵住历史光亮的隔膜，拓开了一片前景可期的赛研新领域，推动了赛学事业的发展。

早期赛研的学术环境和社会氛围不像今天这样宽松和开放，但他出于对赛珍珠研究的钟爱，认为研究方向没有错，就坚持不懈走下去。他在研读作品后认为赛珍珠对中国是充满热爱的，她的早期中国叙事和文学描写，对中国和中国人民是充满同情的，所以他不断地为赛珍珠正能量的事迹写文章鼓与呼，有一次在接受中央电视台专题节目采访时也表达了这一观点。

良师难遇，善友受益。在交往过程中，我得到了刘龙老师多方面的教诲，实乃幸事。如今，镇江赛研之“花”开得正是红火，前景广阔，这不正是对刘老师最好的告慰吗?

追忆刘龙的最后时光

丁亚明*

刘龙老师走了11年了。临终前的日子，如在昨日。他病情复发，从家里转到五州山旁边的医院。我几乎每周要去，倒不光是看他的病情，而是要帮他赶在生前完成夙愿——出版《永恒的赛珍珠》。书稿的收集、打印、校对，我或多或少参加了，从中也感受到我的这位教育界前辈对文化研究的执着。

我初次结识刘龙，应该是2008年的镇江赛珍珠国际学术研讨会上。他要我帮他拍照，说上海中山医院要他这位全国少有的肝脏手术的患者宣传疗效。那时候他很乐观，说这样长的存活期全国少有。他与全国各地的学者热情交流。当年他主编的《赛珍珠研究》一书帮助了许多学者进入赛研的大门。我在辽宁师范大学进修，导师杜林教授曾在北大学报发表过赛研文章，看了我送的这本书也觉得弥足珍贵，并鼓励我回镇江后从事这方面的本土研究。

之后我也去过刘龙在江滨新村的家，帮他整理资料。他收集的赛珍珠的资料真多。2008年镇江新建赛珍珠纪念馆，我去兼职整理资料时只看到资料室收集了一百多本有关赛珍珠的书。刘龙告诉我赛珍珠一生的文字作品有1000多篇（部）。因为他只身自费前往美国赛珍珠国际考察过。我很好奇他英文不佳，出国不便，如何能在美一周的，也更钦敬他的勇气和执着。

也许是由于自己巨大的付出，他对收集的资料看得很重。自己发表的文章都用剪报收集着。别人引用了他也很在意。他对我们倒没有心防，甚至答应我百年之后把资料捐给相关单位。

后来，赛珍珠研究会等各方协调帮他筹措经费出书，他打算把多年零散发表的赛珍珠的研究文章结集成书，又想把赛珍珠诞辰100周年之际在美国举办的研讨会上的文章一并出版。只是他的肝病又复发了。他见面和我谈得较多的一是身体，一是出书。我发现，当这两者有矛盾的时候他更看重出书。特别是有一次去病房交稿，发现病床空了。我大吃一惊。后来他坐在轮椅上被人推着过来，告诉我，刚才去化验了，指标不好，前天还昏迷过，让我抓

* 丁亚明，镇江高等职业技术学校教师。

紧整理书稿。我因此积极联系打印社、出版社，他交给我的新的稿子更是不敢拖沓，连夜完成，不存遗憾。一直到那年大年三十，我回老家，特意又绕道去告诉了他我了解的出版情况，他很欣慰，他说马上儿女也会过来陪他过节。我知道这应该是他过的最后一个春节了。

果然春节后不久他就走了。只是新书没有出来，后来知道因为版权等各方面的问题，有些文章很难出版了。

好在我还有他当年的初稿，有两篇他叫我打印的手稿弥足珍贵。看他的文，也看他写的字。他的书法也很有造诣，也曾经想出书的。

刘龙老师的赛珍珠研究也为我们留下了治学的榜样。记得那年陪赛珍珠国际总裁珍妮特·明泽去宿州、曲阜参观，得知刘龙病重，接待过他访美的随行人员也都默默地为他痛心。其实镇江历史上这样的文人众多，诗文无数。历史文化名城有着厚重的文化氛围，全靠代代积淀。

乾隆年间，一门风雅的丹徒诗人鲍皋在《鹤林寺拜米南宫祠墓》中曾经称道："埋骨青山是处宜，精魂常伴马禅师。五州烟雨南宫笔，千里江山北固诗。"如今中国故事的书写、传播已经不是靠一两个人了。镇江的赛研在众位领导、学者一代接一代的努力下更取得了丰硕的成果。国际学术研讨会已经举办七次了。2017 年，赛珍珠文化公园在市中心落成。赛珍珠已然成为镇江符号，成为镇江对外交往中的一张亮丽城市名片。古人有所谓立功、立言、立德之分，刘老师做到了何种层次，我不敢妄断。但我想，文化名城的文脉之所以能延续，正有赖于千里江山众多的"北固诗文"。

点点滴滴念师恩

苗　俊*

昨日春分，连续几天冷雨潇潇，裹挟来冬日的阴冷，总让人有种沉甸甸的感觉。

今天中午时分，惊闻我敬爱的恩师——刘龙先生昨日驾鹤归西，才知这绵绵春雨竟也懂人间哀思，也会低咽流涕。

在我读镇江师范三年级的时候，刘老师任教“三笔”书法课程（钢笔字、毛笔字、粉笔字）。先生给我们上课的情景，至今仍是那么清晰：虽然年事已高，却能讲一口标准的普通话，一开口就是抑扬顿挫、神采飞扬，每每说到书法精妙处，还不时兴奋得手舞足蹈……这番激情和投入，让人无不随之神往书法的绝妙。但遗憾的是当时自己任班级管理工作，加之学校一项接一项的活动，每天中午的练字时间，我大抵是穿梭于各班检查纪律，抑或是组织参加会议，所以在书法学习上，我真算不上过分的投入，自然也更没有特别的造诣。而刘老师对书法的那份执着，却始终感染着我。先生对每一名学生始终保持着那份谦和和亲近，而不知何故，刘老师对我却始终格外关心，分外亲切，每逢课间在校园里遇上，总是驻足嘘寒问暖一番。

师范毕业后，我有一阵子没见过恩师，在 1996 年左右，惊闻先生不幸罹患肺癌，转眼间他已与病魔抗争了 16 个年头。在为数不多的几次接触中，得知这些年来先生疾病缠身，经历几次大手术，却依然笔耕不辍，致力赛珍珠研究，潜心书法创作，他那乐观坚强的人格、积极向上的精神着实让人敬佩，又不免让人唏嘘命运之不公！

记得三年前，先生电话邀我参加他的师生书画展。平日忙于烦琐的工作，哪有闲情逸致再去粉墨丹青？加之书法也丢了多年，参加书法展连自己都觉得汗颜，纠结着，就一直没交作品。开幕式那天，带着儿子一起去镇江市少年宫参加了先生书画展的开幕式，大红地毯、彩带飞扬，五彩缤纷的花篮，那一幅幅行云流水的作品，吸引了一批批书界名流和学习书法的孩子们，展

---

* 苗俊，镇江市润州区教师发展中心教科室主任。

厅里洋溢着朗朗的欢笑，绽放着绚烂的笑脸，热闹非凡。记忆中那天，老先生一直像孩子般地笑着，笑容是那么灿烂。

书法展不久，接到先生电话，邀我参加他的七十寿辰，并请我为他主持生日宴会。但我因有公务出差，而未能前往，在繁忙中，竟无暇顾及老人家内心的失落。愧疚之情无以言表，难以补救……人生匆匆，如一阵浮云，而有些事没做成，却终成无法弥补的缺憾。

今年年前，得知先生病重。一个周六的上午，我搭了朋友的车，赶往偏远的第三人民医院探望。院内绿树成荫，顺着蜿蜒的石子小路，走进病区，带着几分复杂的心情，几经辗转来到先生病榻。先生见到我，显得异常兴奋，半卧着摸索出相机，托病友帮忙与我合影，兴奋之情溢于言表。先生兴致盎然地和我聊穆源的老校友范用先生，谈他毕生致力于的赛珍珠研究……先生慈爱的话语至今萦绕耳畔：你们还年轻，可得好好保养身体，这是人生最宝贵的。赛珍珠纪念馆靠着你学校很近，可以好好利用，适当的时候，可以去那里开展一些活动……

谁知那次竟是诀别。倘若流星真可以让愿望实现，可否让时光倒流，让我在先生病榻前多作停留，再多聆听下先生的谆谆教诲，多体会下先生的温情故事。冬已走了，春悄然而至，春雨淅淅沥沥下着。在春分这天，我敬爱的恩师——刘龙先生静静地走了……

菩提本无树，明镜亦非台。本来无一物，何处惹尘埃?

此后，我仍会一如往常地穿梭在纷乱的人世，但是心底却有了更多的勇气，先生灵堂正中的“为人师表”将时时激励鞭策着我，让我像先生那样静观天际，只为寻找那一片深不见底的湛蓝。

刘龙老师，您一路走好!

风车山

——怀念赛珍珠研究者刘龙先生

赵康琪*

百年前掠过古城的江风
让那架荷兰风车，不息旋转一个
蓝眼睛少女的梦幻，从山谷
涌向山顶的泉流，被她
在身体深处，浇灌又一个故乡

风翼折断已久，你向大洋彼岸
伸出臂膀，加速转动自己的年轮
思考的心血，日夜涓涓
洁净尘封在她篆字姓名上的
岁月，溅起的乡音终于归来
最先熟稔，是你的笔端

风车成为历史背景重新矗立
像一场夏雨酣畅淋漓，她与你
交谈也进入高潮，可是关于
中国大地的新话题？包括
这座曾旋转你们生命星辰的山

2022. 4. 27

* 赵康琪，诗人，原镇江市政协文史委主任。

筚路蓝缕　功不可没

——评《赛珍珠研究》

姚君伟 *

20 世纪 90 年代初，美国著名女作家赛珍珠在被冷落了相当长一段时间之后成为国内外学术界的一个研究热点。赛珍珠有着特殊的异国经历。她与中国人朝夕相处，了解底层人们的生活，熟悉中国社会的风土人情；她长期研读中国小说，一辈子都在致力于东西方文化的沟通，她的这一努力是卓有成效的，其代表作《大地》三部曲成为当时美国人了解中国的基础读物。1938 年，赛珍珠由于“对中国农民生活史诗般的描述，这描述是真切而取材丰富的，以及她传记方面的杰作”而荣膺诺贝尔文学奖。但由于历史的原因，赛珍珠的获奖使她在美国评论界受到冷落和排斥，甚至被一些人视为外国作家；中国人则讨厌她，她的得奖在中国引起非议。于是乎，赛珍珠沦为生活在夹缝里的“弃儿”，没有归宿。

姚君伟与牛津大学博士、英国赛珍珠研究学者李格尔到刘龙家访问

---

* 姚君伟，镇江市赛珍珠研究会名誉会长，南京师范大学教授、博士生导师。

随着中国国门的打开，中外文化交流的扩大，对赛珍珠的重新评价成为学界一个回避不了的课题。中国经济腾飞、国力日强之后，心胸也宽大起来，又将赛珍珠视为朋友，对她在新中国成立后的一些言论也多采取客观分析的态度。1991 年元月，中国首次赛珍珠文学创作讨论会在江苏镇江召开，翌年年底云南人民出版社推出了刘龙主编的《赛珍珠研究》，“历史终于消除了误解”（董乐山语）。

称本书为中国赛珍珠研究的一部开山之作，盖非过誉。它第一次展示出赛珍珠其人其作在中国的 60 年（1931—1991）的历史命运，剖析和总结了赛珍珠研究在中国所走过的曲折历程，并运用“不唯上，不唯书，只唯实”的科学态度开展对她的研究，还了她本来面貌。

概括说来，本书主要有三个方面的价值。

一、资料性

在较长的一段时间里，赛珍珠研究在国内几乎为一学术空白，研究资料实在少而又少。本书编者筚路蓝缕、不辞辛苦地多方搜寻（甚至抢救）有关资料。据悉，早在 1982 年，编者就投入“赛珍珠在镇江”的调查，并与美国的赛珍珠基金会取得联系，得到了有关的资料、图片和书籍。本书的资料部分包括赛珍珠自传（部分）、中国知名人士（其中有周恩来、董必武、鲁迅、茅盾、老舍、徐迟等）对赛珍珠的评价、《辞海》等多种辞书对赛珍珠的介绍、新中国成立前中国翻译出版赛珍珠作品情况、获奖之作的介绍、近年来国内外对赛珍珠的评介等。这些资料使研究者看到赛珍珠丰富的内心世界，了解到她与中国现当代文化阶层的诸多交往，以及中国赛珍珠研究的现状，这就为进一步研究她作了不可或缺的准备。

二、学术性

本书的学术性比较集中地体现在两大部分。一是它所收入的 24 篇论文，一是“专家学者发言集粹”（这里的发言作于 1991 年镇江讨论会）。论文由著名专家学者徐迟、王逢振、张子清和一批研究人员撰写。在这些论文和专家发言中，大家本着“双百”方针畅所欲言，各抒己见，并在许多方面达成共识。大家认为，重新评价赛珍珠是中西文化交流的需要，也是一个极有意义的课题，研究赛珍珠必须将其置于一定的历史环境和历史背景之下，坚持实事求是的态度。王逢振作为《大地》主译，熟悉赛珍珠的作品及风格，了解外界有关评论，由他撰写的《历史地看待赛珍珠和她的〈大地〉三部曲》是一篇高水平的译本前言。在文中，他主张借助美国新历史主义理论，正确对待古今中外的通俗文学，包括《大地》。对于赛珍珠本人，他采取分析的态度，在肯定她的同时，也指出麦卡锡主义时期赛珍珠的极端反共、对新中国日益明显的敌视等，认为个中既有政治形势的逼迫，又有中美互相敌对造成的误解，同时也有赛珍珠资产阶级的本质问题。王逢振在发言中重申了这些观点。李景端、杨岂深等也提出类似的看法。

专家学者在发言和论文中还肯定了赛珍珠在向西方介绍中国文化方面的丰富实践和卓越成绩，认为她被尼克松称为“一座沟通东西方文明的人桥”是当之无愧的。王逢振认为，《大地》“在中美交流方面起了非常大的作用”，《水浒》的英译本“西方人还是认为赛珍珠翻得好”。美学家蒋孔阳认为，赛珍珠获诺贝尔文学奖，最突出的一点就是她把中国文化向世界人民作了介绍。在钱佼汝看来，“如果没有赛珍珠，也就没有人把中国社会情况如实地反映给国外”。张子清说，赛珍珠“在世界讲坛上大讲中国小说，就是宣传中国文化，至今没有第二例，这是了不起的贡献”。张子清还在《赛珍珠在弘扬中国文化和文学方面的贡献》中谈到，《大地》这部有争议的作品，还有待于大家进一步评析，以便得出较为客观的评价，“但赛珍珠对中国文学的贡献有两点似乎是无可争议的。首先她作为精通英汉两种语言的译者翻译了中国古典名著《水浒传》，以《四海之内皆兄弟也》的英文标题流行于美国。……其次，更重要的是，她不但在美国而且在全世界宣传中国的文学，其所造成的影响之大之深远，迄今为止，没有任何人（包括中国人在内）超过她”。的确，赛珍珠在世界讲坛上，如数家珍地就中国小说侃侃而谈，所及除《三国》《水浒》和《红楼梦》，还包括《西游记》《儒林外史》《封神演义》《野叟曝言》《镜花缘》《西厢记》《金瓶梅》等，虽然难免偏颇之处，但这全然是一部中国小说简史，其影响力可以想见，不能低估，它是中西文化交流史上不应忽略的大事件。

赛珍珠是一位特殊的美国作家。她既写小说，也写非小说；她既是作家，又是社会活动家。《我的中国世界》的读者便能了解到赛珍珠亲身经历的中国社会的变幻风云。研究这样的作家，笔者以为“知人论世”当为一种方法，但是，作家主要靠作品说话。我们不赞同像“作者之死”的始作俑者法国的罗兰·巴尔特（Roland Barthes，1915—1980）那样试图将“作者形象”从文学批评的中心地位抹去，但我们不能始终停留在一个作家的文学社会学层面的认识上而不进入文本。令人欣幸的是，本书收入的论文中，有相当一部分致力于赛珍珠作品的研究。老作家徐迟曾译过赛珍珠的《二妇人》，并与她有过书信往还。他在精研其作品后说："全面地来看这三部曲，它们是成功地写出了旧中国那个时期的风貌来的。"刘海平认为："就《大地》三部曲描写当时我国农村城镇社会的状况和变化的画面来看，就涵盖广度和浓缩的程度来看，说它是史诗般的作品，并不过分夸张。"熊玉鹏的《赛珍珠与中国小说——读〈大地〉》一文脱胎于他在镇江会议上的发言。文章细致地分析了《大地》的内容和主题，并就中西小说差异谈起，从结构上对赛珍珠接受中国小说的影响作了有说服力的廓清。此外，镇江学者的文章也多从作品出发，着重对《大地》作出分析，有肯定之处，也指出了它的不足。周松林、刘龙的专题《壮阔的中国社会民俗长卷》就《大地》中的婚嫁形态、神祇观、食俗描写、住宅样式描写、服饰描写等五个方面作了介绍。总体上说，大家的意见是赛珍珠的《大地》反映了中国当时的社会现实，艺术上深受中国传统文化的滋养，风格上向中国小说倾斜。

三、方法论意义

《赛珍珠研究》还具有明显的方法论意义。从艺术上看，赛珍珠基本上是一位现实主义作家，因此，完全可以采用传统的方法从内容到形式来研究她，也能取得成果；事实上，就本书所收及1992—1993年国内所刊发的成果而言，有些研究方法仍趋于传统一类。但由于研究对象的特殊性，如果方法单一，则难入乎腠理，有时还会隔靴搔痒，难以抓住关键。可喜的是，本书中的不少作者提出了许多可以切入的角度、可以采纳的研究方法，其中包括比较文学、比较文化方法。张子清在文章和发言里指出了赛珍珠与史沫特莱（Agnes Smedley，1890—1950）对中国的贡献的区别，比较分析了赛珍珠与另一位诺贝尔文学奖得主艾略特（T. S. Eliot，1888—1965）针锋相对的审美观，认为"赛珍珠强调的是下里巴人，而艾略特看重的是阳春白雪。这是两种截然不同的态度：一种是为人民而艺术，一种是为艺术而艺术"，接着便分析了赛珍珠受到美国学界冷遇的情状及其原因。作者还从方法论的角度谈到赛珍珠研究是"中美文学比较的好题目"。从比较或对比的角度撰成的文章，除上述外，尚有王国荣的《赛珍珠的〈大地〉及其对中国文学走向世界的启示》等。

由于这些专家多为外国文学研究领域中的行家里手，他们的观点及方法对赛珍珠研究也就具有了宏观上的指导意义。他们认为，矫枉不必过正，我们不能因为过去骂她，而且骂得一钱不值，现在就根本否定；也不要为纪念她，就认为她写的便一概正确。熊玉鹏坚持说，不能回避赛珍珠写得不够好的作品，但不能以偏概全地就此否定好的作品；同时，对她的研究，要把政治与艺术两个“不能混为一谈”的概念分开，“赛珍珠不是一个政治家”。钱佼汝则提出了具体的研究思路。他认为必须做到两个“结合”（小说和非小说结合、文学创作和社会活动结合）和两个“分开”（1938 年前后的作品分开、1949 年前后对中国的态度分开）。他的理由是，赛珍珠的许多观点在非小说中表达出来，1938 年前的作品艺术上高于以后的作品，1949 年以后她对新中国有“比较明显的”攻击。专家们在本书中提供了研究方向，对后来的研究具有不可小觑的启发性与指导性。

当然，由于本书是该领域中的第一部论集，由于这一课题的跨学科性质，也由于时间的紧迫，它还只是一个初步成果，新中国成立前的资料还极不完备，若干篇颇有学术价值的论文未能收入，很有些遗珠之憾；另外，有些研究文章的研究方法还嫌稀薄，研究者自身理论修养还亟待提升。所幸继《大地》后，赛珍珠的自传及《母亲》已译出，刘宏伟的《中国恋情——赛珍珠的故事》也已面世。镇江讨论会后，上海社科院东西方文化研究中心于 1992 年 10 月主办了“纪念赛珍珠诞辰一百周年学术研讨会”。相应的机构业已设立。镇江市友好纪念馆（赛珍珠故居）已开馆，上海社科院成立了赛珍珠研究中心。《外国文学研究》的“诺贝尔文学研究”专栏、《河南师大学报》（哲社版）的“赛珍珠研究”专栏、《镇江师专学报》（社科版）成为我国学者发表赛珍珠研究成果的主要园地。这些成果已引起国际学术界的关注，多篇文章被英译，将在国外有关学者的译著里发表。刘海平等还赴美参加了 1992 年春赛珍珠母校主办的国际研讨会，并作了专题发言。笔者深信，在目前有利的学术气候下，这一方兴未艾的研究一定能深入下去，并取得更多更好的实绩。

（载《河南师范大学学报（哲学社会科学版）》1994 年第 2 期）

重温逝去的芬芳

刘 标*

斯人已去，丹桂留香。10月18日的镇江显得格外热闹，纪念赛珍珠获诺贝尔文学奖70周年暨镇江市国际友好交流大会在镇江隆重举行。来自国内外的300多名嘉宾参加了此次盛会。期间，举行了纪念赛珍珠获诺贝尔文学奖70周年暨镇江市国际友好交流大会、2008中国镇江赛珍珠国际学术研讨会、文化名人故居纪念馆协作联谊会、2008中国镇江“赛珍珠大地之旅”开游仪式、赛珍珠纪念馆和博爱亭揭牌仪式等活动。

赛珍珠，一位长期在中国生活的女作家，一生中写出了大量以中国题材为背景的作品。1938年她因“对中国农民史诗般的描述，这描述是真切而取材丰富的，以及她传记方面的杰作”获得诺贝尔文学奖，登上了她文学生涯的顶峰。

如今，几十年过去了。可是，人们对赛珍珠及其作品的热爱，并没有随时间的流逝而淡化。相反，伴随着改革开放渐响的音符，人们对赛珍珠的关注度不断提高。赛珍珠及其作品折射的博爱精神，已经像滚雪球一样，吸引着许多专家、学者的目光。这些人的研究，对推动中西文化交流、让更多人更好地了解中国文化起到了积极的作用。在此次镇江盛会中，记者被许多感人的事迹所感染。

一个感动所有听众的人

刘龙，原镇江师范学校高级教师，镇江市最早研究赛珍珠的学者。他几十年如一日，一直执着地探索、研究着赛珍珠。在18日的晚餐上，我不期而遇地与刘龙先生坐在了一起。得知双方身份后，刘先生立刻从兜里掏出一本名曰《赛珍珠》（黄山书社1993年）的书，递到了我的手里，并声称是特意带给我的。

接过这份厚重的礼物，我内心十分激动。掀开泛黄的封面，首先映入眼

* 刘标，《华人时刊》杂志社记者。

帘的，就是刘先生为我作的签名。原来，听到我代表《华人时刊》杂志社前去采访后，刘龙已经把自己的作品签上名字，放在口袋里，随时准备把书赠送给我。这让我十分感动。

其实，刘龙先生感动我的，远不止这些。他对赛珍珠及其作品研究的执着精神，更是令我敬佩。在研讨会上，他的发言也折服了所有在场的人。当刘龙谈到这些年被肝癌折磨着，仍然不停地对赛珍珠进行研究，痴迷的研究状态竟然让他战胜病魔，成为中晚期肝癌病患者中为数不多的存活者时，会场上响起了热烈持久的掌声。

1985 年，刘龙所在的学校镇江二中（前身为镇江崇实女中）让他从事编写校史工作。正是这个机会，让刘龙开始接触赛珍珠的历史，走上研究赛珍珠这条道路。然而，早期受一些思想的束缚，研究赛珍珠并不容易。刘龙说，当时根本看不到赛珍珠的作品，镇江市图书馆只有一张《大地》的目录书卡，没有书。复旦大学有一本《大地》，里面还盖有“供批判用”印章。后来，在南京师范大学，刘龙看到了这本书。

期间，刘龙还寻找与赛珍珠有关的人，想听到他们对赛珍珠的亲口评价。在他的努力下，找到了 80 岁的老太、赛珍珠仅存的一个学生。可是，这个学生并不敢谈论什么内容。后来，刘龙不断上门求教，才打动了这位老人。从她口中，刘龙得到了许多与赛珍珠有关的有价值的内容，写出了他的有关赛珍珠的第一篇论文。

多年来坚持不懈的工作，让刘龙成了研究赛珍珠的专家。目前，他已撰写相关研究文章 50 余篇，62 万余字。

一部 20 年未拍成的剧本

郭永江老先生是位戏曲剧作家，由于老伴儿姚锡佩的学术研究，他开始关注赛珍珠。有一次，郭永江读到了老伴有关赛珍珠的论文，论文题材的丰富内涵和观点的大胆表露，深深地吸引了他。通过阅读论文，郭永江对赛珍珠有了进一步的了解。随后，他又通过阅读资料、书籍，更加透彻地了解了赛珍珠及其作品。特别是《大地》这个作品，引起了他的思考。他开始琢磨，如果把《大地》改成电视剧，不是可以让其产生更大的影响，让世界更好地了解中国吗？

20 世纪 90 年代初，长篇电视剧在中国刚刚兴起。郭永江凭借自己的判断认为，只要把《大地》改编出来，一定会受到观众的喜爱。在他不懈的努力下，一部根据《大地》改编的 18 集电视连续剧剧本正式问世。剧本出来后，郭永江又聘请了当时许多著名的专家、学者及对赛珍珠有研究的人士，在石家庄召开了研讨会，结果是剧本得到了肯定。在此情况下，剧本就进入筹拍阶段，计划募集到 1000 万元资金后开拍。

可是，没有想到的是，在版权问题上出现了一个插曲。因为赛珍珠长子要求 300 万美元的版权费，拍摄剧组望而却步。虽然进行过多方努力和交涉，可是对方就是不肯减少，电视剧的拍摄工作只好搁浅。目前，郭永江先生还在努力，希望对方在版权费上能够减少一些，使这部电视剧能够早点开机拍摄，与国内外观众见面。

一座沟通东西方文化的桥梁

赛珍珠女士是世界著名作家，她的《大地》三部曲等许多重要的作品，在东西方社会之间架设起了一座文化交流的桥梁。许多国际友人正是通过赛珍珠女士和她的作品，对中国有了新的认识，产生了友好感情。赛珍珠本人对中国这片大地充满深情，她的一生，为中西方人民之间加深理解和交流，作出了杰出贡献。

如今，研究赛珍珠的学者越来越多。此次镇江盛会，更是空前。不仅参加赛珍珠“大地之旅”开游仪式的南京、宿州、庐山等地旅游部门负责人参加了盛会，韩国、越南、菲律宾、泰国等国的赛珍珠国际组织也有代表参加。在赛珍珠故居和纪念馆内，国际友人时时地驻足注目，聆听志愿者们对赛珍珠事迹的介绍，他们或点头领悟，或细语询问，都在认真地寻找着赛珍珠生活过的每个细节。许多带相机的国际友人，手指不停地按下快门，试图记录下每一个重要场景。从国际友人的表情上不难看出，他们对镇江能够完好地保存赛珍珠的遗物，能够下功夫建造这样完美的纪念馆，由衷地敬佩。

在赛珍珠博爱亭前，当《科学时报》（科学与文化周刊）主编郑培明给笔者拍照留念时，一位国际友人友好地走到郑主编面前，要下她手中的相机，示意让我们站在一起，给我们拍了张合影，然后面带微笑离去。通过纪念赛珍珠这个活动，我们真切地感受到，我们与国际友人之间的距离在缩短。美国驻上海总领事康碧翠评价赛珍珠说，她能够同时没有矛盾地热爱并理解自己的祖国——美国和她的第二故乡——中国。她的作品也反映了这一点，并帮助几代美国人缩小两国之间的鸿沟。

在赛珍珠国际学术研讨会的会场外，记者遇到一家三代三个人，孩子才两个月，静静地睡在小车里面。一问得知，原来三个人在等一个人，这个人就是在会场内开会的周小英老师。周老师对赛珍珠研讨会比较感兴趣，就一心来参加研讨会，可是孩子小还要吃奶，家里人只好一起来。孩子的奶奶和爸爸在会场外照顾孩子，周小英则在会场内专心参加讨论。年轻老师对赛珍珠及其文化的热爱，受到了许多参会人员的称赞。

华东师范大学教授、赛珍珠研究专家熊玉鹏谈起镇江举办此次活动的意义时认为，赛珍珠研讨会已经促进并将继续促进镇江市的文化教育和文化旅游事业的发展。镇江以赛珍珠研讨为契机，已经初步打造了一个中外文化交流的平台，这为镇江走向世界和世界认识镇江创造了条件。

（载《华人时刊》2008 年第 12 期）

悼念刘龙先生的信函摘编

（2011 年 4 月）

惊悉赛珍珠研究的杰出学者刘龙先生逝世，我们深感悲痛，他是我们真诚的朋友，他为赛珍珠研究所作出的贡献将被后人铭记。

我谨代表赛珍珠国际，向你们致以诚挚的问候。我沉浸在刘龙先生离去的悲痛之中，自最近一次到镇江获知他深受病痛的折磨，他的离世让我深信他现在已经得到解脱。

我很荣幸能认识刘龙先生，我在镇江和美国都与他有过交流。他也是赛珍珠国际的好朋友，他致力于继承赛珍珠的遗产，助力实现她的梦想，向世人介绍赛珍珠的作品，他将一生大部分的精力都投入到赛珍珠的研究、文章和专著的写作中。通过他的努力，我们才能够在东方和西方之间建起一座桥梁。我希望他的遗著《永恒的赛珍珠》在不久的将来能以英文出版，让我们从他的作品中继续获得启发。

再一次向刘龙先生的家人和朋友，特别是赛珍珠研究会的成员表达我们最深切的缅怀和诚挚的问候，我们与你们同在。

赛珍珠国际基金会总裁
珍妮特・明泽
2011 年 3 月 21 日

刘龙先生的一生，是与赛珍珠研究联系在一起的。

刘龙先生是镇江乃至全国赛珍珠研究的拓荒者。先生研究赛珍珠数十年，孜孜以求之，执着不懈，几乎到忘我的境界。无论是在职期间还是退休以后，他怀着赤诚的学子之心，在中华大地上寻找赛珍珠踪迹。即使重病缠身，也没有放弃，而是以加倍的努力，探求赛珍珠，甚至自费远涉重洋，去美国拜谒赛珍珠故居和墓寝。临终前仍以生命的最后一搏，在病床上为出版《永恒的赛珍珠》而鞠躬尽瘁。他视赛学研究为生命，赛学也给了他顽强的生命力。刘龙先生对赛学研究的执着精神，是值得我们学习的。

刘龙先生在赛学研究中，成果丰硕，堪为称道。他一生中，写了数十篇、总计数十万字的论文，编写了几部重要专著。他因赛学研究而成名，也因赛学研究而广交了海内外学人。他的研究成果，代表了镇江赛学研究的水平。我们钦佩他以执着坚韧的研究精神，换来的累累硕果，我们为之感到振奋和骄傲。

刘龙在镇江开创的赛学研究，正在蓬勃向上，赛珍珠研究不乏后人。我们一定会沿着您的足迹，弘扬您的执着精神，将赛学研究工作做得更加光彩照人。

镇江市赛珍珠研究会

2011 年 3 月 23 日

刘龙先生矢志赛研，著述醒世；执教杏坛，桃李盈门。今哲人其萎，砥柱摧折，不惟学子痛失师表，实亦天地将丧斯文！惟先生典型已足范式，遗书自传千秋；先生之神已归天国，当与赛珍珠畅议文化共融；先生之灵长佑故园，永庇全家族善育人才辈出！

宿州学院赛珍珠研究同仁将与镇江市诸同仁一道，秉刘先生遗志，继续致力于刘先生繁盛赛学之文化使命，共促赛学研究更上层楼。

安徽宿州学院赛珍珠研究所

2011 年 3 月 23 日

惊悉刘龙仙逝，不胜哀伤。人的生命看来真的很脆弱。去年还在一起交谈，我回来后还和他有过信息来往，谈他的书稿。如今不到一年，他已离开我们。在某种意义上，他的去世是对赛珍珠研究的一大损失。

王逢振（中国社会科学院外国文学研究所研究员）

惊悉刘龙先生谢世，感慨万分。我和他只见过一面，但印象深刻。那是 1991 年在镇江召开的一次关于赛珍珠文学创作的会议，他作为本土赛珍珠研究的学者，对赛珍珠在镇江的生活、工作、创作作了详尽的介绍。我特别记得他实地走访过赛珍珠当年喜欢吃的大饼的铺子，打水的老虎灶等。这种踏实的学风，难能可贵，值得当下年轻学者效仿。

他后来在赛珍珠研究方面所做的大量工作，我了解不多，想必成果卓著。当时我觉得他的样子要比我们年长一些，没想到是我们的同龄人。72 岁就被病魔夺去生命，可惜了！谢谢你（南京大学张子清先生）把我也列入他在南大的好友，愿他长眠安息！

钱佼汝（原联合国教科文组织中文科校审）

刘龙在病重中，依然在为纪念赛珍珠 100 周年的论文集翻译操劳。作为镇江乃至全国在“文革”后第一个关注、调查赛珍珠在中国生活、学习和工作情况的学者，他为研究赛珍珠的学术事业做出了不朽贡献。他的英名与赛珍珠学术研究事业同在。

（为什么我说刘龙是第一个调查赛珍珠的大功臣呢？那是 80 年代初期，徐训丰当陈嘉先生博士生的时候，刘龙跑来找戴安邦先生之后又来找陈先生和我，打听赛珍珠在金陵大学的情况。当时我的印象很深。是的，他走访了当时健在的与赛珍珠有过接触的人，可以说做了抢救性采访。）

张子清（南京大学外国文学研究所教授）

我没有见过刘龙老师，但记得 90 年代前后读博期间和毕业后，都读过他的书，对镇江能出这么一个学者，感到惊奇，水平一点不亚于南大的教授。如果真的能有一个赛珍珠纪念馆，也好把他的成果陈列进去。现在，只能在心里缅怀了。不过，一个学者所能获得的最大成就，不也就如此么。

朱刚（南京大学外国语学院教授）

刘龙写的后记，令人心动，他的毅力和功力，甚是让人钦佩。回想他为赛珍珠研究呕心沥血，突破种种困难而取得的丰硕成果，更加敬奉他那崇实的执着精神：

开拓赛学，带病谱写中美友谊传奇；
广授书法，引领研磨师生艺术人生。

姚锡佩（北京鲁迅博物馆研究馆员）、郭永江（原中国电视艺术家协会录制部副主任）夫妇，汪健（原《北京周报》记者）

作为中国改革开放以来专门从事赛珍珠研究的第一人，刘龙先生为推动我国的赛珍珠研究做出了卓越贡献，也为镇江当地重视赛珍珠的文化价值付出了艰辛的努力。近年来，他一直在为编撰《永恒的赛珍珠》而劳作。他的去世，无疑是中国赛珍珠研究界的重大损失！

郭英剑（中国人民大学外国语学院院长、教授）

刘老师是一位非常可敬的、坚强的老人，他对教育事业的热爱、对赛珍珠研究的坚守和贡献，他的清高和傲骨，都体现了中国知识分子的优秀品质。许多年来，刘老师抵抗着病痛，奔走在中美两国文化交流的大路上，做出了杰出的贡献。我们敬佩他，怀念他。

杜林（辽宁师范大学文学院教授）

一个人只要做了有价值的事，人们会记住他，生命就不会了无痕迹。生命脆弱，活着的人必须更加珍惜时间，珍惜生命，做有价值的事。人生短暂，更要珍惜相识相知的缘分，善待朋友。这是刘龙先生留给我的启示。

愿刘龙先生安息，也愿我们这些后学不断精进努力，继续走好他未走完的学海之路。

张春蕾（南京晓庄学院文学院教授）

我从 2002 年硕士论文决定写赛珍珠以来一直和刘龙老师保持着密切联系，包括在他病重期间。他先是与赛珍珠故居为邻，后又迁至江滨新村一座很不起眼的旧式小楼里。因为我爱人是镇江人，逢年过节我都会去他家探望，常常一聊就是一个下午。

因为他不懂英文，我经常成为他与美国赛珍珠国际之间的翻译，包括请明泽（赛珍珠国际基金会总裁）和当娜（赛珍珠国际基金会图书馆馆长）为他的新书题词等，现在想来很遗憾，已经没有这样的机会了。前年赴美，我在“赛珍珠国际”附近前后住了 20 天，提到刘龙的名字，很多人都能脱口而出，可见影响力之大。

他自从去年国庆前后住院就一直没有回过家，更没有上过网，包括春节。从一开始尚能在医院走廊行走到后来已经基本无法下床活动，我知道他时日不多。本以为不断接受医院治疗至少能短期延续生命，没想到还是如此突然。去世前一周，他与我联系，依然是为出书一事，希望我能帮他打开邮箱，查看邮件，但无奈怎么也打不开，只好作罢。

去年年底去镇江三院看过他一次，本打算四月初忙完手头的事情再去探望。斯人已去，约定落空，惆怅不已。

张宇（南京大学大学外语部教师）

2008 年 10 月，我回来参加赛珍珠国际学术研讨会时曾遇到他。他是位真君子和最优秀的学者，请代我们送上最诚挚的哀悼，同时替我们问候他的家人，尤其是上次在镇江和我及怀东（里海大学教授，数学家）碰面的那位女婿（董晨鹏）。

愿他的灵魂在天堂得以安息。此时，我确实相信他在赛珍珠研究方面开拓性的研究和出色的作品在未来的日子里将会超越他的生命，他的精神也将永远活在他的家人和朋友心中。

映碧（旅美作家）

刘龙与肝癌顽强斗争十多载，这是一个奇迹。在病中，仍坚持研究赛珍珠，精神可嘉可敬。

尤誌心（原镇江市电化教育馆教研员）

少有的感动，有时竟有哽咽。刘龙值得人们尊重和怀念。在文学类的授课或研究要义中，我们最应看重发掘现象的生成之源。刘龙的意义正在于启发了赛研的一个新时代；他是一位开拓者，如一位学者所言“功德无量”。愿他在天国安息！

张正欣（1955—2018，江苏大学文法学院教师）

新著待刊①，学海觅珠唯崇实②；
衰翁尽瘁③，丘山虽寿竟何如④？

裴伟（镇江市赛珍珠研究会副秘书长）

[赛珍珠研究学者刘龙去世]

2011年3月21日，江苏省镇江师范学校退休教师刘龙去世。刘龙，1940年生，江苏丹阳人。刘龙是最早研究赛氏家族在镇生活工作的学者，1972年在镇江市第二中学（前身为镇江崇实女子中学）执教后，即收集资料研究赛珍珠，1985年主编校史期间，采得赛氏在校留下教泽之史料，随编入史，嗣后撰写研究文章。1990年起，在《人民日报（海外版）》《人物》等报刊陆续发表。1990年参与筹备镇江市召开的“赛珍珠文学创作讨论会”，参加2002年、2005年、2008年在镇江召开的赛珍珠学术研讨会。曾前往美国青山农场赛珍珠故居考察交流。主要著作有主编《赛珍珠研究》（云南人民出版社，1992），与王玉国合编《赛珍珠——写中国题材获诺贝尔奖的美国女作家》（黄山书社，1993）等。

刘龙去世后，美国赛珍珠国际基金会总裁兼首席执行官珍妮特·明泽，国内著名学者王逢振、张子清、郭英剑等发唁电、唁函表示哀悼，并高度评价刘龙的学术研究。

[《镇江年鉴（2012卷）》（方志出版社，2012）第261页]

---

① 刘龙主编的《永恒的赛珍珠》校订将正式出版。

② 刘龙治学写作多方面，其在30年前即以赛珍珠研究为主攻方向，并为之锲而不舍，成果显著，为学界所知，刘龙在镇江市第二中学任教期间，主编校史，并采集赛珍珠在崇实女中求学、工作的遗事。“崇实”堪称刘龙多年治学勤勉踏实、孜孜以求的精神写照。

③ 刘龙1996年后忽罹患肝癌，手术后元气大衰，但一直以学术为生命，边研究边治疗，奋斗不息，鞠躬尽瘁，享年72岁。

④ 南宋·方岳《望江南·撑月过南徐》“丘山虽寿竟何如”。刘龙最早的赛珍珠研究论文与其编写的赛珍珠生平及著述大事年表等，均在编辑部设于寿丘山上的《镇江师专学报》发表。新著亦将在设于此的江苏大学出版社出版。

父亲的背影

——于壬寅年清明前

刘　沁*

父亲走了，在十一年前的今天。

父亲若在，今年应为八十有三。和别的普通老人一样，或含饴弄孙，或安享晚年，有时间就去当当顾问，再就是去看山水。然而，一切都不可能有然而。因为父亲不同一般。

自记事起，父亲就不苟言笑。但奇怪的是，这时候出现了一幕幕的回忆电影，出现的却是父亲慈爱的面容，以及无数个生动可爱的背影。

小时候，父亲的背影伟岸、高大，让人敬畏。父亲 60 年代初毕业于镇江师专中文系，由于治学严谨、教学生动，曾经于 1982 年到 1984 年到新疆克拉玛依支教。父亲讲古汉语和诗词时非常投入，透过学校教室的玻璃窗，经常可以看到父亲有趣的背影。只见他，一只手背在身后，另一只手则置于胸前托书，边走边讲，讲到动情时，摇头晃脑，配合抑扬顿挫的诵读，将一众学生带动得全情投入；父亲在台上讲得津津有味，学生在台下听得也是有滋有味。他桃李满天下，对心爱的学生从来都不吝赞美，对学生中家庭困难的，也是自然而然地出钱出力。很多学生考上大学后，大学一年级的暑假都要来家看望恩师，其中有几个男生在大学四年里，几乎每个暑假都必访到家，和父亲谈学业、谈就业、谈爱情、谈理想，欢声笑语常常回荡在我们一家四口租住的二中一号楼教工宿舍的走道，师生之情可见一斑。父亲对我和姐姐，却是非常严厉，平日里对我们鲜有笑脸。无论是我们的日常功课，还是作为童子功的书法和诗词背诵，都要求严格，亲自检查批改。或许我当时少不更事，且顽劣成性，收获了父亲最多批评和训斥，想来也是最让他费心费神的吧！

直到我 12 岁就要上小学五年级那年，出现了特例。那是在 1984 年的初秋开学第一天。父亲从新疆支教回来，通过多方奔走联系，把我从丹阳转学

---

* 刘沁：刘龙之子。

（父亲支教前，我跟随外婆从镇江转学到丹阳）到重点小学镇江市中山路小学。在第一天报到时，父亲特意骑了新买的永久牌28自行车带我去学校。四年级的我当时非常矮，1米2的小个子蜷缩着身子，坐在28杠自行车的后座上，脚还离地面老大一截，一路上一双手把书包架抓得紧紧的。父亲一改往日里的扑克脸，一路上有说有笑，谆谆教导，大致意思是让我珍惜机会，尽快适应新环境。父亲的声音是柔和的，语调是亲切的。我坐在后面，几乎是竖着耳朵，从嘈杂的喧闹声、两旁的风声中，聆听着，生怕丢掉哪句重要的话，因为那些话是异常温柔的。兴许是父亲刚刚支教回来，看到我们也很亲切，之前他都刻意与我们保持距离，没有笑容，那次也算是真情流露了一次吧。他哪里知道，这在他幼小儿子的心灵里，却种下了难以磨灭的记忆。38年后的今天，我去回忆那个初秋的上午，依然很是真切：天很蓝，很高，清新的空气中带着一丝甜味。我和父亲靠得很近，陌生中夹杂着熟悉，害怕中又透着那么一点点小开心。我从小小的身躯里，向上仰望前面那个高大的背影，内心充满了爱，觉得世界如此美好。一直以来，父亲，就是我们家庭的脊梁，精神的支柱。在我人生的每个关键时刻，面临重大选择前，父亲都是我的倾听者、指导者。每当我想起那个背影，内心就充满了力量。

到了少年时代，父亲是那个夜晚奋笔疾书的背影。在我上初中时，晚上起夜时，总会透过父亲的卧室兼书房的门缝，看到父亲趴在灯光下，专注着书写的剪影。那时，父亲奉命撰写镇江二中即崇实女中的校史，并初步接触到赛珍珠研究这一领域。白天他正常教学，星期天或节假日，他就去采访获取研究的第一手资料。每天，他都要在批改完学生的作业后，开始写作，直到次日凌晨一两点钟。不知多少个寒冬酷暑，在夜深人静陪伴他的，唯有稿纸上沙沙的钢笔落笔声。即使是在自己患肝癌后，甚至弥留于人世不久时，他仍然笔耕不辍，兑现一个个出书计划，出席一场场研究活动。父亲在早期研究赛珍珠时，为这位获得诺贝尔文学奖的女作家的文学成就及作为“沟通东西方文明的人桥”的贡献所打动，他立志要做一个赛珍珠研究的先行者，从客观的角度来填补赛珍珠与崇实女中，赛珍珠与镇江，乃至赛珍珠与中国的研究空白。这在当时的历史环境下，除了需要朴实的人文情怀，更多是需要巨大的勇气和时间投入。记得大概是从1986年开始，父亲因编撰校史需要，主动与美国赛珍珠基金会进行邮件联系时，屡屡被海关退信，并且受到了有关部门的重点关注，承受了较大的心理压力。但他的内心非常坦荡，始终保持着高涨的研究热情和认真的研究态度。许多一手资料都是他跑遍千山万水，吃尽千辛万苦得来的，但他却乐在其中，两眼放光。他常讲：“我只是一个赛珍珠研究的探路者、先行者。我吃点苦不算什么，如果能够让全世界更多的人了解赛珍珠、更多的学者研究赛珍珠，通过这位杰出的‘人桥’，为中美两国带来更多的交流互动机会，让镇江也成为美国各界人士的旅游目的地、成为两国学者的文化交流地，岂不美哉?”“大学之道，在明明德，在亲民，在止于至善”，从父亲孤独的背影中，我读出的，正是一个饱受中国传统文化浸润的知识分子对家与国的质朴情感，对治学的严谨执着，对理想的开创与守护。他留给我们的不仅是他所钟爱的，以赛珍珠研究、书法教学等为代表的文化财富，更是一份弥足珍贵的精神财富。

成年以后，我们也为人父母。父亲又变成了那个默默注视儿孙成长的背影。随着 1997 年和 2000 年外孙和孙女的出生，家中的欢声笑语多了起来，父亲慈爱的笑容也经常挂在脸上。老人家最喜欢做的一件事，就是把经过他指导的儿孙的书法与绘画作品、奖状，一幅幅、一件件挂在他不大的书房墙壁上、书橱玻璃上。每每得暇，父亲就静静驻足凝望，从那个伫立在书橱前渐渐佝偻老去的背影里，透出的是许多欣慰与满足。

父亲走了 11 年了。如今，为人子，我已近 50 年了；而为人父，也有 23 载。我们端详他那张亲切而温暖的照片，浮现最多的仍是他的背影，以及他由此传承给我们的人生财富。我们的父辈，接受的是儒家传统文化的教育，在那个物质极端匮乏的年代，对于道的追求，固然要付出非同寻常的代价，有时这个代价可能是健康与生命。性相近，习相远。父亲是一片天。天行健，君子自强不息。他教会我们以迎难而上的勇毅面对人生的困难险阻；父亲是一座山，他用身教代替言传，无论是做人还是做文章，始终立意高远，心怀天下；同时，不忘持经达变，在坚守正道的同时，与时俱进，开拓创新。我坚信，这样的人生态度和处事习惯，我们会代代相传。

教书育人一身正气桃李满天下，治学著作两袖清风精神传千古。谨以此文，纪念我作为老师和学者的父亲，一位可敬和可爱的父亲。同时，向长期以来关心和支持父亲学术研究事业的专家学者致敬、致谢！向长期以来给予我父亲精神慰藉的亲朋好友致敬、致谢！